AF125796

Eine Arbeitsgemeinschaft der Verlage

Böhlau Verlag · Wien · Köln · Weimar
Verlag Barbara Budrich · Opladen · Toronto
facultas.wuv · Wien
Wilhelm Fink · Paderborn
A. Francke Verlag · Tübingen
Haupt Verlag · Bern
Verlag Julius Klinkhardt · Bad Heilbrunn
Mohr Siebeck · Tübingen
Nomos Verlagsgesellschaft · Baden-Baden
Ernst Reinhardt Verlag · München · Basel
Ferdinand Schöningh · Paderborn
Eugen Ulmer Verlag · Stuttgart
UVK Verlagsgesellschaft · Konstanz, mit UVK / Lucius · München
Vandenhoeck & Ruprecht · Göttingen · Bristol
vdf Hochschulverlag AG an der ETH Zürich

Jochem Kotthaus

FAQ
Wissenschaftliches Arbeiten

Für Studierende der Sozialen Arbeit

Verlag Barbara Budrich
Opladen & Toronto 2014

Bibliografische Information der Deutschen Nationalbibliothek
Die Deutsche Nationalbibliothek verzeichnet diese Publikation in der Deutschen Nationalbibliografie; detaillierte bibliografische Daten sind im Internet über http://dnb.d-nb.de abrufbar.

Gedruckt auf säurefreiem und alterungsbeständigem Papier.

UTB-Bandnr. 4137
UTB-ISBN 978-3-8252-4137-7

Satz: R + S, Redaktion + Satz Beate Glaubitz, Leverkusen
Umschlaggestaltung: Atelier Reichert, Stuttgart
Druck: Books on Demand GmbH, Norderstedt
Printed in Germany

Inhaltsverzeichnis

Tabellenverzeichnis

Abbildungsverzeichnis

Worum geht es in diesem Buch?

Erstsemester-Studierende der Sozialen Arbeit sind mitunter recht erstaunt darüber, dass ihr Studium und ihre spätere berufliche Tätigkeit etwas mit *Wissenschaft* zu tun haben sollen, ja, dass ihre Lehrenden Soziale Arbeit selbst als eine Wissenschaft erachten. Dieser Umstand mag berufsgeschichtlich verständlich sein, er verdeutlicht jedoch die Notwendigkeit, dass Praktiker/innen und Theoretiker/innen das Wesen ihrer Profession deutlicher der Öffentlichkeit oder einem Publikum (und damit auch späteren Kolleginnen bzw. Kollegen) gegenüber erklären sollten. Das Erkennen der Bezüge zwischen Wissenschaft und Profession ist für die jungen Studierenden nicht immer ganz leicht, gleichwohl von besonderer Wichtigkeit: Wissenschaftliche Fähigkeiten und Fertigkeiten stellen die Basis des professionellen Handelns dar. Die Auseinandersetzung mit dem wissenschaftlichen State of the Art hebt sozialarbeiterische Tätigkeit über den Status des Alltäglichen und für jedermann Möglichen auf den einer verantwortlichen Profession (vgl. Becker-Lenz/Müller 2009). Die Fähigkeit zur Auseinandersetzung mit wissenschaftlichen Inhalten ist die grundlegende Voraussetzung für professionelles Handeln. Wenn Studierende sich mit den wissenschaftlichen Inhalten nicht auseinandersetzen mögen, dann kann zwangsläufig auch ihre berufliche Tätigkeit die Ebene des Gutwilligen, aber durchweg Unreflektierten und Privaten nicht verlassen.

Dieses Buch behandelt einen kleinen Ausschnitt solcher Fähigkeiten. Es beschäftigt sich nicht mit den Fachinhalten, sondern mit den Querschnittskompetenzen, die zur Erarbeitung wissenschaftlicher Themen notwendig sind. In der studentischen Realität münden solche Ausarbeitungen in der Regel in Produkten wie Studienleistungen oder Modulprüfungen. Die Erstellung schriftlicher wissenschaftlicher Produkte wird von Studierenden, insbesondere von Erstsemestern, oft als schwierig empfunden: Die »wissenschaftliche Welt« funktioniert augenscheinlich nach eigenen, eigenwilligen und nicht immer ganz einsichtigen Regeln. Dies beginnt mit dem verzwickten System der Quellenzitation und endet in der unerklärlichen Paradoxie literaturbasierender Texte: Wie ist es möglich, das Wissen aus fast unzähligen Büchern und Aufsätzen auf etwa 35.000 Zeichen (das entspricht etwa zwölf Seiten Text) in einer Haus-/Seminararbeit zu komprimieren, ohne entscheidende Teile zu vernachlässigen? Welche Bücher sind wichtig, welche müssen nicht beachtet werden? Und wo bleibt die »eigene Meinung«, jenes Bedürfnis, sich selbst zum Gegenstandsbereich zu positionieren? Wie können Studierende möglichst schnell und effizient lernen, wissenschaftlich zu arbeiten, um den Anforderungen des Studienfaches zu genügen und sich gleichzeitig zu bilden?

Warum dieses Buch?

Dieses Buch behandelt sicherlich einige unbekannte Nuancen, aber keine grundsätzlichen neuen Aspekte in der Erstellung einer wissenschaftlichen Hausarbeit. Ich will ehrlich sein: Es ist mir nicht gelungen, dem wissenschaftlichen Arbeiten eine radikale Wendung zu geben. Wenn Sie ein Dutzend Einführungen in das wissenschaftliche Arbeiten auseinanderschneiden und neu zusammensetzen, dann könnte es gut sein, dass Sie die wesentlichen Inhalte und Themen dieses FAQ wiederfinden. Dieser Text ist auch kein Versuch, ein neues Verständnis von Wissenschaftlichkeit in der Sozialen Arbeit zu formulieren. Er wird Doktorandinnen bzw. Doktoranden oder Menschen auf der Suche nach der Antwort auf Probleme der Wissenschaftstheorie ganz sicher nicht zufriedenstellen.

Warum braucht man also dieses Buch? Die Antwort lautet: Es ist für Studienanfänger/innen geschrieben, und nur für diese. Es benennt eine Vielzahl von relevanten und oft aufreibenden Problemen, gerade für Menschen, die frisch in ihr Studium einsteigen. Andere Einführungen in das wissenschaftliche Arbeiten tendieren dazu, an vielen Stellen doch wieder die Herstellung einer BA-Thesis oder einer Dissertation zu besprechen. Diese Einführung versteht sich als Hilfe für Menschen in einer anderen Lebenssituation. Damit eng verbunden ist die professionelle, berufsvorbereitende Sichtweise. Viele von Ihnen werden Soziale Arbeit studieren, um den Beruf zu ergreifen. Viele von Ihnen werden den Wunsch haben, dies so schnell wie möglich zu tun. Ich verknüpfe deshalb wissenschaftliches Arbeiten – wissenschaftlichen Habitus, wie ich es nenne – eng mit Ihrer zukünftigen Tätigkeit als Sozialarbeiter/innen. Das sollte tatsächlich relativ einmalig sein. Wenn Sie also keine Studienanfänger:in oder kein Studienanfänger der Sozialen Arbeit oder eines vergleichbaren, berufsqualifizierenden Studiengangs (Pädagogik der frühen Kindheit, Diakonie etc.) sind, wäre jetzt wahrscheinlich der richtige Augenblick, sich nach einer anderen Einführung – oder vielleicht besser: Vertiefung – in das wissenschaftliche Arbeiten umzuschauen. Wenn Sie jedoch gerade mit dem Studium beginnen: herzlichen Glückwunsch zum Kauf dieses Buchs! Der Preis ist in Ordnung, die Inhalte sind sehr solide, Sie werden viel lernen und ab und zu auch einmal schmunzeln können.

Was will dieses Buch?

Dieses Buch will das wissenschaftliche Denken verständlich und die Methodik sowie die Formalitäten des Schreibprozesses wissenschaftlicher Arbeiten deutlich machen. Der explizite Bezug auf die Soziale Arbeit ist nicht nur Titel, sondern Programm – es handelt sich um eine Einführung, die immer wieder die Bezüge zwischen wissenschaftlichem Denken und sozialarbeiterischer Praxis verdeutlicht. Das Erlernen der »wissenschaftlichen Elemente« der Sozialen Arbeit stellt mehr dar als bloß eine Hürde auf dem Weg in den Beruf. Ohne dieses Studium und ein grundlegendes Verständnis vom korrekten und sinnvollen wissenschaftlichen Denken ist eine verantwortungsvolle Berufsausübung nicht möglich. Da die Zielgruppe klar umrissen ist, werde ich zahlreiche Bezüge auf die Tätigkeit als Sozialarbeiter/in herstellen und Beispiele aus dem Studienalltag geben. Das Format »FAQ« ist ebenfalls mehr als eine Marketing-Strategie oder der Versuch, modern zu wirken und die Internet-Generation anzusprechen. Sie können dieses Buch linear von »vorn nach hinten« lesen (manche Sachverhalte verdeutlichen sich so am besten), Sie können die Reihenfolge jedoch auch auflösen und einzelne, sich selbst erklärende Kapitel anlesen und bearbeiten.

    Ich gehe an vielen Stellen in diesem Buch auf die Realität von Studierenden der Sozialen Arbeit ein und benenne zudem sehr eindeutig Schwächen und Fehlverläufe sowohl im Studierverhalten wie auch im Studienaufbau selbst. Fühlen Sie sich nicht persönlich angesprochen und begreifen Sie die Beispiele nicht als persönliche Kränkung! Die angeführten Erfahrungen sind über viele Semester gesammelt und werden hier verdichtet zusammengetragen. Sie dienen als Hinweis, wie es im Studium einer derart wichtigen Profession wie der unseren nicht sein sollte und nicht sein muss. Zudem sind eine Vielzahl der Beispiele auf Mängel zurückzuführen, die Studierende nicht selbst zu verantworten haben: Ein Studium mit einer Länge von sechs Semestern kann m.E. nur bedingt auf die Schwierigkeiten des Berufslebens vorbereiten. Das fehlende Anerkennungsjahr und die Umstellung auf das Bachelor-System haben die Vorbereitung auf komplexe Professionsbedingungen zudem nicht befördert.

Ich hoffe natürlich, dass viele Studienanfänger/innen dieses Buch lesen und es ihnen etwas von der Freude vermittelt, an dem Abenteuer Wissenschaft und dem Luxus teilhaben zu dürfen, sich über einige Wochen vertieft mit einer Fragestellung auseinander zu setzen und sich an einer »anderen« Herangehensweise sowie einem Weltverständnis zu üben, welches sich von dem Alltagswissen zugunsten einer reflektierten Analyse und Bewertung unterscheidet.

In eigener Sache und Dank!

Mit Publikationen im Wissenschaftsbereich wird man nicht wirklich reich. Sie werden es mir als Leser/innen deshalb nachsehen, wenn ich verschiedentlich nicht nur die Bücher von Kolleginnen und Kollegen als Beispiel heranziehe, sondern auch meine eigenen. Natürlich möchte ich so das Interesse an meinen Werken weiter erhöhen. Sollten Sie als Leser/innen sich angesprochen und das Bedürfnis fühlen, andere meiner Bücher zu kaufen, ist das sicherlich ganz in meinem Sinne.

An diesem Buch haben verschiedene Personen in unterschiedlichen Phasen des Schreibens mitgewirkt. Mein Dank geht an Carola Schuberth, die den Text lektoriert hat. Emmi Kotthaus hat den Text in verschiedensten Versionen immer wieder korrigiert. Danke auch an meine Studierenden Julia Girke und Hanna Weber, die mich darin unterstützt haben, die studentische Sichtweise klarer zu akzentuieren. Abschließend noch einen Dank an die anonym bleibenden Studierenden, deren Hausarbeiten ich in diesem Buch zitieren durfte.

Vorbereitungen

Zu Beginn sollen einige Grundsätzlichkeiten aus dem Wissenschafts-, Hochschul- und Studienbetrieb dargestellt werden. Diese bilden das Fundament für spätere Fragestellungen.

Was ist mit »Wissenschaft« gemeint?

Mit Aufnahme Ihres Studiums sind Sie Teil einer kleinen Gemeinschaft, die sich von anderen Berufen spür- und nachweisbar abhebt:»Indessen ist die Wissenschaft nicht Jedermanns Sache. [...] Um wissenschaftlich arbeiten zu können, bedarf es einer glücklichen Geistesanlage, und in der Regel auch einer guten Schule und einer freien Muße. Daher erheben sich überall, wo die Wissenschaft gedeiht, einzelne wissenschaftliche Männer und wissenschaftlich gebildete Klassen über die große, nicht wissenschaftlich gebildete Volksmenge, in ähnlicher Weise, wie sich auf dem Gebiete des religiösen Gesamtlebens die Priester erheben über die Laienwelt, die Geistlichen über die Weltlichen. Es ist das unleugbar eine Art geistiger Aristokratie innerhalb der civilisirten Nationen« (Bluntschli 1870, S. 210). Natürlich ist das ein»etwas« antiquiertes Verständnis (welches Frauen per Definition von jeder wissenschaftlichen Betätigung ausschließt), aber in zwei Aspekten stimmen die Ausführungen Bluntschlis noch immer: Wissenschaftliches Denken setzt sich klar von nicht-wissenschaftlichem Denken ab. Und: Wissenschaft ist nicht jedermanns Sache.

Bei Studierenden der Sozialen Arbeit findet sich mitunter eine Melange beider Aspekte – in paradoxer Negation und unbewusster Zustimmung. Mir begegnen Studierende, die ihr Studium der Sozialen Arbeit für eine Zumutung halten und offen bekunden, in ihrer beruflichen Praxis alles Gelernte ignorieren zu wollen. Auch gibt es jene Studierende, die sich selbst in höheren Semestern kaum Gedanken über die methodischen Aspekte ihres professionellen Handelns machen und ihr berufliches Tun auf »Beziehungsarbeit« reduzieren. Manche Studierende sehen in »der Wissenschaft« ein respekt- und vielleicht sogar angsteinflößendes Phänomen, welches mit seinen undurchschaubaren und dabei stark formalisierten Regeln unerlernbar erscheint. Noch darüber hinaus stellt sich eher häufiger als seltener in der Sozialen Arbeit, als einer recht jungen Disziplin und Profession, die Frage, welchen Nutzen der Aufwand des Beherrschens wissenschaftlicher Standards und Methodiken für den späteren Beruf überhaupt bringen soll.

Vorbehalte gegenüber »der Wissenschaft« entsprechen einem professionellen Verständnis, welches nicht mehr aktuell ist. Seit Beginn der 1990er Jahre setzt insbesondere an den Fachhochschulen eine Diskussion um eine eigenständige Sozialarbeitswissenschaft oder Wissenschaft der Sozialen Arbeit ein. Dass diese Sozialarbeitswissenschaft noch eine sehr junge Wissenschaft darstellt, ändert wenig daran, dass ihre Notwendigkeit kaum zu bestreiten ist und noch weniger bestritten wird (vgl. Erath 2006, S. 20-23). Wissenschaft ist dabei weder etwas Mystisches noch ein Allheilmittel zur Vermeidung von Fehlern in der Praxis. Sie stellt auf der Ebene der Anwendungsbezüge von Studierenden oder jungen Berufsanfängerinnen und -anfängern ein System des Denkens dar, welches, aus den Zwängen des Emotionalen befreit, dazu verhelfen kann, Problematiken in multikomplexen Zusammenhängen zu verstehen und Wahrscheinlichkeiten in Lösungsansätzen besser vorhersagen zu können. Will man eine Soziale Arbeit jenseits des »Bauchgefühls« betreiben und damit Problemstellungen über dem eigenen, emotional ausgerichteten Erfahrungshorizont bearbeiten, dann bleibt nur der Weg in die Wissenschaft. Sie ist nicht nur sinnvoll für die Praxis der Sozialen Arbeit, sie ist absolut notwendig. Wissenschaft, sowohl als Art des Denkens, Erhebens und Analysierens wie auch als fachdisziplinärer Input, verwandelt privates und persönliches Helfen in professionelles sozialarbeiterisches Handeln.

Wissenschaft

Der Begriff der *Wissenschaft* beinhaltet in der Regel zwei Deutungen, nämlich als Institution, als Ort, an dem Wissenschaft geschieht (häufig die Hochschule) und als besonders wertvolle und belastbare Wissensform (mit Anspruch auf Gültigkeit), die im Rahmen der Institution geschaffen wird (vgl. Janich 1997, S. 14 f.). Wissenschaft erzeugt, bewahrt und systematisiert Wissen. Diese Tätigkeiten finden in einem arbeitsteiligen, institutionalisierten und rationalem System der Erwerbsarbeit statt (vgl. Neis 2008) und entheben sie damit dem Unfassbaren, Mystischen und Sphärenhaften. Wissenschaft zu betreiben ist Berufung und Beruf. Der Charme der Wissenschaft ist es, dass sie sich und ihre Ergebnisse permanent infrage stellt. Wissenschaft ist kein Kochtopf, der ständig mit neuem Wissen wie Wasser befüllt werden kann und irgendwann randvoll sein wird. Unter Wissen ist die Summe der dem Menschen zugänglichen Erkenntnis zu verstehen, d.h. ein systematisch erlangtes, intersubjektiv überprüfbares Verstehen der Welt und ihrer Zusammenhänge (vgl. Kornmeier 2007, S. 5 f.). Wissen veraltet vielmehr sehr schnell, man muss es revidieren, durch Antworten entstehen neue Fragen, neue lokale oder globale Entwicklungen führen zu neuen Problemstellungen. Um im Bild zu bleiben: Anstatt den Topf mit Wissen befüllen zu können, entdecken wir vielmehr, dass wir nicht einmal seine Form oder seine Größe genau bestimmen können. Wir können unseren Topf nicht nur nicht füllen, wir wissen um die Vergänglichkeit und Revisionsbedürftigkeit von Erkenntnis. Tatsächlich ist nur sehr wenig Wissen mehr oder minder dauerhaft gültig und hält dem Zahn der Zeit stand: Erkenntnis kann sich zu jeder Zeit verändern. Dies stellt jedoch keine Gefahr für das Wissenschaftssystem oder einen Mangel dar, sondern dient als integraler Bestandteil von Wissenschaft und unterscheidet diese grundlegend vom religiösen Glauben: Wissen darf und muss sich anzweifeln lassen, Wissenschaft muss einen Rahmen schaffen, in dem dieser Zweifel Methode findet. Wenn unser »eigenes System« des Wissenserwerbs und seiner Pflege notwendiger Weise fehlerhaft ist und wenn uns durch den ständigen Zuwachs von Erkenntnis bewusst wird, dass es in unseren alltäglichen Vorstellungen Lücken und blinde Flecken gibt, dann muss die grundlegende Einstellung von Wissenschaftlerinnen bzw. Wissenschaftlern eben der Zweifel sein (Goethe).

Harald Schnur erörtert diesen Sachverhalt, wenn er schreibt, Wissen sei die »verlässliche, bewährte, gültige, bestätigte, bewiesene Kenntnis im Unterschied zu Meinung und Glauben. Der eigene Standpunkt zu einem Sachverhalt darf nicht willkürlich gewählt, sondern soll ein begründetes Urteil sein, das andere überzeugen kann: Wissenschaft argumentiert. Die Gründe, Belege und Beweise, die die Behauptungen stützen sollen, sind deshalb offen zu legen. Diese Transparenz ist die wesentliche Eigenschaft von Wissenschaft« (Schnur 2010, S. 11). Glauben oder Meinung kann also zum Wissen werden, und zwar dann, wenn beide nach allgemeingültigen, anerkannten Regeln und Methoden überprüft werden. Allgemeingültigkeit im Sinne von Intersubjektivität ist zwar das Ziel jeder Untersuchung, damit ist aber vor allem der Weg zu einem Ergebnis gemeint. Der Bezugsrahmen, d.h. die Basis und die Methodik des Prüfens, muss für andere nachvollziehbar und wiederholbar sein. Gleichzeitig führt Schnur den Sachverhalt der begründeten Kenntnis weiter: Es reicht nicht, sich einen Standpunkt anzueignen – zu wissenschaftlichen (und damit sozialarbeiterischen) Standards gehört es zudem, die Daten- und Quellenbasis, den Argumentationsgang und die Entscheidungsgründe eindeutig und präzise zu benennen.

Was bedeutet das für die Soziale Arbeit?

Wissen und Wissenschaft hängen eng zusammen. Wissenschaft bedeutet nicht nur die Produktion von Erkenntnis nach bestimmten methodischen Grundsätzen durch Forschung, sondern auch die Pflege, Verwaltung und Weitergabe von Wissen in der Lehre. Wissenschaft strebt danach, eine systematische Kenntnis aller Bereiche von Natur und Kultur zu erlangen. Da diese Erkenntnis möglichst allgemeingültig und intersubjektiv sein soll, spielt das »Bauchgefühl« und die ebenso oft angeführte »eigene Meinung« in der Wissenschaft keine große Rolle. Genau so sollte es sich auch in der Sozialen Arbeit verhalten: Unser Ziel in der Profession muss es sein, Interventionen nicht mit subjektiven Einstellungen zu begründen, sondern Entscheidungen unabhängig von Personen zu treffen und diese so zu verschriftlichen und zu systematisieren, dass andere Personen ohne Schwierigkeiten in bestehende und laufende Fälle einsteigen können.

Es ist eine Untugend gerade in Arbeitsbereichen mit einer hohen Dokumentationspflicht, dass neue Kolleginnen und Kollegen das bestehende Schrifttum – in Analogie zum disziplinären State of the Art – ignorieren, um sich ein »eigenes Bild« von der Sache bilden zu können. Im Ergebnis kommt es beim Wechsel der Fallverantwortung – ein in den Jugendämtern relativ häufig vorkommender Umstand – regelmäßig zu Neuinterpretationen des Falles. Für die betroffenen Klientinnen und Klienten ist ein solcher Zustand unerträglich und unhaltbar. Sozialarbeiterische Fälle müssen intersubjektiv entschieden werden, d.h. einmal eingeschlagene Vorgehensweisen können nicht an Personen festgemacht und bei einem Zuständigkeitswechsel der potentiellen Revision anheim gestellt werden.

Wissenschaftliches Arbeiten

Unter *wissenschaftlichem Arbeiten* wird jede regelhafte und methodische Form der Suche nach Wahrheit verstanden, also der Frage, warum die Dinge so sind, wie sie sind (vgl. Wytrzens et al. 2012, S. 14). Für Erstsemester-Studierende verkürzt sich dieses Verständnis zu oft auf ein Verständnis der Techniken und Konventionen, welche sich im akademischen Rahmen durchgesetzt haben. Hierunter fällt eine richtige und durchgängig systematische Zitationsweise oder formale Anforderungen wie die Auflistung von Literatur, Tabellen und Abbildungen. All diese Formalitäten sind wichtig und richtig, sie sind jedoch keinesfalls hinreichend und abschließend, um ein wissenschaftliches Arbeiten zu beschreiben. Die »richtige Zitation« und andere Techniken sind nur der Ausdruck, d.h. sozusagen die »Front« eines deutlich breiter angelegten und umfassend zu verstehenden Verständnisses von *Wissenschaftlichkeit* im akademischen und professionellen Handeln. Praktisch jede und jeder kann mit wenigen Hinweisen innerhalb kurzer Zeit eine nominell akkurate Zitierweise erlernen. Trotzdem können sämtliche Methoden der Erkenntnisgewinnung geflissentlich ignoriert werden – trifft das zu, wird formal, aber weder tatsächlich noch inhaltlich wissenschaftlich gearbeitet. Das Wesen der Wissenschaft bleibt unerkannt. Ich bevorzuge deshalb den Ausdruck des *wissenschaftlichen Habitus*, weil er den Prozess und die inneren Einstellungen der Wissenschaftlichkeit betont (und werde diesen synonym mit *wissenschaftlichem Arbeiten* benutzen).

Der Begriff *wissenschaftlicher Habitus* geht zurück auf Bourdieu (1987) und beschreibt einen durch das Arbeiten im akademischen Rahmen umfänglichen Blick auf die Welt im Allgemeinen und den angetroffenen Fall und das Thema im Speziellen. Wissenschaftlicher Habitus ist mehr als eine Beschreibung des bloßen Tuns. »Für den wissenschaftlichen wie für jeden anderen Habitus ist typisch, dass die Praktiken [des Denkens und Handelns – JK] gewissen Regeln und Vorschriften folgen, ohne dass ihnen jeweils eine bewusste Entscheidung und Orientierung zugrunde liegt […]. Wie jeder andere entfaltet sich auch der wissenschaftliche Habitus in der Praxis, und zwar durch eine Vertrautheit mit den wissenschaftlichen Gepflogenheiten und Erwartungen. [… Kennzeichnend ist – JK], dass der wissenschaftliche Habitus entgegen seiner Selbstpräsentation nicht nur rationales, distanziertes und bewusstes Handeln generiert, sondern zu einem großen Teil einem Gespür für die wissenschaftliche Praxis folgt, ohne eine Theorie über diese zu besitzen« (Barlösius 2012, S. 129 f.). Damit ist eine Grundeinstellung von Wissenschaftlerinnen und Wissenschaftlern gemeint, der sie sich verpflichtet fühlen: Sie unterwerfen sich (zumindest im professionellen Bereich) Regeln und Ansprüchen, die sich von Privatheit, von der »eigenen Meinung«, politischen Einstellungen oder persönlichen Vorlieben abgrenzen. Wissenschaftlicher Habitus ist auch ein Synonym für das Handeln, d.h. für den Prozess, der die Erschaffung und Pflege von Wissen und Erkenntnis beschreibt (und wird auch im Laufe dieses Buches austauschbar gebraucht) oder ein wissenschaftliches Produkt erstellt.

Wissenschaftliche Produkte

Warum werden in der Wissenschaft überhaupt Produkte gefordert? Die zuvorderst zu nennende Antwort hängt mit der Intersubjektivität wissenschaftlicher Erkenntnis zusammen: Erst das Produkt, in der Regel der Artikel, der Beitrag in einem Sammelwerk oder die Monographie, machen Ergebnisse und Erkenntnis überprüfbar. Behauptet werden kann viel – die Publikation der Ergebnisse ermöglicht es anderen, diese zu sichten und letztendlich belastbarer zu machen. »Etwas wissen und es wissenschaftlich wissen, ist nichts wert, wenn es nicht auch den anderen Angehörigen der wissenschaftlichen Population bekannt gegeben wird« (Weinrich 1994, S. 3). Um dies zu ermöglichen, müssen wissenschaftliche Produkte gewisse Ansprüche erfüllen. Kruse (2001, S. 13 f.) benennt hier vier Merkmale wissenschaftlicher Arbeit: Unter *Dokumentation* ist die Darstellung der eigenen Ergebnisse gegenüber einer Öffentlichkeit zu verstehen. Jede Dokumentation beinhaltet auch das Bestreben, diese dauerhaft zugänglich zu machen, d.h. Aspekte der Aufbewahrung wie bspw. die bibliothekarische Sammlung, Systematisierung und Zugänglichkeit. *Überprüfbarkeit* zielt auf die Nachvollzieh- und Wiederholbarkeit der Generation von Wissen ab: Wie wurde methodisch und analytisch vorgegangen? *Theoriebildung* meint die Perspektive der Sinnkonstruktion, Interpretation und der theoretischen Modellierung von Realitätsausschnitten. Mit *Kommunikation* ist letztendlich der Aspekt der Auseinandersetzung mit anderen wissenschaftlichen Positionen gemeint. Mit dem Mittel des Textes ›sprechen‹ Wissenschaftler/innen miteinander. Dies geschieht z.T. durch ein stark formalisiertes und systematisiertes Referenz- und Zitierwesen. Aber auch hier kann gesehen werden: Wissenschaftliche Techniken werden erst dann relevant und sinnvoll, wenn ihnen ein Prozess vorangeht, welcher unabdingbar mit dem wissenschaftlichen Habitus verknüpft ist.

Studentische wissenschaftliche Produkte

Studierende verfügen über ein eigenes System an schriftlichen (und mündlichen) Ausdrucksformen. Dazu gehören Haus- und Seminararbeiten, die später anstehende BA-Thesis oder ggf. noch nachgelagerter die Master-Arbeit. Disterer (2005, S. 47-56) gibt einen guten Überblick über die studentischen Produkte in der Wissenschaft. Mündliche Produkte des wissenschaftlichen Arbeitens sind hauptsächlich Referate und Vorträge. Studentische Produkte entsprechen in gewisser Weise den in der wissenschaftlichen Praxis üblichen Ausdrucksformen, sie stellen Vorformen der ›erwachsenen‹ Produkte dar.

Studentisches Produkt	Entsprechung der wissenschaftlichen Praxis
Schriftliche Hausarbeit	Artikel in einer Fachzeitschrift oder einem Sammelband
Praktikumsbericht	Studienergebnisse
BA- oder MA-Thesis	Monographie
Referat	Tagungs- oder Symposiumsvortrag

Tab. 1: Entsprechung studentischer und wissenschaftlicher Produkte, eigene Darstellung (vgl. Disterer 2005, S. 47-56)

Entgegen einem recht populären Irrglauben sind die Vorarbeiten aller studentischer, einschließlich mündlicher, Produkte bis zu einem bestimmten Punkt gleich. Der zentrale Unterschied besteht in der angemessenen Aufbereitung der Ergebnisse, welche dann für schriftliche und mündliche Erzeugnisse verschiedenen Regeln und Ansprüchen genügen müssen. Das ändert jedoch nichts daran, dass alle gerade ausgeführten Bedingungen von Wissenschaftlichkeit für alle Produkte gelten. In diesem Buch wird ausschließlich auf schriftliche Formen studentischer Produkte Bezug genommen, die Vorarbeiten gelten jedoch auch für Referate.

Die Ansprüche an die Qualität Ihrer Texte steigen mit zunehmender Studiendauer ebenso wie das eigene wissenschaftliche Verständnis (vgl. Rost 2010, S. 221). Nicht umsonst wird die Abfolge studentischer Arbeiten (Seminararbeit, BA-Thesis, Dissertation) gerne als aufsteigende Treppe dargestellt (vgl. bspw. Ebster/Stalzer 2003, S. 17; Disterer 2005, S. 48). Dies ist eine notwendige Entwicklung. Niemand kann von Studienanfängerinnen bzw. -anfängern erwarten, den gleichen Grad an Erfahrung und Wissenschaftlichkeit vorzuweisen, wie dies bei Doktorandinnen und Doktoranden der Fall sein muss. Jedoch muss auch bei Erstsemestern der Anspruch bestehen, sich so schnell wie möglich in die wissenschaftlichen Regeln und Verfahrensweisen einzufinden. Eine ausufernde eigene Meinung, grobe Strukturfehler, mangelnde Literaturrecherche, abgeschriebene Abschnitte, nicht korrigierte Texte, Alltagstheorien zur Absicherung der eigenen Argumentation etc. sind auch und vor allem bei Studienbeginnerinnen und -beginnern nicht zu tolerieren. Diese brauchen jedoch eine erhöhte Betreuung und intensive Rückmeldung, die sie auf Fehler hinweist.

Warum brauchen Studierende der Sozialen Arbeit die Wissenschaft?

Obwohl ich in meiner Jugend mitunter den Wunsch verspürte, den Sport ernsthaft zu betreiben, hätte ich es niemals zu einem nur halbwegs passablen Fußballer geschafft. Der Grund lag nicht nur darin, dass ich in letzter Konsequenz zu langsam, zu ungeschickt mit dem Ball oder zu eigensinnig für einen Mannschaftssport gewesen bin, sondern dass mich die Regeln des Spiels nie wirklich interessierten. Der Weltfußballverband FIFA kennt 17 Regeln des Fußballspiels, gegliedert in jeweils mehrere Unterpunkte. In der Saison 2012/13 benötigt der Deutsche Fußball-Bund 119 Seiten, um diese auszuführen (Deutscher Fußball-Bund o.J.), wobei dieser Katalog nur das offizielle Regelwerk, d.h. den äußeren Rahmen des Fußballs, umfasst. Hinzu kommt das »verhandelbare« Vorgehen, die richtige Strategie des Spiels, die Taktik, die Kunst, mittels Entscheidungen über die Platzierung der Spieler/innen und ihres Verhaltens, die gegnerische Mannschaft auszukontern und den Raum für einen Torschuss zu erobern.

Sie werden keine professionellen Fußballerspieler/innen finden, die nicht über ein profundes Wissen über die offiziellen und internen Regeln des Spiel verfügen. Dies und das Können, Regeln und Taktik anzuwenden, unterscheiden Amateure von Professionellen. Man kann Fußball spielen, ohne sich für tiefergehende Strategie oder das geschickte Nutzen einer gegebenen Lage zu interessieren und dies zu beherrschen, aber dann spielt man auch nicht in einer höherklassigen Liga. Wenn man, wie ich, nicht bereit ist, sich mit den Regeln auseinanderzusetzen und diese zu berücksichtigen, dann sollte man keine Absichten hegen, das Spiel professionell betreiben zu wollen.

Fußball, Wissenschaft und Soziale Arbeit unterscheiden sich in dieser Hinsicht sehr wenig. Wissenschaft verfügt über Regeln. Diese sind nicht immer in einem schönen Reader wie dem des Deutschen Fußball-Bunds offiziell zusammengefasst, aber benenn- und kontrollierbar. Einige dieser Regeln, verbunden mit einer Menge Strategie, werden in diesem Buch benannt. Ohne eine genaue Kenntnis der formellen und informellen Regeln und ohne die Bereitschaft, diese zu befolgen, können Sie für sich nicht in Anspruch nehmen, als Wissenschaftler/in und als Sozialarbeiter/in professionell zu handeln. Wissenschaftliche Produkte müssen sich an den Kriterien *erkennbares Thema*, *Nachvollziehbarkeit*, *Theoriebezug*, *Allgemeingültigkeit*, *adäquate Methode*, *Nutzen und Neuigkeitsgehalt* (vgl. Ebster/Stalzer 2003, S. 18-20) messen lassen. Diese Forderungen gelten also nicht nur als Gütekriterien wissenschaftlichen Handelns, sondern als Maßstab des professionellen Tuns schlechthin. Nur auf Grundlage erprobter Theorie basierenden, nach klaren und erkennbaren Regeln gewonnenen Daten, die anhand nachvollziehbarer Methoden ausgewertet und beurteilt worden sind, können professionelle Entscheidungen getroffen werden.

Entsprechend verhält es sich in der Sozialen Arbeit. Sie benötigen die Fähigkeit, den »Regeln der Kunst« entsprechend, wissenschaftlich zu agieren. Ein Handeln ohne einen fest formulierten Rahmen ist nicht möglich, die gute Absicht ersetzt nicht die Kenntnis von der Sache. Im Gegenteil: Einfaches Mitspielen bringt im Fußball Ihre Mannschaft in Bedrängnis, in der Sozialen Arbeit gefährdet es Ihre Klientinnen und Klienten (in der Wissenschaft macht es Sie schnell unglaubwürdig und stellt die Reputation in Frage). Wenn Sie also nicht bereit sind, sich auf die Regeln einer wissenschaftlichen Profession einzulassen, dann sollten Sie sich eine andere Tätigkeit suchen: Studierende der Sozialen Arbeit benötigen eine profunde Kenntnis relevanter wissenschaftlicher Erkenntnisse und Theorien, weil die Profession der Sozialen Arbeit sie in ihrem professionellen Handeln benötigt. Professionelles Handeln grenzt sich ab von privater Hilfe und von Ehrenamtlichkeit einerseits durch die beständige Auseinandersetzung mit dem fachdisziplinären State of the Art, andererseits durch eine wissenschaftliche Haltung – eben jenen wissenschaftlichen Habitus – die sich bereits in jeder studentischen Hausarbeit zu finden hat. Wissenschaft liefert erstens die Inhalte und zweitens die Einstellungen als Basis des sozialarbeiterischen Handelns. Alles andere degradiert die Soziale Arbeit zu einem der Zufälligkeit preisgegebenen Job, welcher von jedem und jeder mit gutem Herzen, aber ohne wissenschaftliche Ausbildung erledigt werden könnte. Wissenschaftlichkeit und Professionalität ist jedoch eine Grundeinstellung, die man vielleicht beim Mittagessen mit den Kolleginnen und Kollegen kurz ablegen darf, in jedem Handeln, welches nur entfernt mit Sozialer Arbeit zu tun hat, jedoch niemals.

Diesen sicherlich hohen Anspruch müssen sich zukünftige Sozialarbeiter/innen auch in ihrer beruflichen Praxis stellen. Privatheit, die »eigene Meinung«, persönliche Erfahrungen und Vorlieben – das alles hat in der Profession nichts zu suchen.

Was bedeutet das für die Soziale Arbeit?

Sie mögen Prostitution für eine Sünde vor Gott halten oder der »armen Frau« am Liebsten € 50.- zustecken, damit sie sich etwas Richtiges zu Essen kaufen kann oder in ihrem Gewerbe die Zuspitzung männlicher Herrschaft sehen – diese persönlichen Einstellungen dürfen keine Rolle spielen, wenn eine Prostituierte bei Ihnen im Rahmen Ihrer sozialarbeiterischen Tätigkeit Hilfe einfordert, ihren Job einigermaßen gesund durchführen zu können. Im Gegenteil ist von Ihnen zu verlangen, die Situation genau zu erfassen und eine Bewertung vorzunehmen. Diese wird Sie ggf. gegen Ihre persönliche Überzeugung dazu veranlassen, die Prostituierte darin zu unterstützen, den Job, den Sie äußerst kritisch sehen und ggf. moralisch abwerten, besser durchführen zu können. Persönliche Ansichten versperren eher öfter als selten den Zugang zum Feld und den darin lebenden Menschen.

Es gibt demnach klare Verbindungslinien zwischen wissenschaftlichem Handeln als einer formalisierten, nach bestimmten Regeln und Standards ablaufenden Tätigkeit, und der Sozialen Arbeit.

Die folgende Tabelle stellt (an Ebster/Stalzer 2003 angelehnt) die originären Anforderungen an das wissenschaftliche Handeln den Erfordernissen der sozialarbeiterischen Praxis gegenüber.

Anforderung	Wissenschaftliches Handeln	Sozialarbeiterisches Handeln
Präzise Fragestellungen	Es werden überprüfbare Thesen und Forschungsfragen formuliert.	Die Formulierung klarer Arbeits- und Überprüfungsaufträge sowie Kompetenzen ist gewährleistet, es gibt keine Allgemeinzuständigkeit.
Theorie-geleitetes Vorgehen	Ausführungen nehmen gängige Theorie und den Stand der Diskussion in der Fachwelt zur Kenntnis, adäquate Methoden der empirischen Sozialforschung werden beachtet und benutzt.	Das Handeln in der Praxis basiert auf Erkenntnissen der Grundlagen- und der Sozialarbeitswissenschaft(en) sowie deren erprobter Methoden.
Saubere Datenerhebung und -analyse	Die verwendeten Quellen und Daten sind relevant und werden ohne Vorwegnahme von Ergebnissen gesammelt und ausgewertet.	Handeln beruht auf qualitativ und quantitativ angemessenen Erhebungen, Gesprächen, Gutachten etc.
Intersub-jektivität	Nachvollziehbarkeit und Plausibilität des methodischen Vorgehens im Argumentationsgang und in der Bewertung der Ergebnisse/Folgerungen.	Die Entscheidungen basieren auf erhobenen Fakten, überprüften Standard – nicht auf eigenen/persönlichen Vorstellungen.
Allgemein-gültigkeit	Es wird angestrebt, die abgeleiteten Ergebnisse auch auf andere Kontexte anwendbar zu machen.	Entscheidungen bspw. in der Jugendhilfe sind sachgerecht und von der fallverantwortlichen Person unabhängig zu treffen.
Beachtung ethischer Prinzipien	Es handelt sich um eine eigenständige Arbeit, Respekt dem Werk anderer Autorinnen bzw. Autoren ist gegeben, in der Forschung werden Probanden nicht gefährdet.	Strukturellen und institutionellen Machtposition werden nicht ausgenutzt.

Tab. 2: Entsprechungen in Wissenschaft und Sozialer Arbeit (vgl. Ebster/Stalzer 2003, S. 18-20)

In der Konsequenz ist jedes Thema, welches Sie während des Studiums erarbeiten, eine unmittelbare Vorbereitung auf Ihre spätere berufliche Tätigkeit. Es spielt dabei keine Rolle, ob Sie eine einzelne soziologische, psychologische oder pädagogische Theorie im Anschluss anwenden können – der Umgang damit im wissenschaftlichen Rahmen, die Vorgehensweise und die Methoden bringen Sie ein Stück näher dahin, einen wissenschaftlichen Habitus auf- und einzunehmen und damit verantwortungsvoll arbeiten zu können. Genauso trifft der umgekehrte Fall zu: Sie werden nicht jede Erkenntnis der die Soziale Arbeit begleitenden Wissenschaften (Soziologie, Erziehungswissenschaft, Politologie, Recht, Kulturwissenschaften, Psychologie, Medizin etc.) erlernen und kennen können. Aber Ihre Aufgabe als zukünftige Kollegin bzw. zukünftiger Kollege ist es, im Studium die Fähigkeit erlangt zu haben, sich schnell und zielgerichtet die notwendigen Erklärungsansätze für bisher unbekannte Phänomene, Verhaltensweisen und Zusammenhänge anzueignen und in den bestehenden Wissensbestand logisch einzuarbeiten. Dies funktioniert nur, wenn Ihnen wissenschaftlicher Habitus vertraut und zur Natur geworden ist.

Wie und wo lerne ich den »wissenschaftlichen Habitus«?

Die Beantwortung dieser Frage konzentriert sich auf den Aufbau eines Studiums der Sozialen Arbeit, welches in etwa so aussehen wird:

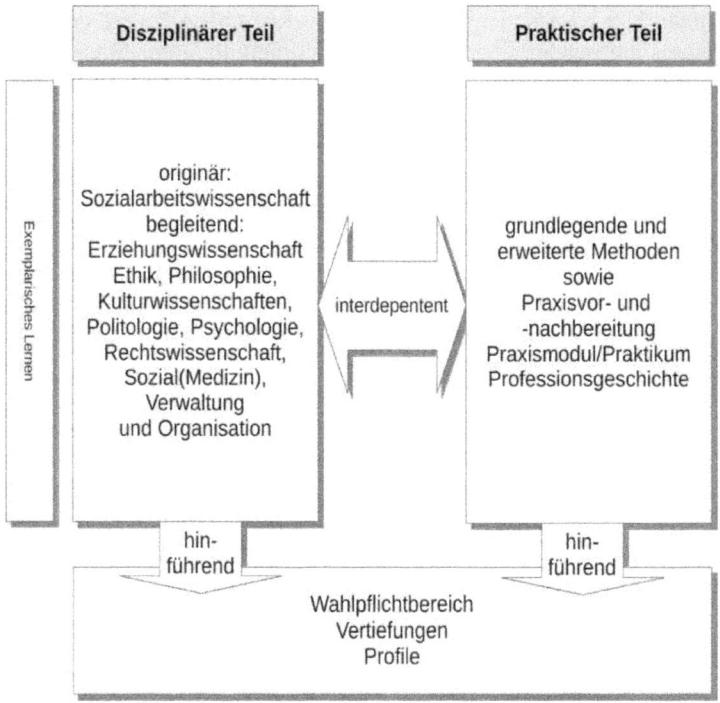

Abb. 1: Beispiel eines möglichen Verlaufs des Studiengangs »Soziale Arbeit«

Moderne BA-Studiengänge bestehen in aller Regel aus Modulen. Wie aus der obigen Grafik exemplarisch ersichtlich wird, ist die Soziale Arbeit vertikal in einen disziplinären und einen professionellen oder professionsvorbereitenden Teil gegliedert (wobei ich argumentieren würde, dass eine Professionsvorbereitung ohne Disziplin nicht möglich ist). Aufgrund der Fülle der aufgeführten, begleitenden Disziplinen (bspw. könnten Betriebswirtschaften oder bildende Künste je nach Studienzuschnitt und -schwerpunkt noch hinzukommen) ist es auf den ersten Blick erkennbar, dass es im Studium der Sozialen Arbeit immer um ein »exemplarisches Lernen« geht. Es ist schlicht nicht möglich, alle Inhalte aller aufgeführten Disziplinen zu beherrschen. Sie sind nach Abschluss Ihres Studiums weder Soziologin noch Soziologe, Sie haben wahrscheinlich aus Sicht ausgewiesener soziologischer Fachvertreter/innen noch nicht einmal im Ansatz die wichtigsten Inhalte der Disziplin kennengelernt. Machen Sie sich nichts daraus. Die Qualität Ihres Studiums liegt darin begründet, diejenigen (um im Beispiel zu bleiben) soziologischen Inhalte zu erlernen, die für die Auswirkungen von Benachteiligung, sozialer Ungleichheit, Ausbeutung, kapitalistischen Gesellschaftssystemen, Neoliberalismus etc. in Bezug auf sozialarbeiterisches Handeln von Bedeutung sind. Alle disziplinären Gegenstände müssen mit der Praxis Sozialer Arbeit interdependent und an sie anschlussfähig sein. Das bedeutet, dass sich die Wichtigkeit disziplinärer Erkenntnisse und spezieller Methoden aus der Relevanz für die Profession ergibt – nicht anders ist es in der Medizin. So versteht sich (soweit ich einen Überblick über die verschiedenen Studiengänge anderer Hochschulen besitze) auch eine Vertiefungs- und Wahlpflichtphase, die häufig im letzten Studienabschnitt vorzufinden ist. Hier fallen disziplinäre und professionelle Anteile zusammen und ergeben miteinander eng verbundene Studienanteile.

Wenn Sie also bspw. vollumfänglich soziologische Theorie erlernen möchten, ist ein Studiengang der Sozialen Arbeit für Sie der falsche. Die Beschäftigung mit einzelnen, häufig auf ihre praktische Relevanz oder grundsätzliche Bedeutung hin ausgewählter Inhalte, versetzt Sie in der Sozialen Arbeit jedoch in die Lage, praktisches Handeln in ihrer theoretischen (aus den einzelnen Disziplinen heraus begründeten) Erkenntnisdimensionen zu erfassen. Sie müssen also Phänomene nicht mehr aus Ihrem persönlichen und hoch individuellen Bezugsrahmen erklären, sondern können auf belastbare Theorie zurückgreifen. Dies stellt eine große Erleichterung im professionellen Handeln dar: Sie sind nicht für alles persönlich verantwortlich.

Aus der Beschäftigung mit diesen Inhalten erwächst auch der wissenschaftliche Habitus. Die Auseinandersetzung mit disziplinärer Erkenntnis erfüllt also zwei Zwecke: Zum einen hilft sie Ihnen, die Praxis besser verstehen und erklären zu können. Zum anderen werden Sie selbst durch die Beschäftigung mit Wissenschaft zur Wissenschaftlerin und zum Wissenschaftler. Welchen Schwerpunkt Sie im Laufe Ihres Studiums setzen (sofern dies bei Ihnen möglich ist), ist unerheblich, da die verschiedenen Disziplinen zwar nicht die gleichen Methoden einsetzen, ihre jeweiligen

Fächer jedoch mit einem sehr ähnlichen Anspruch vertreten. Dieser Anspruch ist darauf gerichtet, im Konzert anderer Disziplinen anerkannt und als seriös beurteilt zu werden. Der gleiche Anspruch muss auch für Sie als zukünftige Kollegin bzw. als Kollege der Sozialen Arbeit und im Vorfeld in Ihrem Studium gelten: Nehmen Sie so viel an »Wissenschaft« mit, wie irgendwie möglich. Selbst wenn Sie später keinen Master-Studiengang belegen wollen, ist jede Beschäftigung mit disziplinären Inhalten und dem akademischen Wesen selbst eine Vorbereitung auf Ihre kommende Berufstätigkeit.

Wie funktioniert der Hochschulbetrieb?

Jede Institution besitzt ihre eigenen Regeln. Diese zu kennen ist notwendig, gleich, ob Sie sich als Studierende als lernwillig und/oder eilig und/oder kritikfähig und/oder widerständig begreifen. Es ist auch relativ unerheblich, wohin Sie nach Ihrem Studium streben, so bspw. in die professionelle Praxis, in ein Masterstudium oder in eine gänzlich andere Disziplin, Sie benötigen als angehende Akademiker/innen eine zumindest ungefähre Vorstellung davon, in welcher Institution Sie die nächsten mindestens drei Jahre Ihres Lebens verbringen werden.

Hochschulen

Hochschulen sind generell in Fachbereiche oder Fakultäten untergliedert. Manche dieser Fachbereiche umfassen mehr als eine Disziplin (so bspw. *Fachbereich für Soziale Arbeit und Betriebswirtschaft*), manche haben eine lange Tradition, die für die Fakultäten von großer Bedeutung ist, manche sind im Zuge von Hochschulrestrukturierung gegründet oder zusammengelegt worden. Einige Fachbereiche sind in Institute unterteilt, die mitunter stark voneinander getrennt und nicht immer im besten Einvernehmen miteinander arbeiten. Fachbereiche und Fakultäten werden von einem Dekanat, welches in aller Regel aus dem Kreis der Lehrenden gebildet wird, geleitet. Ihm steht eine Verwaltung zur Seite, die – obwohl dienstrechtlich nachgeordnet – eine zentrale Position im Fachbereich einnimmt. Wann immer Sie mit dem Gedanken spielen, in einer unhöflichen E-Mail Ihren Gefühlen freien Lauf lassen zu wollen, denken Sie daran, wie sehr ungünstig es sein kann, es sich mit Dekanatsassistentinnen bzw. -assistenten oder Haushaltssachbearbeiterinnen bzw. -bearbeitern zu verscherzen.

Hochschulen und Fachbereiche verstehen sich als Ort der Bildung. Trotz aller »bürokratischer Überregelungen bei Bachelor- und Masterstudiengängen« (Bieker 2011, S. 15) ist hier noch am ehesten eine auf Bildung basierende Freiheit möglich. Hochschullehrende sehen sich in großer Regelmäßigkeit ihrer Fachdisziplin und ihrem freiheitlichen Bildungsverständnis verpflichtet. Das ist insofern für Sie wichtig, als dass Sie als neue Studierende in einem anderen Bildungs- und damit Hochschulverständnis sozialisiert worden sind: Die Hochschule unterscheidet sich vom sekundären Bildungswesen darin, dass hier Wissen und Erkenntnis geschaffen wird. Sie haben es als Studierende mit Traditionen zu tun, die zum Teil Jahrzehnte oder Jahrhunderte alt sind. Kein Zweifel, dass Sie als Mensch und Studierende von Bedeutung sind. Es ist jedoch wichtig, dass Sie diese Traditionen akzeptieren und nicht erwarten, dass alle eingefahrenen – und manchmal kaum verständlichen – Gepflogenheiten und Standards sich für Sie auf Zuruf hin ändern.

Formale Qualifikation und Status

Hausarbeiten werden – wie alle Prüfungen – in aller Regel von den Lehrenden des jeweiligen Moduls betreut und bewertet. Lehrende unterscheiden sich in die Gruppe der Professorinnen bzw. Professoren, der wissenschaftlichen Mitarbeiter/innen sowie der Lehrbeauftragten. Wissenschaftliche Mitarbeiter/innen sind fest an der Hochschule beschäftigt – häufig nicht unbefristet –, sie leben sozusagen von ihrer wissenschaftlichen Tätigkeit. Manchmal befinden sich wissenschaftliche Mitarbeiter/innen in einem Prozess der Qualifikation (Promotion). Lehrbeauftragte sind Personen aus der Praxis oder Kolleginnen bzw. Kollegen aus der Wissenschaft, die in einem bestimmten Arbeitsgebiet eine besondere Expertise besitzen. Sie sind nicht notwendigerweise promoviert, nicht fest an der Hochschule angestellt und besitzen keine anderen Aufgaben als die Lehre und die Abnahme der Prüfungen. Um die

Komplexität der Ausführungen zu reduzieren, werde ich nur von Lehrenden oder Professorinnen bzw. Professoren schreiben.

Hochschullehrer/innen

Hochschullehrer/innen oder Professorinnen bzw. Professoren haben zwei zentrale Aufgaben, mit denen Sie mittelbar oder direkt konfrontiert werden: die *Lehre* und die *Forschung*. Lehre ist die Vermittlung von Wissen – nennen Sie diese bitte nicht »Unterricht«. Sie sind nicht mehr in der Schule und der Anspruch an *höhere* Bildung vermittelt sich auch durch eine besondere Nomenklatur. Forschung umfasst alle Tätigkeiten, bei denen neues Wissen generiert wird oder bestehende Erkenntnisse überprüft und ggf. modifiziert werden. Professorinnen bzw. Professoren sind hochqualifizierte Expertinnen und Experten in ihrem Feld. Sie haben mindestens ein Hochschulstudium mit überdurchschnittlichem Erfolg abgeschlossen (wobei mehrere Abschlüsse keine Seltenheit sind) sowie ein Promotionsverfahren mit vorzüglichen Leistungen durchlaufen. Universitätsprofessorinnen und -professoren verfügen zudem zum großen Teil über eine Habilitation als weiteres Qualifikationsverfahren. Mit ziemlicher Sicherheit wird es so sein, dass die Menschen, mit denen Sie zu tun haben, etwas in ihrer jeweiligen Disziplin »zu sagen haben«.

Warum ist es wichtig, dies zu verstehen? Gerade die Professorinnen bzw. Professoren, die als ›anstrengend‹, ›schwierig‹ oder ›arrogant‹ kommuniziert werden, mögen die sein, von denen Sie – und sei es durch die fundierte Negation ihrer Positionen – am meisten lernen können. Meine Anregung ist gerade für das Studium der Sozialen Arbeit: Nehmen Sie solche Herausforderungen an! Überlaufene Lehrende und Prüfer/innen, von denen kolportiert wird, dass sie »immer« gute Noten vergäben, sind vielleicht nicht solche, denen die kritische Betreuung und Bewertung studentischer Arbeiten Hauptaufgabe ist. Sie sind jedoch an die Hochschule gegangen, um sich zu bilden und nach Abschluss Ihres Studiums in einer enorm schwierigen, öffentlich selten anerkannten Profession tätig zu sein. Um diese Vorbereitung gut zu gestalten, ist ein kritisches Feedback zu Ihren Leistungen notwendig – auch, wenn dieses manchmal schmerzt. Es ist ein Trugschluss, dass Lehrende der Sozialen Arbeit besonders »sozial« im Sinne von zuvorkommend oder freundlich wären, nur weil der Begriff im Titel des Studiengangs und der Profession steckt (aber etwas völlig anderes meint). Halten Sie es mit Kant, wenn er darauf hinweist, dass gerade die Überwindung von Widerständen praktisch unentbehrlich zur Ausbildung einer auf Wissenschaftlichkeit beruhenden Vernünftigkeit beiträgt: »Mehr Standhaftigkeit wird dazu nöthig sein, sich durch die Schwierigkeiten innerlich und den Widerstand äusserlich nicht abhalten zu lassen, eine der menschlichen Vernunft unentbehrlichen Wissenschaft, von der man wohl jeden hervorgeschossenen Stamm abhauen, die Wurzel aber nicht ausrotten kann, durch eine andere, der bisherigen ganz entgegengesetzten Behandlung endlich einmal zu einem gedeihlichen und fruchtbaren Wuchse zu befördern« (Kant 1956, S. 62).

Schreiben

Schreiben ist ein Prozess. Er beginnt, bevor Sie die erste Zeile geschrieben haben und endet, nachdem Sie die Erstellung des Textes abgeschlossen haben. Dieses Kapitel soll Sie auf die wichtigsten Schritte hinweisen.

Wer betreut meine Hausarbeit?

Studierende fühlen sich vielleicht manchmal wie störendes Bei-
werk und wagen es kaum, Lehrende anzusprechen. Manche andere platzen in die Büros um ›mal eben‹ ihre Angelegenheit zwischen Tür und Angel zu besprechen, ohne auf die subtilen Hinweise zu achten, dass dies vielleicht nicht der geeignete Augenblick sei. Faktisch leben Lehrende (jenseits reiner Forschungspro-
fessuren) davon, zu lehren. Zur Lehre gehört der Kontakt zu den
Studierenden. Sie können also erst einmal davon ausgehen, dass
es zum professionellen Angebot Ihrer Professorinnen bzw. Professoren, wissenschaftlichen Mitarbeiter/innen und Lehrbeauftragten gehört, mit Ihnen über Ihre Anliegen zu sprechen. Zwischen
beiden Positionen – der ewig verschlossenen Tür und der Nicht-
beachtung jedweder Privatsphäre – liegt für Studierende die Notwendigkeit, Themen und Bedingungen abzusprechen.

Individuelle Betreuung – aber richtig vorbereitet

Wenn in Ihrem Fachbereich oder Modul nicht gerade eine ausge-
prägte und bewusste Kultur dafür herrscht, sollten Sie es vermeiden, Lehrende vor oder nach der Veranstaltung auf die Themen
anzusprechen. Das gilt insbesondere für Professorinnen bzw. Professoren, die in aller Regel wöchentliche Sprechzeiten anbieten.
Lehrende sind gedanklich vielleicht noch in der letzten oder schon
in der nächsten Veranstaltung, nehmen häufig keinen Kalender in
die Veranstaltung, können den bisherigen E-Mail-Verkehr nicht
einsehen, haben keinen Zettel, auf den sie irgendetwas aufschrei-
ben können, und wenn, dann landet er nicht in dem Ordner, in den
er eigentlich gehört. Das sind alles keine guten Voraussetzungen
für verlässliche Absprachen. Zudem benötigt ein Gespräch über
eine Themenentwicklung Zeit und braucht Ruhe zur Konzentration, eben genau das, was im Trubel von aus- und einströmenden
Studierenden nicht vorhanden ist.

Also, nehmen Sie die Sprechstunde wahr (und fragen Sie bitte
nicht per E-Mail, wann diese angeboten wird – ein wenig Eigen-
initiative und der Blick auf die Lehrenden-Homepage darf durchaus sein) oder vereinbaren Sie aus gutem Grund einen Extrater-

min. Gleich, zu welchem Zeitpunkt Sie Ihr Gespräch wahrnehmen: Bereiten Sie sich gut vor! Fragestellungen sind in aller Regel so ausgearbeitet, dass sie Sachverhalte exemplarisch bearbeiten. Nur sehr, sehr wenige Themen, die im Studiengang Soziale Arbeit gelehrt werden, sind so exotisch, dass Sie keine Quellen zum Thema finden. Eher gibt es Literatur wie Sand am Meer – teilweise von den Lehrenden selbst verfasst. Bevor Sie sich also beschweren, dass Sie keinen Weg ins Thema gefunden haben: Lesen Sie ein Grundlagenwerk (oder drei, wie ich im Kapitel *Wie finde ich das Thema meiner Hausarbeit?* ausführen werde) und informieren Sie sich im Vorfeld. Literaturempfehlungen gibt es häufig schon im kommentierten Vorlesungsverzeichnis. Lehrende können sehr genau erkennen, ob Sie tatsächlich von dem Thema verwirrt oder überfordert sind oder schlicht nicht gewillt waren, sich auf die Fragestellung angemessen vorzubereiten. Und letzteres erzeugt keine Begeisterung. Vorbereitung heißt aber nicht Hofieren. Vielen Lehrenden ist es relativ egal, ob Sie deren »Meinung« teilen oder nicht. In Hausarbeiten wäre es wichtig, dass Sie Ihren eigenen Standpunkt entwickeln und diskutieren.

Vorbereitung bedeutet auch, dass Sie nicht irgendwelche wilden Ideensammlungen zur Vorbegutachtung versenden. Viele Lehrende schauen sich die Hausarbeiten von Studierenden in der Entstehung gern an und kommentieren diese auch. Jedoch sind Lehrende nicht Ihre Korrekturleser/innen. Vielmehr ist es ihre Aufgabe, am Anfang des Schreibprozesses einen Blick auf den Aufbau, die Argumentationslinie, die von Ihnen gewählte Literatur und den Inhalt zu werfen, um Ihnen somit einen guten Start zu ermöglichen. Verschicken Sie jedoch bitte nicht zahllose Male Ihre Arbeit mit kleinschrittigen Veränderungen. Auch hier geht es um exemplarisches Lernen. Und weil Vorbereitung Zeit benötigt: Spontane Hilferufe zwei bis drei Tage vor dem lange bekannten, offiziellen Abgabe- oder dem Präsentationstermin erzeugen ebenfalls keine Begeisterung. Ob Sie noch Hilfe bekommen oder nicht bleibt sich fast gleich – es ist unmöglich, in so kurzer Zeit eine anspruchsvolle und befriedigende Arbeit zu leisten. Laden Sie also Ihre Arbeit nicht den Lehrenden auf, sondern ziehen Sie Ihre Schlüsse und vermeiden so zukünftig derartige Fehlplanungen. Hinweise zur zeitlichen Organisation des Erarbeitungs- und Schreibprozesses einer Hausarbeit finden Sie im

Betreuung und Beratung durch Peers

Peers sind Menschen mit einer gleichen Gesinnung, einem ähnlichen thematischen Fokus, die sich in identischen organisationalen Kontexten bewegen. Der Begriff erweitert das herkömmliche Verständnis der auf Jugendliche bezogene Peergroups und schließt eine Selbstaufgabe, nämlich die Lösung von Studienschwierigkeiten (in Arbeitsverhältnissen: Fallschwierigkeiten), bewusst ein. Sie können Peerberatung auch im Zusammenhang von *Peer Counseling* (vgl. Schnoor 2006) oder *kollegialer Beratung* (vgl. Schlee 2006) verstehen – der hier beschriebene Ansatz ist nicht neu und in psycho-sozialen Berufen quasi ein Standard. Für Studierende der Sozialen Arbeit sind nicht alle anderen Studierenden der gleichen Studienkohorte Peers, sondern nur solche, zu denen es über bspw. die gleichen Prüfer/innen, eine ähnliche Schwerpunktsetzung, die Arbeit im Fachschaftsrat, aber auch eine ähnliche Familiensituation und/oder die gleiche Busverbindung zur Hochschule weitere Berührungspunkte gibt. Diese Peers und deren Beratung stellen für Studierende ein regelmäßig unterschätztes und daher wenig genutztes Instrument zur Verbesserung der Qualität von Hausarbeiten (aber auch Referate oder andere Produkte) dar.

Dies ist eigentlich ein Paradoxon: Zwar würden wir gern Teamfähigkeit und einen Austausch unter Studierenden als »Querschnittskompetenz« in der Hochschule erreichen, die Realität sieht jedoch oft anders aus. Nach meiner Beobachtung ist die Anfertigung von Hausarbeiten in der Regel eine Einzelleistung. Damit meine ich nicht primär den Prozess der Recherche, der Erarbeitung und Verschriftlichung, sondern den mangelnden Austausch zwischen Studierenden über ihr Thema, ihre Ergebnisse, ihre Argumentation, ihre Literatur etc. Studierende bieten sich selbst kaum Reflexionsflächen, kaum Austausch über ihre Themen. Selbst Gruppenarbeiten bestehen oft nicht aus gemeinschaftlichen Produkten, sondern aus der unverbundenen Summation einzelner Leistungen, in der jeder und jede eigenverantwortlich den eigenen Teil erledigt. Eine echte Auseinandersetzung mit dem fremden Material findet nur selten statt. Fragt man Studierende nach den

Gründen, so wird häufig angegeben, man wolle die Verantwortung in Bezug auf Aufbau, Literatur, die Belastbarkeit der Argumentation oder die Stimmigkeit der Ergebnisse nicht übernehmen. So verständlich dies sein mag – schließlich befindet man sich oft im gleichen Semester und verfügt über keinerlei akademischen »Vorsprung« – so groß ist die Chance, die damit vergeben wird. Es geht nämlich gar nicht so sehr darum, Verantwortung zu teilen und sie für die Inhalte und Ergebnisse anderer Studierender zu übernehmen, sondern ihnen eine Plattform für einen Austausch zu bieten (vgl. Disterer 2005, S. 69 f.). Sehr häufig ist es enorm hilfreich, die eigenen Ideen anderen Menschen begreiflich machen zu müssen, d.h. aus der eigenen Gedankenwelt herauszutreten und gezwungen zu sein, Plausibilitäten, Fragen und Zusammenhänge zu erklären. Diese Auseinandersetzung und der Hinweis von Dritten auf bereits gelesene Literatur oder auf die Inhalte einer bis dahin unbekannten Veranstaltung können Sie weiterbringen oder einen »gedanklichen Stau« lösen.

Es ist richtig, dass Beratung durch Peers ein wenig Mut erfordert, einerseits von den Peers, kritisch zu erkennen und zu benennen, andererseits von den Studierenden, die sich beraten, reflektieren und »besprechen« lassen. In der sozialarbeiterischen Praxis wie in der Wissenschaft stellt dies jedoch quasi einen Standard dar und wird in Kolloquien, Team- und Arbeitsgruppensitzungen bewusst initiiert. Forschungsgruppen besprechen sich intern, die einsamen Forscher/innen, welche sich in Klausur begeben und am Ende des Jahrzehnts mit einer neuen Theorie an den Markt treten, mag es vielleicht geben – der Normalfall ist jedoch ein intensiver, thematischer Austausch. Suchen Sie sich also früh im Studium Menschen, die Ihnen inhaltlich eine Unterstützung sein können. Kritik von Peers zu erfahren mag vielleicht einen Abend lang unangenehm sein – scheint mir jedoch weniger schmerzhaft, als der Verriss einer kompletten Arbeit, sei es durch die Benotung oder schlechte Rezensionen.

Was bedeutet das für die Soziale Arbeit?

Individuelle Beratung und Reflexion durch Peers sind auch in der Praxis der Sozialen Arbeit von enormer Bedeutung: Komplexe Probleme und Fragestellung, von denen es in der Sozialen Arbeit mehr als genug gibt, benötigen positiv gedacht ebenso Zeit wie ein gutes Zeitmanagement. Von Ihrer Entscheidung hängen ggf. Biographien ab, der Verbleib eines Kindes in der Familie trotz schwieriger Erziehungsbedingungen oder auch die Trennung von seiner Familie. Die Bedeutung und die Schwierigkeit solcher Beschlüsse wird in der Wirklichkeit der Praxis oft durch nicht zu bewältigende Fallzahlen, eine überbordende Verwaltungstätigkeit und allgemein eine kaum zu bewältigende Arbeitsverdichtung konterkariert. Umso wichtiger ist es, dass Sie Ihre eigene Arbeit analog zu dem Vorgehen in der studentischen Praxis »betreuen lassen«: Supervision, aber auch Peerberatung sind gute, aber viel zu selten genutzte Instrumente, einen notwendigen Abstand von oft in Hektik und aus dem Druck des Faktischen getroffenen Entscheidungen zu schaffen. Die inhaltliche Richtigkeit von Interventionen kann so überprüft werden. Auch eine Kontrolle durch Vorgesetzte, auf die Kolleginnen und Kollegen der Sozialen Arbeit oft sehr empfindlich reagieren, kann hierfür eine Möglichkeit sein. In der Humanmedizin, insbesondere dem Alltag im Krankenhaus, ist eine Konsultation von vorgesetzten Medizinerinnen und Medizinern, auch deren Eingriff in und die Revision von Behandlungsentscheidungen, ein Selbstverständnis.

Wann und wo schreibe ich eine Hausarbeit?

Ihr Studium der Sozialen Arbeit passiert nicht ungeplant oder entlang den Wünschen Ihrer Lehrenden, sondern orientiert sich an einem festen »Konzept« namens Bachelor-Prüfungsordnung (BPO). Der Zeitpunkt der Anfertigung und Abgabe von Prüfungsleistungen und die Module, die mit einer Prüfung abgeschlossen werden müssen, sind hier festgelegt. Ohne den genauen Verlauf Ihres Studiums und Ihrer BPO zu kennen, bedeutet dies im Wesentlichen Folgendes: Studentische Prüfungen sind in aller Regel an ein Seminar gebunden, welches wiederum (in Zeiten der Bachelor- und Master-Studiengänge) Teil eines Moduls ist (für eine kurze Darstellung des Studienaufbaus schauen Sie bitte in das Kapitel *Wie und wo lerne ich den »wissenschaftlichen Habitus«?*). Die Module sind in mehrere Bereiche unterteilt, die miteinander eine Einheit bilden (sollen). Typische Modultitel des ersten Studienabschnittes (früher: Grundstudium) sind: »Einführung in Verwaltungswissenschaft«, »Sozialwissenschaftliche Grundlagen«, »Erziehungswissenschaft I«, »Geschichte und Handlungsfelder der Sozialen Arbeit«. Die Lehrenden Ihrer Hochschule ordnen ihre Veranstaltungen den einzelnen Modulen zu. So entsteht eine Gliederung, die am Beispiel des letztgenannten Moduls fiktiv so aussehen kann:

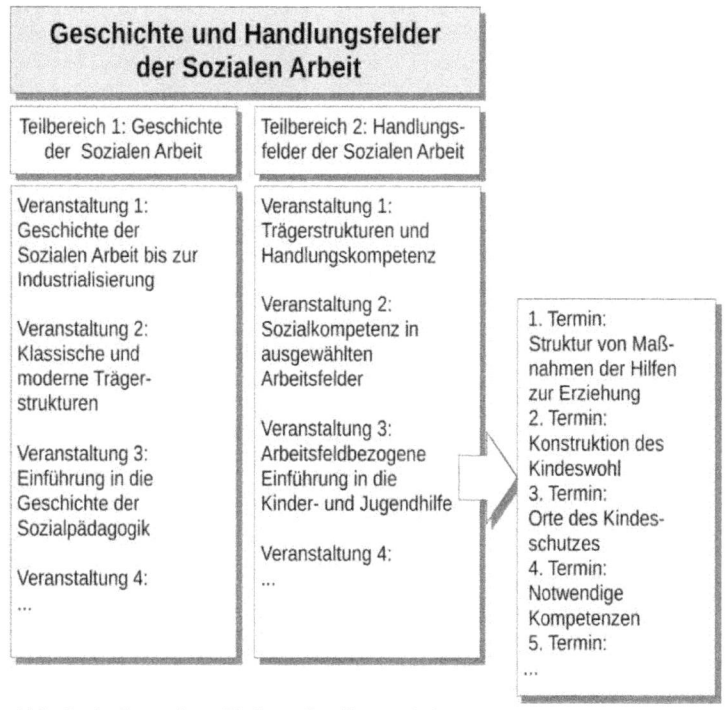

Abb. 2: Aufbau eines fiktiven Studienmoduls

Sie können dieses Beispiel mit dem Modulaufbau Ihres eigenen Studiengangs abgleichen. Sinnvoll ist immer ein Blick in die Bachelor-Prüfungsordnung sowie das Modulhandbuch.

Klausuren oder mündliche Prüfungen werden in der Regel am Ende der Vorlesungszeit bzw. des Semesters absolviert. Die Termine hierzu sind oft fest vorgegeben – erkundigen Sie sich hier auf der Webseite Ihres Prüfungsamtes. Abgabetermine für Hausarbeiten sind Ausschlussfristen, d.h., wenn Sie den Termin verpassen, ist eine Abgabe nicht mehr möglich.

Welchen »Typ« Arbeit soll ich schreiben?

Ebster/Stalzer (2003, S. 36 ff.) unterscheiden zunächst grundsätzlich zwischen *theoretischen* und *empirischen Arbeiten*. Diese Trennung ist für spätere Semester sinnvoll, umfassen theoretische und empirische Themen doch sehr unterschiedliche Anforderungen an die Studierenden. Empirisches Arbeiten bedeutet, dass die Studierenden selbst eine Untersuchung zur Gewinnung von Wissen durchführen und beinhaltet in der Regel die Entwicklung eines Forschungsdesigns, die Erhebung von Daten und deren Auswertung. Hierzu sind Modelle der empirischen Sozialforschung und besondere Fähigkeiten und Kenntnisse notwendig, die Erstsemester der Sozialen Arbeit – sofern zuvor kein sozialwissenschaftliches Studium stattgefunden hat – in der Regel nicht besitzen werden. Es gibt Studiengänge der Sozialen Arbeit, in denen empirische Methoden einen besonderen Schwerpunkt im ersten Semester einnehmen. Das ist gut und richtig, weil Studierende sich früh mit Empirie auseinandersetzen sollten. Es ist jedoch im Rahmen dieses FAQ nicht möglich, verantwortlich in die empirischen Methoden einzuführen. Deshalb mein Hinweis: Empirische Arbeiten werden in der Breite aller Studienangebote seltener an Erstsemester vergeben. Wenn Sie sich mit einem empirischen Thema beschäftigen (müssen), dann nicht ohne intensive Betreuung Ihrer Lehrenden und seminaristischer Verankerung. Ein bloßes »Ins-Feld-begeben-mit-Fragebogen« stellt ein ungünstiges Vorgehen dar.

Was bedeutet das für die Soziale Arbeit?

Auch hier zeigen sich Parallelen zwischen wissenschaftlichem Habitus und professioneller Sozialer Arbeit: Die Vorstellung, einfach ein Gespräch (oder mehrere) zu führen und dann irgendwie zu einer Entscheidung zu gelangen, ob eine Mutter erziehungsfähig ist oder nicht, stellt eine unverantwortliche Auffassung von dem methodischen Vorgehen in der Sozialen Arbeit dar. Wie soll es hier ohne entsprechende Ausbildung in den Interviewtechniken, aber auch in der Erarbeitung des Erhebungsdesigns und des Analyseinstruments zu sinnvollen, belastbaren und verantwortlichen Ergebnissen kommen?

Ich werde Besonderheiten empirischer Fragestellungen nur am Rande bearbeiten und mich stattdessen stark auf theoretische Arbeiten konzentrieren.

Studierende der Sozialen Arbeit reagieren bei dem Begriff *theoretisch* oder *Theorie* manchmal mit latentem Unwillen. Sie wollen schließlich in der Praxis »*tätig sein und anderen Menschen helfen*«. Diese Ansicht ist – Sie werden mir die deutlichen Worte nachsehen – in etwa so sinnvoll wie die Vorstellung von Studierenden der Humanmedizin, die gern am offenen Herzen operieren möchten und die sechs Jahre Ausbildung aber für völlig überflüssig halten. Hier würden Sie und alle anderen Vernunft besitzenden Personen sofort einen Riegel vorschieben. Sie nehmen im Gegenteil natürlich an, dass die Auseinandersetzung mit dem State of the Art der medizinischen Theorie und Praxis selbstverständlich ist und die Betreffenden in ihrem Tun äußerst gewissenhaft angeleitet wurden. Warum sollte es in der Sozialen Arbeit anders sein?

Theoretische Arbeiten bedeuten nicht, dass diese sich nur auf »theoretische« Themen im Sinne von »weltfremd« oder »unverständlich« beziehen. Armut, Ungleichheit, Benachteiligung, professionelle Handlungsbedingungen, Professionsverständnis, Trägerstrukturen etc. können »theoretisch«, also als Ergebnis eines Forschungsprozesses oder als Erklärung der Wirklichkeit beschrieben werden. Theoretische Arbeiten beziehen sich auf wissenschaftliche Theorien. Theoretisch ist hier also als theoriegestützt zu verstehen. Das heißt, dass die Basis der Arbeit bereits vorhandene, wissenschaftliche Literatur darstellt – eben Theorie(n) über die Zusammenhänge der »wirklichen« Welt. Eine theoretische Arbeit ist also eine Analyse, die sich nicht auf selbst erhobene Daten, sondern auf bereits vorhandene Erklärungsansätze (häufig als Auswertung eigener Untersuchungen) begründet. Die Arbeit stützt und bezieht sich also auf Quellen. Welche Quellen Sie dabei benutzen können (oder besser nicht), wird im Abschnitt *Literatur und Quellen* behandelt. Schaut man sich eher den Prozess des Erarbeitens an, spricht man von *literaturanalytischen Arbeiten*.

Wie hängen Literatur und Thema zusammen?

Hochschule unterscheidet sich in der Bearbeitung von Themen stark von der Schule, die wissenschaftliche Fragestellung von einem schulischen Aufsatz. Hier geht es vor allem in den Geistes- und Sozialwissenschaften nicht um die »richtige Lösung«, sondern um eine die (Interpretations)Möglich- und Wahrscheinlichkeiten erörternde Abhandlung. Diese ist nicht frei im Sinne einer (im Falle von Forschung) Begründungsbedürftigkeit der Methodenwahl und des Auswertungsverfahrens. Die Eingrenzung des vorgegebenen Themas und die Konkretisierung der Fragestellung gehören also zu den Aufgaben der Studierenden (vgl. Kruse 2001, S. 16-18). Da Studierende in den seltensten Fällen selbst forschen, sind sie auf bestehende Quellen – also Literatur – angewiesen. Die Bereiche *Themenfindung und Literatur(auswahl)* werden zwar oft voneinander getrennt behandelt (so bspw. Baade et al. 2005; Trimmel 1997, S. 28), faktisch gehören beide jedoch untrennbar zusammen. Es besteher damit Wechselwirkungen zwischen Literatur- oder Quellenstudium und Fragestellung, diese sind im Idealfalle intentional.

Für junge Studierende ist die Intentionalität in der Bearbeitung von Forschungsfragen oder Semesterarbeiten oft ein Wunsch. Das hat seine Ursache zunächst in ganz praktischen Gründen. Die Auswahl der Literatur, auf der das Thema der Hausarbeit aufbaut, ist von vielen Zufälligkeiten geprägt: Welche akademischen Vorlieben werden über den Lehrenden oder die Lehrende kolportiert und gilt es deshalb diese einzuhalten? Wird eine Literaturliste herausgegeben, die bearbeitet werden soll? Dürfen Internet-Quellen benutzt werden? Sind Techniken des wissenschaftlichen Arbeitens bereits in Seminarform bearbeitet worden oder liegt die Hauptlast darin, diese zu beherrschen? Wie geschickt sind die Studierenden in der Recherchearbeit? An welcher Hochschule wird studiert und wie gestaltet sich die dortige Infrastruktur? Welche Bücher standen überhaupt zur Ausleihe in der Bibliothek bereit?

Gerade der letzte Punkt ist m.E. in studentischen Arbeiten oft der größte Kritikpunkt. Diese sind von der Macht des faktisch Verfügbaren geleitet. Welche Bücher waren ausleihbar? Hatte die

Bibliothek gerade zufällig einen Satz Lehrwerke zum Thema angeschafft? Wurde gerade eine neue Lizenzvereinbarung mit UTB über *studi-e-book* geschlossen, sodass Quellen in digitaler Form eingesehen werden konnten? In manchen Semestern bemerkt man, wie zu einem bestimmten Oberthema Literatur innerhalb einer Kohorte die Runde macht und überdurchschnittlich häufig zitiert wird, ohne dass sich die Autorin bzw. der Autor im bisherigen Diskurs über das eigentliche Thema besonders prominent positioniert hätte. Die Ergebnisse sind zweifelhafte Ausführungen, denen von Seite zu Seite anzumerken ist, dass die Studierenden froh waren, überhaupt etwas zu Papier zu bringen.

Aber selbst wenn Ihnen – rein hypothetisch – alle Literatur zu einem Thema verfügbar wäre: Was fangen Sie damit an? Studierende formulieren oft ihre Irritation darüber, wie ein Thema umfassend und relevant im Rahmen einer Modulprüfung als Studienanfänger/in erörtert werden soll – was zwingend die Kenntnis der wesentlichen Literatur voraussetzt. Sie können nicht davon ausgehen, dass Ihre vorwissenschaftlichen Alltagserfahrungen oder Ihr Schulwissen den gegenwärtigen Stand der Diskussion in der jeweiligen Disziplin angemessen widerspiegelt. Sie müssen sich also vor der eigentlichen Forschungs- oder Themenfrage mit der vorhandenen Literatur auseinandersetzen – was angesichts der Zeit- und Ressourcenvorgaben nicht möglich scheint. Da diese Aufgabenstellung paradox und unlösbar erscheint, weichen Studierende ggf. auf die aus ihrer Sicht nächstbeste Alternative aus: Nicht das Thema an sich wird untersucht, sondern die eigene Einstellung zu der Thematik. Hier erfolgt also ein subtiler Schwenk von einem Erkenntnisinteresse hin zu einer persönlichen Verortung. Im wissenschaftlichen Kontext ist dieses Vorgehen nicht legitim. Erkenntnisinteresse ist zwar immer auch persönlich, die Auseinandersetzung mit dem Thema muss jedoch so weit wie möglich ohne individuelle Vorlieben und Einstellungen erfolgen und allein am Ziel der Erkenntnis orientiert sein. Schauen Sie bitte hier unbedingt in das Kapitel *Wo bleibt das »Ich« in einer wissenschaftlichen Arbeit?*

Diese Schwierigkeiten sind im Übrigen nicht nur während der Formulierung der Fragestellung gegenwärtig, sondern manifestieren sich auch in der Arbeit selbst. Bänsch/Alewell beschreiben die Notwendigkeit, jede wissenschaftliche Arbeit müsse mit einer

Auseinandersetzung mit dem disziplinären State of the Art beginnen. »Dieser schlägt sich zentral in der vorhandenen Literatur nieder. Daher muss eine wissenschaftliche Arbeit auf der schon vorhandenen Literatur aufbauen« (Bänsch/Alewell 2009, S. 5). Das Problem ist jedoch: Studierende der ersten Semester sind in der Regel noch nicht befähigt, den Stand der Diskussion hinreichend wiederzugeben.

Es geht vom Prinzip sogar um mehr als die Formulierung eines Themas, denn auch eine studentische Arbeit soll über die reine Reproduktion hinaus gehen und zumindest ein winziges Stück zur wissenschaftlichen Erkenntnis beitragen – also: Neues liefern. Jedoch ist auch dieser Anspruch untrennbar mit einer umfassenden Kenntnis der Theorie und des wissenschaftlichen Diskurses zum Thema verbunden. Welcher Teil in Theorie oder Praxis ist noch unerforscht und bedarf weiterer Klärung? Um dies ermessen zu können, bedarf es eines Wissens über das Wissen, welches zu dem Themenkomplex bereits vorliegt. Es hat keinen Sinn, eine Fragestellung zu behaupten, wenn diese nicht existiert. Ähnlich verhält es sich natürlich auch in der sozialarbeiterischen Praxis: Auch hier müssen Fälle intensiv vorbereitet werden. Klientinnen und Klienten reagieren mit Recht ggf. ungehalten, wenn ihnen Fragen gestellt werden, die im Vorfeld durch andere Kolleginnen und Kollegen schon lange geklärt wurden.

Der gerade beschriebene akademische Wider- und Anspruch lässt sich prinzipiell nicht lösen. Er verfolgt Wissenschaftler/innen über ihre ganze Karriere hinweg: Es wird immer Kolleginnen und Kollegen geben, die mehr gelesen haben und sich als ausgewiesener und kompetenter darstellen. Unter normalen Umständen werden Studierende nicht vollumfänglich alles zu einem Thema an Literatur lesen können. Es kommt deshalb darauf an, die wesentlichen Theorien und Konzepte zur Kenntnis zu nehmen. Schauen Sie deshalb in die Kapitel *Wie konkretisiere ich das Thema?* und *Wie formuliere ich mein Thema?* und beherzigen Sie die dort ausgeführten Suchstrategien.

Wie finde ich das Thema meiner Hausarbeit?

Die Herausarbeitung und Formulierung des Themas – hiermit sind recht synonym die Fragestellung und das Erkenntnisinteresse gemeint – ihrer Hausarbeit ist die erste, zentrale Herausforderung für Studierende des ersten Semesters in Bezug auf ihre Modulprüfung. Es stellt in gewisser Weise einen Unterschied zum Vorgehen in der Schule dar, in der Fragestellungen sehr stark vorgegeben sind und es um das Prüfen von Unterrichtsinhalten geht. Auch in der Sozialen Arbeit spielt die Kenntnis der Theorie eine große Rolle, hier ist jedoch die Fähigkeit, einen neuen Sachverhalt angemessen auf deren Grundlage erörtern zu können, ebenfalls entscheidend. Damit dies möglich ist, braucht es eine klare, so »eng« wie denkbar bemessene Fragestellung. »Ohne klare Fragestellung können keine klaren Ausführungen entstehen, ohne themenadäquate Fragestellung sind entweder überhaupt keine themenbezogenen oder zumindest keine den Fragekreis des Themas angemessen erschöpfenden Ausführungen zu erwarten« (Bänsch 2008, S. 58). Dieser Arbeitsschritt, nämlich die präzise Festlegung, was bearbeitet werden soll, und was nicht, ist für junge Studierende oft fremd und ein großes Hindernis. Die folgenden Ausführungen sollen Ihnen diesen Schritt etwas erleichtern. Es wurde im Kapitel *Wann und wo schreibe ich eine Hausarbeit?* bereits besprochen, dass Hausarbeiten auf Grundlage der Prüfungsordnung in der Regel als Modulprüfung häufig an eine Veranstaltungsreihe gekoppelt durchgeführt werden. Deshalb liegt es auch nahe, dass die Themen mehr oder minder eng vorgegeben sind – wobei eine freie Themenwahl in anderen Fällen ebenso möglich ist. Beide Ausgangslagen führen zu einem unterschiedlichen Vorgehen.

Das Thema der Arbeit ist vorgegeben

Die recht freie Themenwahl, die Bearbeitung eines eigenen Gegenstandesbereichs, hatte in den ›alten‹ universitären Studiengängen (insbesondere in den geisteswissenschaftlichen) eine schöne und lange Tradition. Die Studierenden erhielten so die Möglichkeit, früh eigene Interessen zu verfolgen und ihre Bildungsabsichten selbstverantwortlich wahrzunehmen. In heutigen BA-Studiengängen kommt es gerade im ersten Studienabschnitt häufiger vor, dass dies nur begrenzt möglich ist. Themen für Hausarbeiten werden dann für alle Studierenden des Moduls vereinheitlicht und vorgegeben. Weiterhin ganz typisch ist, dass die »Freiheit« in der Auswahl einer von drei vorgegebenen Themen/Fragestellungen sowie deren Ausdifferenzierung liegt. In der Sozialen Arbeit werden professions- und disziplinsgeschichtliche Aspekte häufig in den ersten Semestern behandelt. Ein charakteristisches, vorgegebenes Thema lautet beispielsweise:

»Stellen Sie die Entwicklung der Sozialen Arbeit exemplarisch an einem Handlungsfeld dar und erörtern Sie insbesondere Anforderungen an die heutige Profession.«

1.

Ihre erste Aufgabe ist, sich Gedanken über das Thema und es beherrschbar zu machen: Was ist unter dem Begriff des »Handlungsfeldes« zu verstehen? Geht es hier um einen den Arbeitsfeldern ähnlichen Arbeitsbereich wie die *Schulsozialarbeit* (vgl. Spies/Pötter 2011)? Oder bezieht sich der Begriff eher auf Orte, an denen Soziale Arbeit auf ihre Adressatinnen bzw. Adressaten trifft: Familie, Schule, Sozialraum, System des Politischen etc. (vgl. Homfeldt/Schulze-Krüdener 2003)? Sind damit eher die *Aufgabenbereiche* (vgl. Erler 2010) oder vielleicht die *Praxisfelder* (vgl. Chassé/Wensierski 2008) gemeint? Wenn das erörtert ist, gilt es zu klären, welche Rolle dann der Disziplin in Ihrer Arbeit zukommen soll. All diese Aspekte gilt es sorgsam abzuwägen, unterschiedliche Schwerpunktsetzungen resultieren in völlig voneinander verschiedenen Arbeiten.

Wenn Sie die dazugehörigen Veranstaltungen im Semester besucht haben, sollten Sie einen ungefähren Eindruck von den Vorstellungen der Lehrenden gewonnen haben. Sie können, aber Sie müssen diesen Vorgaben nicht zwingend folgen. Wenn Sie (bewusst) ein anderes Verständnis von bspw. einem »Handlungsfeld« entwickeln, ist das absolut legitim, jedoch müssen Sie dieses begründen, sinnvoll darlegen und entwickeln können. Die Negation muss sich auf mehr beziehen können als eine Meinung oder ein

Gefühl, letztendlich kann diese sich nur in der Auseinandersetzung mit (anderen) Quellen entwickeln. Eine auf Alltagswissen beruhende eigene Meinung, ein *»Ich finde...«* oder *»Ich habe gehört...«* reicht nicht aus – Ihre Argumente sind aus den vorgefundenen Quellen heraus zu entwickeln, ggf. auch in deren begründeter Ablehnung. Gleiches gilt für die Bereiche »historische Entwicklung«, »Anforderungen« und »heutige Praxis«. Ihre Aufgabe ist es, eine fundierte Auswahl zu treffen und dieses Fundament glaubhaft und schlüssig darzustellen.

Diese Entscheidung kann nicht im luftleeren Raum geschehen. Sie müssen, um abschätzen zu können, was hinter den scheinbar klaren Begriffen steckt, nicht nur die Veranstaltungen besucht haben (hilft häufig), sondern auch Grundlagenliteratur zum Thema lesen (hilft immer). Es gibt keine Möglichkeit und keine Notwendigkeit, ein Verständnis von Handlungsfeldern aus dem Nichts, d.h. Ihren eigenen Erfahrungen oder freien Überlegungen zu entwickeln. Wissenschaft bedeutet zwingend die Auseinandersetzung mit dem im Vorfeld Gedachten (Soziale Arbeit im Übrigen auch). Lesen Sie, was andere Autorinnen und Autoren über das Thema geschrieben haben. Nur dann können Sie eine fundierte und gute Entscheidung im Hinblick auf die Reduktion, Konkretisierung und Operationalisierung der Begriffe treffen.

2.

Konkretisieren Sie nun – und tatsächlich erst jetzt – Ihr Verständnis des »Handlungsfeldes« anhand eines Beispieles. Damit ist keines Ihrer eigenen Praxisbeispiele gemeint, sondern eine exemplarische, d.h. beispielhafte und in ihren Wesenszügen auf andere Handlungsfelder übertragbare Darstellung. Eine »exemplarische« Vorgehensweise bedeutet, dass Sie andere Handlungsfelder nicht nur mitdenken, sondern zumindest in kleinerem Umfang auch tatsächlich in Ihren Text aufnehmen sollen: Stellen Sie bspw. die Bezüge der *Suchtberatung* zu Delinquenz und Kriminologie (*Jugendgerichts-* und *Bewährungshilfe*), Menschen in Armut (*Schuldner/innen-Beratung*) oder problematischen Erziehungssituationen (*Kinder- und Jugendhilfe*) dar.

Wenn Sie einen geschichtlichen Bogen spannen (müssen), dann reihen Sie nicht nur Ereignis (»Soziale Arbeit im Mittelalter«) an Ereignis (»Bettel- und Armenvögte«) an Ereignis (»Jane Addams, Leben und Wirken«) an Ereignis (»Einführung des SGB VIII«), sondern machen Sie Bezüge zwischen einzelnen Prozessen und Einflüssen deutlich. Die Darstellung einer Entwicklung bedeutet ein Verständnis, welches über den rein deskriptiven Blick (*»Zu dieser Zeit ist dieses und jenes passiert«*) hinausgeht. Gerade eine historisch orientierte Darstellung verführt Studienanfänger/innen oft dazu, bezuglos spannende Begebenheit zu erzählen. Der wissenschaftliche Blick ist jedoch ein analytischer: Was verknüpft »A« mit »B« und »C« in welcher Weise? Wie bedingen sich die Ereignisse? Hierzu ist es sinnvoll, sich einen Sachverhalt verbindend und vertiefend anzuschauen, so z.B. das Professionsverständnis, die Rolle der Frau, die Ausbildungssituation der professionell Tätigen, die Bedeutung des Ehrenamtes oder auch den Grad der Akademisierung. Auch diesen Sachverhalt müssen Sie eingangs benennen und erklären: Worauf schauen Sie genauer und warum ist das von besonderer Wichtigkeit?

Am Ende dieses Prozesses sollte Ihre persönliche Fragestellungen stehen. Sie können hierfür mit einem Zeitaufwand von etwa drei Tagen mit je acht Stunden Arbeitsaufwand rechnen. Einzelne dieser Arbeitsschritte werden im nächsten Abschnitt methodisch vertieft und ergänzt.

Das Thema der Arbeit ist nicht vorgegeben

Jetzt können Sie endlich tun und lassen, was Sie wollen – mögen Sie denken, aber das ist nicht ganz so. Tatsächlich hat eine »freie« Themenwahl (die so frei gar nicht ist, wie wir gleich sehen werden) einige Vorzüge – aber mit dem Mehr an Freiheit kommt auch ein Mehr an Entscheidungsverantwortung (hier verhält es sich in der Wissenschaft wie in der Praxis der Sozialen Arbeit).

1.

Die Freiheit der Wahl ist zunächst begrenzt, weil das Thema mit dem Modul verbunden sein muss. Zu einem Grundlagenmodul der sozialarbeiterischen Professionsgeschichte passt wahrscheinlich keine Abhandlung zur sozialen Ästhetik der Künste. Die Freiheit der Wahl ist für Studierende gerade unterer Semester manchmal strapazierend, da das Thema interessant und für die Lehrenden ebenso wie zu dem Modul passend sein sollte.

Sie müssen – im Gegensatz zu der vorgegebenen Themenformulierung – noch einen Arbeitsschritt früher beginnen. Das bedeutet, es geht zunächst nicht um die »Kleinarbeitung« des Themas, sondern um eine erste Eingrenzung der Fragestellung überhaupt. Gehen Sie hierzu alle Themen der Veranstaltung Ihres Moduls durch. Was hat Sie besonders interessiert, was am meisten ›bewegt‹, wo haben Sie auf einer inhaltlichen Ebene das größte Interesse oder auch den größten Widerspruch gespürt? Wo ist das größte Bedürfnis, ein Thema vertieft anzugehen? Schauen Sie weiterhin auf die Lücken. Was haben Sie erwartet und vermisst? Welche Themen wären Ihnen wichtig gewesen? Wo nehmen Sie die Chance wahr, diese jetzt doch noch eigenverantwortlich zu bearbeiten? Auch hier geht es um vertiefte Überlegungen, nicht um einen groben Überblick und nicht darum, singuläre Ereignisse ohne inneren Zusammenhang in Reihenfolge zu setzen.

Das Schlüsselwort heißt wiederholt »vertieft«. Damit ist ein Gegenkonzept zu der von Studierenden gerne geschriebenen »Überblicksarbeit« gemeint. Überblicksarbeiten werden vorzugsweise geschrieben, da hier aus reichhaltigen Materialquellen geschöpft werden kann. Das primäre Argument gegen studentische Überblicksarbeiten, also den Versuch, ein Thema in seiner ganzen Breite darzustellen, lautet: Sie funktionieren in der Regel nicht. Bleibt man bspw. bei dem Thema »Professionsgeschichte der Sozialen Arbeit« kann das unter keinen Umständen im Rahmen einer studentischen Arbeit gelingen – ganz gleich, wie viel Raum Ihnen gegeben würde. Einführungen in die Geschichte der Sozialen Arbeit sind im Umfang zwischen über 200 (Hering/Münchmeier 2007) und – auf zwei Bände verteilt – fast 1000 Seiten (Wendt 2008a; 2008b) angelegt.

Je grober und unspezifischer sich das Thema darstellt, desto unbefriedigender sind in der Regel die Arbeiten – für Leser/innen und Verfasser/innen. Studierende erkennen nämlich in diesem Zusammenhang durchaus die Schwächen ihrer Arbeit – das eigene Werk hinterlässt ein Gefühl von Langeweile, Frustration und Zweifeln an der Notwendigkeit, sich mit dem Thema zu beschäftigen. Solche Seminararbeiten müssen zwangsläufig mehr Lücken als Inhalte aufweisen und werden mit ziemlicher Sicherheit nicht im (sehr) guten Bereich angesiedelt sein. Der Kniff besteht darin, das Thema zuzuspitzen, d.h. bewusst Aspekte zu vernachlässigen und sich auf eine Perspektive, eine besondere Fragestellung zu beschränken.

Rost (2010, S. 281 f.) gibt einige sehr sinnvolle Hinweise darauf, nach welchen Aspekten sich Hausarbeiten thematisch zuspitzen lassen: »Ein Thema lässt sich eingrenzen, indem man beispielsweise

- einen Aspekt auswählt (die motorische Entwicklung im dritten Lebensjahr),
- eine räumliche/zeitliche Eingrenzung vornimmt (in Deutschland von 1900-1914),
- die Quellen einschränkt (im Spiegel der amerikanischen Forschungsliteratur),
- eine Spezialisierung auf eine Betrachtungsebene vornimmt (aus ethnomethodologischer Sicht),
- einen Schwerpunkt setzt [...] oder
- ein Beispiel bzw. Anwendungsfeld in den Vordergrund rückt«.

Hierzu gehört etwas Mut, denn Studierende haben oft das Gefühl, möglichst alle Aspekte eines Themas ansprechen und ihr umfängliches Wissen beweisen zu müssen. Wissenschaft (und Soziale Arbeit) funktioniert so jedoch nicht, die Konzentration und Reduktion auf bestimmte Aspekte eines Themas oder eines Falles sind hier Realität. Im Gegenteil ist eine zu breite Fragestellung in einem Forschungsprojekt oft ein Grund für die Versagung von Förderung.

2.

Sie müssen lesen, um ein vernünftiges Thema für eine vernünftige Hausarbeit formulieren zu können. Auch der Besuch einer 90-minütigen Veranstaltung über vierzehn Wochen kann Sie nämlich nicht von der Pflicht zur Lektüre entbinden. Ohne die grundlegenden Diskurse zu einem Thema zur Kenntnis genommen zu haben, ist die Ausarbeitung jeder Gliederung und jedes Exposés nicht nur mühevoll, sondern unmöglich. Ich empfehle die Lektüre von mindestens drei einführenden Werken. Bücher und Lehrwerke sind nämlich häufig aus einer bestimmten Position, einer akademischen Schule und Denkrichtung heraus geschrieben. Das bedeutet, dass sie sich auf ein großes, theoretisches Konzept beziehen und andere Positionen vielleicht nur rudimentär ansprechen. Sie können also, wenn Sie Honigs *Entwurf einer Theorie der Kindheit* (1999) lesen, nicht unbedingt davon ausgehen, dass dort klassische, biologistische Erklärungsansätze über Kindheit als Reifungsphase breit referiert werden. Trotzdem existieren diese Konzepte sehr wohl. Gerade Erstsemestern fehlt nur der Überblick, die »Orientierung« oder »Schwerpunktsetzung« eines Werkes zu verstehen. Nicht jedes Buch ist für Studierende geschrieben und viele Autorinnen bzw. Autoren setzen ein solches fundiertes Grundwissen einfach voraus.

Ein Blick genügt also nicht, um einen Sachverhalt zu erfassen. Das gilt für die Profession ebenso wie in wissenschaftlicher Themenfindung. Ein relativ unkompliziertes und für Studierende recht leicht anwendbares Verfahren, den eindimensionalen Blick zu vermeiden, ist eine einfache Version der Triangulation (vgl. Flick 2011).

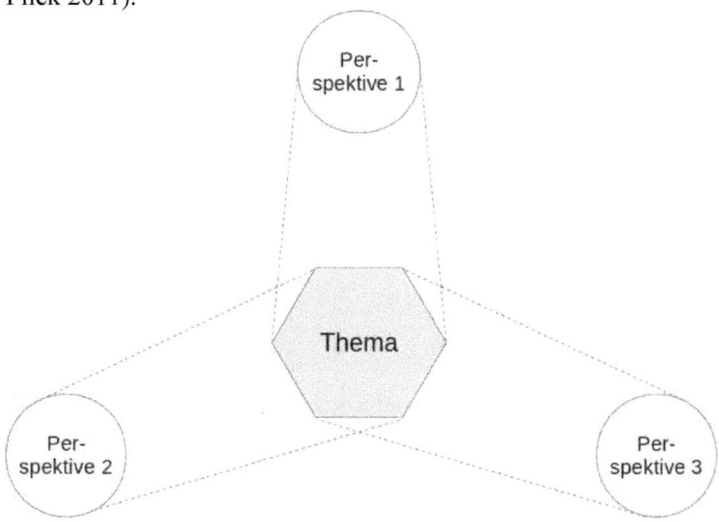

Abb. 3: Triangulativer Blick auf ein wissenschaftliches oder sozialarbeiterisches Thema

Triangulation dient nicht dazu, Erklärungen universalistisch zu gestalten, sondern Breite und Tiefe zu finden. In der obigen Abbildung besteht das Thema (es könnte auch Problem, Klausurfrage oder Verhalten der Klientinnen und Klienten heißen) gerade einmal aus einem Sechseck, d.h. einer geometrisch recht einfachen Figur. Trotzdem braucht es mindestens drei unterschiedliche Blickwinkel, um das Thema vollständig zu erfassen und Überschneidungsflächen zu erhalten, die die Kontextualisierung einer Position in Bezug zu einer zweiten und dritten erlauben. Sie können sich vorstellen, dass sich in der Realität, d.h. in hochkomplexen Phänomenen wie dem menschlichen Verhalten, welches sich nicht zweidimensional und zudem zeitlich variant darstellt, ein verstehender Überblick deutlich unübersichtlicher darstellt.

Es gibt mehrere Arten der Triangulation, im vorliegenden Fall würde man am ehesten von Daten-Triangulation sprechen (vgl. Schründer-Lenzen 2010). Bezogen auf die Frage von Themen Ihrer Hausarbeiten bedeutet dies, dass Sie Lektüren von mehreren, mindestens jedoch drei einführenden Werken zum Gegenstandsbereich durcharbeiten sollten. Somit schließen Sie einen verengten Blickwinkel, eine besondere Affinität zu Forschungsmethoden, Theorien oder, im Werk selbst, unreflektierte Hintergründe nicht systematisch aus, aber Sie verringern die Bedeutung einer sehr speziellen Sichtweise. Selbiges gilt im Übrigen natürlich analog für sozialarbeiterische Praxis.

Was bedeutet das für die Soziale Arbeit?

Klare Fragestellungen und Aufgaben braucht es auch in Ihrer sozialarbeiterischen Praxis: Als Sozialarbeiter/in bspw. eines Familienzentrums benötigen Sie eine gute Kenntnis über die Strukturen und Gegebenheiten des Stadtteiles in dem Sie tätig sind. Dies entspricht einer Kenntnis über den Stand des Diskurses in der Wissenschaft, auf dem jede Analyse aufbaut. Ebenso fußt Ihre konkrete Praxis auf einem allgemeinen Wissen. Es kann jedoch nicht Ihre Pflicht sein, alle Probleme jeder Familie Ihres Zuständigkeitsbereichs zu lösen. Dieses Prinzip professioneller Anmaßung wird *Allzuständigkeit der Sozialen Arbeit* genannt und wird eher als schwierig eingeschätzt: »Der einzelne Sozialarbeiter kann nicht Fachmann für alles sein und ist nicht Fachmann für alles. [...] Aus der Perspektive der Professionellen verweisen Allzuständigkeit und fehlende Spezifizierung auf die Schwierigkeiten beruflichen Handelns in Situationen, die durch Komplexität und fehlende Begrenzung von Problemen und Anforderungen gekennzeichnet sind« (Galuske 2007, S. 38 f.). Trotz oder gerade aufgrund struktureller Uneindeutigkeiten (*»Hier ist Ihr Schreibtisch, viel Spaß bei der Arbeit, Sie machen das schon!«*) gehört eine Konkretisierung der eigenen Arbeit unbedingt zum professionellen Habitus (*»Was ist genau meine Aufgabe? Wofür bin ich zuständig?«*). Wenn der berufliche Kontext diese Konkretisierung nicht hergibt, müssen Sozialarbeiter/innen sie selbst schaffen.

Wie konkretisiere ich das Thema?

Die Konkretisierung eines Themas, das Kleinarbeiten einer Fragestellung, ist – wie so ziemlich alles in der Wissenschaft – ein Prozess. Mit Rost (2010) wurden im Kapitel *Wie finde ich das Thema meiner Hausarbeit?* schon einige Hinweise darauf gegeben, wie man ein Thema inhaltlich zuspitzen kann. In diesem Kapitel sollen noch mehr Hinweise auf den Prozess der Zerlegung und Gliederung von Themen gegeben werden. Zeitlich liegt dieser Prozess noch immer vor der eigentlichen Formulierung der Fragestellung und soll diesen noch einmal methodisch aufschlüsseln und begleiten.

Literaturrecherche

Wenn Sie in der Veranstaltung anwesend waren (was sich spätestens jetzt gelohnt hätte), werden Sie – um in unserem fiktiven Modul zu bleiben – eine ungefähre Vorstellung von der Vielzahl von Handlungsfeldern der Sozialen Arbeit, auch in geschichtlicher Perspektive erhalten haben. Mit anderen Worten: Sie kennen sich zumindest in Ansätzen im Thema aus. Ihr Wissen reicht vielleicht nicht, um die Arbeit direkt anzugehen, aber es ist hinreichend, um sich orientieren zu können. Wenn Sie im Seminar Literaturempfehlungen erhalten haben (was heute eigentlich einen Standard darstellt), wäre jetzt ein guter Zeitpunkt diese zu lesen (die Empfehlungen und die Literatur). Damit können Sie sich jedoch nicht zufrieden geben. Nehmen Sie die Literatur nicht nur zur Kenntnis, sondern bearbeiten Sie diese aktiv: Was fällt Ihnen auf? Was halten Sie für wesentlich? Wo entdecken Sie Widersprüche? Auf welche Autorinnen bzw. Autoren, Thesen, Sachverhalte etc. wird wiederholt verwiesen? Die Kurzbelege dienen nicht zur Auflockerung des Textes, sondern wollen selbst gelesen und bearbeitet werden. Das bedeutet, dass jeder Text eine Fülle an Hinweisen auf andere, relevante Literatur enthält.

Haben Sie keine entsprechenden Literaturhinweise erhalten oder keinen Zugriff auf die empfohlenen Werke oder wollen Sie zusätzlich weitere Literatur bearbeiten, empfiehlt sich eine OPAC-Recherche. OPAC bedeutet Online Public *Access Catalogue* und ist nichts anderes als der öffentlich (in der Regel über das Internet) zugängliche Katalog Ihrer Bibliothek. Sie finden diesen Zugang über die Webseite Ihrer Bibliothek – ich kenne keine Hochschule, die über ein solches System nicht verfügt. In der OPAC-Suche werden in der Regel *Schlagwörter* oder Namen von Autorinnen bzw. Autoren eingegeben. Jedes Buch wird von der jeweiligen Bibliothek verschlagwortet, d.h. dem Titeleintrag werden begleitende *Schlagwörter* hinzugefügt. Wenn Sie also nach »Geschichte der Sozialen Arbeit« suchen, könnte gut Sachße/ Tennstedts (2012) *Geschichte der Armenfürsorge in Deutschland* auftauchen, obwohl die Soziale Arbeit im Titel gar nicht vorkommt.

Auch bei der OPAC-Suche ist etwas Ahnung von der Sache sehr vorteilhaft. Oft lohnt es sich, Suchbegriffe wie »Nachkriegsdeutschland«, »Geschichte«, »Soziale Arbeit«, »Westdeutschland« zu verbinden, um die Suchergebnisse eng zu fassen. Hier lohnt sich eine informierte Suche. So nennt sich der Fachbegriff für die »Umerziehung« im Nachkriegsdeutschland »Re-Education«. Wenn Sie hierüber Literatur suchen, sollten Sie den Fachbegriff direkt verwenden. Auf der anderen Seite ist manchmal gerade eine weite Suche vorteilhaft. In einem Überblickswerk über die »Geschichte der Sozialen Arbeit« könnte der für Sie interessante Aspekt besprochen sein (bspw. ein Handlungsfeld), ohne dass das Buch derart verschlagwortet wurde. Generell gilt: Es kommt im ersten Arbeitsgang nicht darauf an, sich zu beschränken. Greifen Sie zunächst ab, was gerade ausleihbar ist und kommen Sie so dem Thema näher.

Neben der OPAC-Suche empfehlen sich einige Handbücher, welche sehr wahrscheinlich erste Hinweise auf den aktuellen Diskurs in Disziplin und Praxis sowie auf weiterführende Literatur geben. Diese sind (unter anderem):

Kreft, D./Mielenz, I. (Hrsg.) (2008): Wörterbuch Soziale Arbeit. Aufgaben, Praxisfelder, Begriffe und Methoden der Sozialarbeit und Sozialpädagogik. Weinheim, Juventa

Thole, W. (Hrsg.) (2010): Grundriss Soziale Arbeit. Ein einführendes Handbuch. Wiesbaden, VS

Weitere Eingrenzung

Grenzen Sie auf Basis Ihres Wissens Ihr Thema ein. Anders ausgedrückt: Setzen Sie Schwerpunkte. Was wollen Sie im Besonderen bearbeiten? Die rechtliche Situation? Die Methodik der Praxis? Über welche Auswahl der betroffenen Grundgesamtheit schreiben Sie? Gibt es besondere zeitliche/historische Bezüge? Liegen regionale Besonderheiten vor? Was können Sie aus dem aktuellen Diskurs ableiten? Was wollen Sie bewusst unbearbeitet lassen? Was ist *Ihre* besondere Fragestellung?

Fleischer (2001, S. 244) regt an, bei der Themenfindung folgende Punkte zu beachten:

- »Auswahl eines Aspekts
- zeitliche Eingrenzung
- geographische Eingrenzung
- Eingrenzen der Quellen
- Personengruppen auswählen
- Beziehungen herstellen
- Institutionen auswählen
- Beispiel oder Einzelfall hervorheben
- Neues hervorheben
- Betrachtungsebenen festlegen
- VertreterInnen eines Theorieansatzes auswählen
- Theorieansätze auswählen
- Anwendungsbereiche konkretisieren«.

Eine scharfe Themenformulierung ist vom Prinzip her sehr ähnlich der ominösen »eigenen Meinung« (siehe auch das Kapitel *Wo bleibt das »Ich« in einer wissenschaftlichen Arbeit*). Dadurch, dass Sie sich bewusst auf Teilbereiche beschränken und diese anhand hoffentlich ebenso bewusst ausgesuchter Literatur bearbeiten, machen Sie allgemeine und »fremde« Inhalte zu den Ihren. Das erlaubt nicht, tendenziös zu recherchieren oder Quellen entsprechend genehmer Inhalte auszuwählen. Im wissenschaftlichen Arbeiten geht es nicht darum, den eigenen Standpunkt zu bestätigen oder sich persönlich zu positionieren. Wichtig ist es, Erkenntnis zu gewinnen. Die Auswahl des Themas ist Ihr (erster) persönlicher Anteil. Auch dürfen Sie tendenziöse Fragestellungen, die mehr oder minder nur den eigenen Standpunkt bestätigen sollen, nicht verwenden. »Schlechte Fragen [zeichnen sich durch folgende Merkmale aus – JK]:

- Vorannahme (›Warum stimmt es, dass...?‹)
- Zu unkonkret (›Welchen Nutzen hat die Menschheit vom Internet?‹)
- Beeinflussende, tendenziöse Frage (›Wie unterscheiden sich Männer und Frauen in ihrem Interesse für Politik?‹)« (Karmasin/Ribing 2012, S. 23).

Abschließend: Nicht zu empfehlen ist eine wilde Internetrecherche. Wagner beschreibt die Versuchungen und Verirrungen einer ungerichteten Suche im Netz treffend und amüsant: »Die *Google-Manie* und die *endlosen Weiten des Internets*: Es wird gegoogelt, was das Zeug hält. Suchmaschinen durchforsten eine unendliche Zahl von Websites. [..] Die Informationsfülle ist kaum zu bewältigen. Und das, was tatsächlich gesucht wird und wirklich zum Thema passt, lässt sich auch nach Stunden immer noch nicht finden« (2012, S. 433 – Hervorhebung im Original). Der Grund für dieses potentielle Scheitern lässt sich relativ schnell finden. Wissenschaftliche Quellen liegen vorrangig nicht im Internet herum, sondern finden sich vor allem in Hochschulen, Bibliotheken, wissenschaftlichen Verlagen und deren Onlineangeboten. Es braucht enorm viel Geschick und Erfahrung, um im Netz belastbare Quellen zu finden – und genau die braucht es im akademischen Kontext. Letztendlich kommen Sie wahrscheinlich wieder zurück zu den erwähnten Onlineangeboten einschlägiger Institutionen, auch wenn Sie zentrale Ausgangspunkte für die Suche nach (sozialpädagogischem) Material benutzen (*bildungsserver.de*, dann Menüpunkte *Sozialpädagogik* anklicken). Es spricht nichts dagegen, sich bei Wikipedia und Co. erste

Informationen über das Themengebiet zu beschaffen, aber dies ist nicht hinreichend. Sie sollten sehr schnell von dieser rudimentären Orientierung zu den Literaturhinweisen, einer anschließenden OPAC-Suche und einer Recherche in Handbüchern kommen.

Wie formuliere ich mein Thema?

Die Formulierung des Themas ist keine Trivialität. Die Prozesse von Konkretisierung, Themenfindung und Formulierung greifen ineinander und überschneiden sich. Formulierung des Themas stellt im Prinzip die Fortführung einer Konkretisierung der Fragestellung dar. Mit Formulierung ist deshalb auch nicht eine bloße redaktionelle oder stilistische Aufgabe gemeint. Formulieren Sie deshalb das Thema genau so, wie Sie es meinen und bearbeiten wollen und seien Sie sich über den Sinn Ihrer Formulierung im Klaren. Manche Studierende behandeln das Thema eher unter Aspekten der Diktion. Im wissenschaftlichen Arbeiten nimmt man es sehr genau und so haben auch kleine Veränderung möglicherweise große Folgen.

Die nachgehenden drei Themenstellungen könnten aus einer Veranstaltung der Module Soziologie oder Psychologie bzw. Jugendhilfe oder Kindheitsforschung stammen und sehen sich auf den ersten Blick sehr ähnlich:

1.) »Kind und Familie«;
2.) »Kinder und Jugendliche in der Sozialen Arbeit« und
3.) »Unterstützungsmaßnahmen des Allgemeinen Sozialdienstes für Eltern von Vorschulschulkindern ohne Einrichtung einer Hilfe zur Erziehung«.

Es handelt sich jedoch um drei völlig verschiedene Themen (wobei die beiden ersten Formulierungen so allgemein gehalten sind, dass ich nicht genau wüsste, was dazu Sinnvolles zu schreiben wäre). Die erste Formulierung verlangt nach nicht weniger als einer Betrachtung von Minderjährigen unter 14 Jahren in Familien – ein Beispiel für eine breit angelegte Überblicksarbeit, die wahrscheinlich nicht funktionieren würde. Ob es sich hierbei um Familie als rechtliches, soziales oder biologisches Konstrukt handelt ist ebenso unklar, wie der zeitliche Umfang oder der Ort der Analyse. Sie könnten einige hundert Seiten verfassen und Ihr Text wäre trotzdem lückenhaft. Es ist schlicht nicht möglich, einen so komplexen und unübersichtlichen Gegenstandsbereich im Rahmen einer studentischen Arbeit hinreichend zu bearbeiten. Zudem weist schon das Thema Ihrer Arbeit darauf hin, dass die Inhalte nicht strukturiert und vertieft angegangen und von Zufälligkeiten geprägt sind. Bitte erinnern Sie, dass die Konkretisierung des Themas Aufgabe der Studierenden ist. Eine Hausarbeit mit dem Titel »Kind und Familie« ist ein Indiz dafür, dass dieser Anspruch/diese Aufgabe nicht erfüllt worden ist.

Das zweite Thema vernachlässigt zwar den Aspekt »Familie«, weitet das zu bearbeitende Feld jedoch mit der Perspektive auf »Soziale Arbeit« wieder aus. Örtliche und zeitliche Einschränkungen liegen hier nicht vor, gemeint könnte ebenso ›heute‹ wie auch ›seit dem Mittelalter‹ sein. Auch ist völlig unklar, welcher Bereich der Sozialen Arbeit und welcher Handlungsaspekt gemeint ist: Geht es um Förderung, Partizipation, Kinderschutz, ASD-Arbeit, Eingriffshandeln, Frühe Hilfen, frühkindliche Pädagogik oder eine andere Dimension?

Das dritte Thema ist das konkreteste und damit auch das am besten zu bearbeitende. Der Analysefokus liegt hier auf dem Aspekt der Unterstützung (die es zu definieren gilt) innerhalb eines klar umrissenen Arbeitsgebietes. Auch die Eingrenzung des Alters und der Hinweis, dass es sich nicht um Maßnahmen entsprechend § 27 ff. SGB VIII handelt, macht das Thema beherrschbar. Diese exemplarische Formulierung ist im Rahmen einer studentischen Hausarbeit durchaus denkbar.

Wo bleibt das »Ich« in einer wissenschaftlichen Arbeit?

Die »eigene Meinung«, die persönliche Verortung, der individuelle Standpunkt, das »Ich« – es passiert eher häufiger als selten, dass gerade Studienanfänger/innen nach dem Verbleib persönlicher Positionierung in Bezug auf die Fragestellung, die Literatur oder die empirischen Daten fragen. Die Vorstellung, die eigene Sichtweise zu einem Thema, einer These, einer Interpretation oder einem Text äußern zu wollen, ist jedoch in hohem Grade vorwissenschaftlich und hat in einem Studium, in der Forschung, im Verfassen einer Hausarbeit, ebenso wie in der Praxis der Sozialen Arbeit keinen Platz. Weil Sie im Laufe Ihres Lebens eine Meinung zu einem Aspekt der Sozialen Arbeit gebildet haben, heißt das nicht, dass Sie diese Ansichten in Hausarbeiten auch niederschreiben müssen. Sesink (2010, S. 27 f.), auf den ich mich hier stark beziehe, weist darauf hin, dass dieses Bedürfnis in den Geistes- und Erziehungswissenschaften besonders häufig vorzuliegen scheint. In anderen Disziplinen erwartet man von den Studierenden eher, dass sie Inhalte erlernen: Welche eigene Meinung wird man wohl zu Magnetismus, Kernphysik oder Quantenmechanik entwickeln wollen?

Gleichwohl geht es andererseits auch nicht darum, das »Ich« zu verleugnen. So bringen Studierende »eine Reihe von zutiefst persönlichen Voraussetzungen mit, die wirksam werden, noch bevor sie oder er sich überhaupt an den Schreibtisch setzt« (Fleischer 2001, S. 234). Diese Vorerfahrungen stellen die individuelle Persönlichkeit in Wechselwirkung zu den Dimensionen Thema, Methode und Institution und verweisen auf mehrere Faktoren, die das wissenschaftliche Arbeiten schlechthin sowie das Verfassen eines Textes im Besonderen beeinflussen. Hierzu gehören:

- das eigene Geschlecht,
- die soziale Herkunft insbesondere in Bezug auf ökonomisches, soziales und kulturelles Kapital,
- die individuelle Bildungsbiographie,
- die jeweilige Lebenssituation in Bezug auf Alter, Wohnsituation, Kinder, Erwerbstätigkeit, Gesundheitszustand, sowie
- der Zugang zum Studium (vgl. Fleischer 2001).

Die Bedeutung dieser individuellen Zugänge ist wichtig und richtig und sollte von Ihnen beachtet werden. Jede Themenwahl, jede Formulierung, jede Herangehensweise an eine Fragestellung – ganz zu schweigen davon, dass es individuelle Gründe dafür gab, dass Sie genau dieses Studium gewählt haben – spiegelt Ihr »Ich« wieder. Ihre »eigene Meinung« und Ihr persönlicher Anteil bestehen darin, dass Sie die Forschungsfrage konkretisieren, dass Sie die Untersuchungsgrundlagen erarbeiten oder auswählen (eigene Daten oder Literatur), dass Sie die Forschungsmethode bestimmen und Sie den Text selbst schreiben. Ihre eigene Meinung besteht jedoch nicht darin, dass Sie den Leserinnen und Lesern Ihre in persönlichen und/oder vorwissenschaftlichen Erfahrungen gegründeten Auffassungen darlegen oder Ihre Daten hierüber vermessen. Individualität bedeutet auch nicht, dass Untersuchungsergebnisse oder Darstellung(sform)en beliebig persönlichen Eigenheiten und Einstellungen untergeordnet werden können. Wissenschaft heißt, sich der eigenen Person im Forschungsprozess bewusst zu werden und diesen Faktor aus dem Prozess des Erkenntnisgewinns so weit wie möglich zu eliminieren. Argumentationen müssen das Bestreben besitzen, so weit wie möglich als richtig angesehen zu werden. Sesink (2010, S. 27 f.) macht die Notwendigkeit deutlich, jede Gegenrede, und jede Argumentation an Nachweise zu knüpfen. Das bedeutet für Sie als Studierende:

- »Sie verwenden empirische Belege, um ihre Behauptungen zu stützen.
- Sie leiten eigene Positionen aus dem Stand der Forschung ab.
- Sie argumentieren sachlich und vermeiden es, Aussagen mit subjektiven, persönlichen Ansichten oder Präferenzen zu begründen.
- Sie setzen auf Klarheit in der Argumentation, nicht auf blumige oder die Adressaten emotional ansprechende Argumente.
- Sie verwenden eine systematische Darstellung.
- Sie stützen ihre Argumente auf die Werte der jeweiligen wissenschaftlichen Gemeinschaft« (Kruse 2001, S. 18).

Was bedeutet das für die Soziale Arbeit?

Gelegentlich schätzen Sozialarbeiter/innen in besonderem Maße die auf ihrer Emotionalität beruhende Einschätzung einer Situation, dies wird gern als »Bauchgefühl« deklariert. Es sei an dieser Stelle darauf hingewiesen, dass das »Bauchgefühl« vielfältig dem »Ich« in einer wissenschaftlichen Arbeit entspricht. Hier geht es dann nicht um eine formal und inhaltlich präzise Vorgehensweise, sondern um die Einbringung des eigenen Selbst – sozusagen des eigenen Bauchs – in die Situation. Dort hat er jedoch nichts zu suchen, der Bauch. Alle Fallkonstellationen müssen planvoll, angemessen und auf Theorie gründend beurteilt, entschieden und durchgeführt werden. Wie soll ein »sinnvolles« Bauchgefühl von individuellen Verrücktheiten und persönlichen Marotten unterschieden werden, ja, auf welcher Grundlage kann gesagt werden, dass das eine qualitativ weniger wert wäre als das andere –

Dies gilt auch auf einer formalen und technischen Ebene: Möglich, dass Sie sich mit Ihrem ausgefallenen Schreibstil ausleben, ein Zitationssystem ohne Regeln anwenden wollen oder glauben, auf Grundlage eines nicht transkribierten Interviews die Jugendarbeit im Rheinland neu vermessen zu können oder Ihre Arbeiten gern mit persönlichen Reiseerlebnissen anreichern wollen. All dies ist in der Sozialen Arbeit als Wissenschaft nicht möglich.

Wie viel Zeit benötigt eine Hausarbeit – und wie organisiere ich sie?

»In der Wissenschaft ist das Schreiben die Bewährungsprobe für das persönliche Zeitmanagement« stellt Schnur (2010, S. 23) fest und man kann ihm nicht genug zustimmen. Die Fertigstellung eines schriftlichen Produktes ist ein Vorgang, der nicht nur Studierende regelmäßig in Hektik versetzt. Auch Professorinnen bzw. Professoren oder andere professionelle Autorinnen bzw. Autoren plagen sich gern und oft mit der Einhaltung von Zusagen, Abgabeterminen und Deadlines. Die Verschriftlichung von Ergebnissen, sei es eines empirischen Forschungsprozesses oder einer Literaturanalyse, stellt die letzte Konkretisierung eines Erkenntnisprozesses dar. In diesem Verlauf müssen zwangsläufig Details verloren gehen. Dies stellt für professionelle Schreibende oft einen unangenehmen Umstand dar – in der eigenen Wahrnehmung sind alle Aspekte des Themas wichtig und wert, verfasst zu werden. Gleichzeitig ist die Reduktion von Inhalten notwendig, da sie der thematischen Schärfung der Fragestellung im Prozess der Verschriftlichung entspricht. Ohne einen Verzicht auf bestimmte Aspekte würde sich ein Produkt ausufernd, unstrukturiert und unlesbar gestalten. Es geht auch darum zu zeigen, das erworbene Wissen in eine gute und in akademischer Konvention akzeptable Form zu bringen. Reduktion ist hier – auch wenn es mitunter schwerfällt – notwendig, da hierdurch Komplexität verringert wird.

Diesen Anspruch mit einer vernünftigen Zeitplanung und mit Ihrer Studienrealität zu verbinden, die neben dem reinen Studium auch noch andere Lebensinhalte umfasst und das Bestehen der Modulprüfung zwingend voraussetzt, ist kein einfaches Unterfangen. Sie müssen akademischen Anspruch und vorhandene zeitliche und persönliche Ressourcen miteinander verknüpfen. Beide Aspekte sind bei Studierenden unterschiedlich ausgeprägt: Manche Studierende treten mit einem enorm hohen Anspruch auf, andere wollen nur »durchkommen«, manche über viel Freiraum verfügen und wieder andere sind familiär oder beruflich stark eingespannt. Ein Studienbetrieb muss mit all diesen Studierendengruppen zurechtkommen. Da unterschiedliche Ansprüche und unterschiedliche Voraussetzungen zwangsläufig Auswirkungen auf die für die Produktion einer Hausarbeit zur Verfügung stehenden (zeitlichen) Ressourcen haben, handelt es sich bei den im Folgenden angesetzten Intervallen um Richtwerte.

Arbeitsschritte und Zeitbedarf

Bei der Berechnung der benötigten Zeitressourcen gehen Sie von dem letzten möglichen Abgabedatum aus, ich erkläre den Zeitbedarf gern von diesem Termin aus. Im heutigen, modularisierten BA-Studium gibt es häufig in der Prüfungsordnung festgelegte, für alle Studierende verbindliche Abgabetermine. Für das folgende Beispiel nehmen wir den 31. August. Ziehen Sie von diesem Termin (mindestens!) vierzehn Tage für das Korrekturlesen, Lektorat, die Bearbeitung von sprachlichen und inhaltlichen Unschärfen, die Überprüfung von Zitaten sowie letzte Bearbeitungen und Layout ab. Zu diesem Termin muss dann die erste Fassung der Verschriftlichung erstellt worden sein.

Schnur (2010, S. 19-32) geht in seiner hervorragenden Arbeit über das *Schreiben* davon aus, dass Sie im Idealfall umgerechnet pro Tag etwa 6.000 Zeichen schreiben können, die zumindest vorläufig publikationswürdig wären. Bei einer Hausarbeit mit der Länge von 35.000 Zeichen – mehr oder minder einem Regelwert im Rahmen von Modulprüfungen – bräuchten Sie sechs Arbeitstage, um Ihre Ergebnisse zu verschriftlichen. Wenn Sie von einem Acht- bis Zehnstundentag ausgehen, in dem Sie die Konzentration permanent hoch halten können, ist dieser Wert realistisch, es geht ja nicht nur darum, Text zu produzieren, sondern diesen aus der Literatur abzuleiten und argumentativ sinnvoll zu ordnen. Für erfahrene Autorinnen und Autoren ist dies recht gut zu erreichen. Faktisch sind Sie jedoch keine erfahrenen Schreiber/innen, die Auswertung eines Analyseprozesses ist Ihnen noch eher unbekannt. Sie können auf keinen Erfahrungsschatz und keine Routinen zurückgreifen und werden mit großer Wahrscheinlichkeit während des Schreibprozesses feststellen, dass Ihre Literaturarbeit sich nicht so hinreichend gestaltet, wie Sie das angenommen und gehofft hatten. Sie werden bemerken, dass einige Argumentationsgänge nicht gut zueinanderpassen, wichtige Theorien nur unzureichend erläutert werden können und anscheinend klare Definitionen für Sie schwerer als angenommen zu schreiben sind. Dies bedeutet, dass Sie in der Phase der Verschriftlichung in Bezug auf die Literaturrecherche und -analyse nacharbeiten müssen. Realistisch – und, um uns auf der sicheren Seite zu befinden – reduziert das den »publikationswürdigen Output« um die Hälfte. Setzen Sie also zur reinen Verschriftlichung mindestens zwölf Arbeitstage ohne große Störungen oder andere Beschäftigungen wie Ferien oder die Vorbereitung auf einen Triathlon an.

Für den vorangehenden Arbeitsschritt, d.h. die Literaturrecherche und -analyse, veranschlage ich bei 35.000 Zeichen und mindestens zwölf bis fünfzehn notwendigen Quellen wenigstens zwanzig Arbeitstage. Dies bedeutet, dass Ihnen pro Quelle knapp zwei Tage zur Bearbeitung bleiben. Hierunter fällt ein vertieftes Lesen des Textes, die Einordnung in den theoretischen Gesamtkontext des Themas, eine Markierung und Vorstrukturierung, der von Ihnen zu nutzenden Argumentationsverläufen, Thesen und Textstellen. Bei einem Handbucharikel mag das kein Problem sein, bei einer Monographie ist das schon eine sehr sportliche Aufgabe. Sie werden diesen Arbeitsschritt zudem nicht mit der richtigen Anzahl und Auswahl von Literatur beginnen, sondern beim Bearbeiten feststellen, dass trotz einer anfänglichen Selektion die ein oder andere Quelle nicht zu Ihrem Vorhaben passt. Die Bearbeitung von Literatur schließt also das Aussortieren und das Auffinden neuer Quellen mit ein. Es ist m.E. nicht möglich, den ganzen Tag zu lesen, zu exzerpieren und zu strukturieren, insbesondere für Studienanfänger/innen nicht. Lassen Sie sich für diesen Arbeitsabschnitt also genug Zeit. Ich empfehle, keinen Medienwechsel vorzunehmen und Notizen, Definitionen, Exzerpte und Zusammenfassungen bereits digital niederzuschreiben (wobei manche Studierende genau die Übertragung vom Papier auf den Rechner brauchen, um ihre Arbeit strukturieren zu können). Aus diesen Fragmenten lässt sich später das eigentliche Manuskript erstellen. Auch das Exposé, welches die Schnittstelle zwischen Literaturarbeit und Verschriftlichung darstellt, lässt sich mit Hilfe fragmentarischer Textstellen erarbeiten.

Vor der Literaturanalyse steht die Formulierung der Fragestellung, die selbst wiederum aus einer grundsätzlichen Recherche besteht. Der Zeitrahmen ist hierfür kaum zu beziffern, da es sich um einen Prozess des konstanten Entstehens, Verwerfens und Wiederentstehens handelt. Für Erstsemester, die nicht auf einen »Themenfundus« zurückgreifen können und mit der Literaturrecherche fast vollständig neues Material zu erarbeiten haben, ist der Aufwand größer als für Studierende in höheren Semestern, da diese Fragen, Themen und Theorien bereits kontextualisieren können. Ich setze für diesen Arbeitsschritt – sicherlich sehr gnädig – drei Arbeitstage an.

Die Arbeit an einer Hausarbeit umfasst damit folgende Arbeitsschritte:

Arbeitsschritt	Arbeits-tage	Arbeits-stunden pro Tag	Auf-wand in Stunden
Grundsätzliche Recherche und Formulierung der Fragestellung (neues Thema)	3	8	24
Literaturrecherche und -analyse inkl. Vorarbeiten zur Verschriftlichung und Exposé	20	4	80
Reine Verschriftlichung inkl. kleinerer Nacharbeiten in Literaturauswahl und -analyse	12	8	96
Abgabe der Rohschrift an die Korrektur, Pause und Abstand von dem eigenen Text	7	–	–
Bearbeitung der Anmerkungen, inhaltliche Nacharbeiten, formale Aspekte und Layout	7	8	56
insgesamt:	49		256

Tab. 3: Arbeitsschritte und Aufwand einer Hausarbeit

Der Aufwand, eine Hausarbeit zu erstellen, umfasst also etwa 256 Stunden. Da m.E. nicht jeden Tag realistisch mit voller Konzentration acht Stunden lang am gleichen Thema gearbeitet werden kann, erstreckt sich die Anzahl der benötigten Arbeitstage auf etwa neunundvierzig. Disterer (2005, S. 50) kommt auf 160 Stunden Arbeitsaufwand, wobei seine Kalkulationen keinen Korrekturlauf beinhaltet und sich auf eine etwa zwanzigseitige Arbeit bezieht. Wir liegen also nicht sehr weit auseinander. Wie Sie auch immer rechnen und planen: Auf Kinobesuche, übermäßiges Privatleben, Hochleistungssport, umfangreiche Erwerbsarbeit, Beziehungshighlights und die Aktualisierung des Facebook-Status werden Sie in dieser Zeit eher verzichten müssen. Messing stellt fest, die »Abschlussarbeit ist ein Fulltime-Job, den man nicht nebenbei erledigen kann« (2012, S. 276). Sie hat vollkommen Recht, wenn die Absolventinnen und Absolventen auch nur ein wenig auf Qualität bedacht sind. Für Erstsemester, die noch nicht über die gleiche Erfahrung und akademischen Routinen verfügen, gilt das Gleiche für Seminararbeiten.

Die Zeit drängt!

Sie können diesen Aufwand an Arbeitstagen auf verschiedene Arten reduzieren. Die erste Art ist die einfachste: Ich behaupte zwar, dass mehr als vier oder acht Stunden Arbeitsleistung pro Tag nicht möglich sind, Sie können mich jedoch natürlich Lügen strafen und deutlich längere Schichten einlegen. Dadurch ändert sich der Aufwand insgesamt zwar nicht, dieser wird jedoch schneller bewältigt. Meine Rechnung berücksichtigt zudem nicht, dass in der studentischen Realität viele Tätigkeiten nebenbei erledigt werden: Der Besuch der Bibliothek wird mit den regelmäßigen Vorlesungen verbunden, die Internetrecherche mit dem Blick in die neuesten Nachrichten und die Reflexion des Exposés mit dem Kaffee mit Bekannten und Studienkolleginnen bzw. -kollegen. Insofern verkürzt sich die Zeit, welche Sie für die Erstellung erster Hausarbeiten einplanen müssen, ein wenig, da viele Arbeiten im Vorfeld quasi nebenbei erledigt wurden. Sollten Sie während des Semesters keine Vorarbeiten geleistet haben, wollen Sie in Ruhe an Ihrem Text arbeiten und muss der Abgabetermin der 31. August sein, haben Sie sich – ohne einen Tag Pause – ab dem 14. Juli durchgehend mit Ihrem Thema zu beschäftigen. Können oder wollen Sie dies nicht, dann verlagern Sie Arbeiten in das Semester hinein.

Sie können den Zeitraum durch den Fortfall von Arbeitsschritten verkürzen, empfehlenswert ist dies jedoch in Bezug auf die Güte Ihres Produktes nicht. So kann bspw. das Gegenlesen der Arbeit und das Durchsprechen der Anmerkungen übersprungen und mit dem letzten geschriebenen Wort das Manuskript gedruckt und abgegeben werden. An der Qualität der Arbeit wird diese Hektik ablesbar sein.

Gerüchteweise hört man von Studierenden immer wieder, Kommilitoninnen bzw. Kommilitonen hätten es vollbracht, innerhalb einer Wochenfrist eine gut oder sogar sehr gut benotete Arbeit zu erstellen. Lassen Sie sich durch solche Geschichten jedoch weder entmutigen noch inspirieren. Die Geschichte mag stimmen, oder es handelt sich bei der oder dem Studierenden um einen Verwandten des Loch-Ness-Monsters: ein Phänomen, über das viel berichtet, aber noch nie eindeutig gesichtet wurde. Die schnelle Abarbeitung einer Modulprüfung mag möglich sein, empfehlenswert ist sie jedoch nicht. Eine Hauptaufgabe des Studiums ist es, dass Studierende sich bilden. Zur Bildung gehört es, sich längerfristig, tiefgehend und systematisch mit Themen und Fragestellungen auseinanderzusetzen. Zu prüfen wäre zudem, bei welchen Lehrenden mit welchem Anspruch die Arbeit eingereicht und mit welcher Intensität sie korrigiert wurde. Machen Sie sich keine Sorgen, wenn Sie die normalen und hier aufgeführten Bearbeitungszeiten benötigen: Sie sind weder zu dumm zum Studieren noch ineffizient in Ihrer Arbeitsweise. Schauen Sie, wie Sie mit dem vorgeschlagenen Zeitplan zurechtkommen und variieren Sie ihn nach Ihren Bedürfnissen. Aber planen Sie Ihre Arbeit. Diese Gründlichkeit wird Ihnen in der Praxis der Sozialen Arbeit später zum Vorteil gereichen.

Sollten Sie dieses Kapitel kurz vor dem Studienende erneut lesen: In späteren Semestern stimmt der angegebene Zeitplan nicht mehr. Sie werden dann wahrscheinlich, da Sie Ihr Wissen besser kontextualisieren können und erfahrener in der Erstellung schriftlicher Produkte sind, deutlich schneller arbeiten können. Weiterhin gilt, dass sich der Zeitbedarf einer umfangreicheren Arbeit nicht analog zu dem Mehr an gefordertem Inhalt erweitert. Auch hier macht sich bemerkbar, dass Sie sich nach einer gewissen Zeit in das Thema eingearbeitet haben und dort Expertin und Experte geworden sind. Sinnzusammenhänge erklären sich dann rascher.

Zeitbedarf und Zeitplanung

Ebster/Stalzer (2003, S. 23) regen an, die Zeitplanung graphisch zu fixieren. Dies ist ein äußerst hilfreicher Vorschlag. Ihre Zeitplanung sollte direkt neben Ihrem Stylesheet über dem Monitor Ihres Rechners hängen. Ein solches »Gantt-Diagramm« listet die notwendigen Arbeitsschritte und visualisiert diese mit je nach geplantem Zeitumfang unterschiedlichen Balkenlängen. Sie können so jederzeit Ihren Arbeitsfortschritt in Bezug auf die Einhaltung Ihres Zeitplanes einschätzen.

	Kalenderwoche						
Arbeitsschritt	29	30	31	32	33	34	35
Recherche, Fragestellung	14.7.						
Literaturrecherche, Exposé							
Verschriftlichung							
Abgabe zur Korrektur, Pause							
Korrektur, Nacharbeiten, Layout							
Abgabe							31.8.!

Tab. 4: Bearbeitungszeiträume (KW für das Jahr 2014) in enger Anlehnung an Ebster/Stalzer (2003, S. 23)

Auch jede andere Art der Verschriftlichung Ihrer Zeitplanung ist möglich – ich rate aber dazu, einfache Kringel im Kalender zu vermeiden, da Ihnen der Bezug zu dem konkreten Arbeitsschritt fehlt. Haben Sie meinen Vorschlag einmal auf Ihre Bedürfnisse, Umstände und Ziele angepasst, sollten Sie grundsätzlich jeder größeren Abweichung gegenüber vorsichtig sein: Auch eine zu starke Unterschreitung der angesetzten Termine ist nicht unbedingt ein Grund zur Freude, sondern kann auch bedeuten, dass Sie wichtige Inhalte überspringen oder Ihre Argumentation nicht die gewünschte Tiefe erhält. Erreichen Sie also gewisse Meilensteine zu früh, dann kontrollieren Sie unbedingt die Qualität Ihres Textes, z.B. durch Peer-Beratung. Verspätungen wiederum lassen sich ohne Qualitätseinbußen eigentlich nur durch eine Erhöhung der Arbeitsleistung ausgleichen. Eine ursprünglich vierstündige Arbeitseinheit muss dann entsprechend verlängert werden. Solche Prozesse liegen ggf. quer zu Ihrer übrigen Arbeits- und Lebensplanung. Bedenken

Sie aber bitte, dass sich die Auswirkungen von zu wenig Output kumuliert – kleine Verzögerungen an einigen wenigen Tagen lassen sich noch durch eine oder zwei verlängerte Schichten ausgleichen, gesammelt nehmen diese jedoch recht schnell Größenordnungen an, die nicht mehr schnell zu kompensieren sind. Hinzu kommt ein psychologischer Effekt, nämlich das mehr oder minder bewusste Wissen, dass die vorgenommenen Ziele nicht zu erreichen sind. Zeitplanung ist also keine Trivialität, sondern für ein strukturiertes Arbeiten unabdingbar.

Dies gilt im Übrigen für wissenschaftliches Arbeiten schlechthin. In der Beantragung von Forschungsmitteln, bei der es zum Teil um mehrere hunderttausend Euro geht, ist die Verständlichkeit und Nachvollziehbarkeit der Arbeitsplanung von größter Bedeutung. Hiermit wird nachgewiesen, dass die Antragsteller/innen überhaupt wissen, was sie tun und die angestrebten Forschungsziele tatsächlich im vorgegebenen Zeitrahmen zu erreichen sind. Auch der inhaltlich beste Antrag wird es ohne ein überzeugendes Arbeitsprogramm schwer haben, bewilligt zu werden.

Was bedeutet das für die Soziale Arbeit?

In Ihrer späteren Berufstätigkeit werden Sie immer wiederkehrend und regelmäßig mit Projekten oder Arbeiten in »größeren Zusammenhängen« konfrontiert sein. Viele Aufgaben sind eben nicht kleinschrittig und von anderen vorgeplant, sondern konzeptionell und inhaltlich in Eigenverantwortung zu übernehmen. Dies macht sicherlich einen Reiz der Profession aus. So sind bspw. Verfahren aufgrund einer möglichen Kindeswohlgefährdung einschließlich des familiengerichtlichen Verfahrens oft sehr komplex und erstrecken sich über einen längeren Zeitraum, mitunter über Monate. Wiederum entsprechen sich wissenschaftlicher und professioneller Habitus: Es ist entscheidend, die Arbeitsschritte bis zur gerichtlichen Entscheidung (vereinfacht: Eröffnung des Falles, Datensammlung, Beratung der Eltern, Hilfeplangespräche, inneramtliche Beratung, Herausnahme des Kindes, Mitteilung an das Familiengericht, Zusammenarbeit mit anderen Prozessbeteiligten, Erstellung eines Berichtes oder Gutachten, Klärung von Rückfragen, Datenaufnahme der aktuellen Situation des Kindes, eigentliches Verfahren inkl. Entscheidung) nicht nur zu kennen, sondern diese zeitlich so zu planen, dass die damit zusammenhängenden Inhalte und Aufgaben fristgerecht erledigt werden können. Von solchen Kompetenzen hängt ggf. die Zukunft einer Familie ab.

Wie suche ich nach Literatur?

Wohl wissend, dass in diesem Abschnitt vor allem das »Thema« im Zentrum der Überlegungen steht, soll hier trotzdem kurz auf die Struktur der Literatursuche und -bearbeitung eingegangenen werden. Dies liegt vor allem daran, dass die Auswertung von Quellen ursächlich mit der Konkretisierung und Formulierung des Themas zusammenhängt. Es wird in der Realität der Erstellung einer Studienarbeit so sein, dass Sie während der unterschiedlichen Arbeitsphasen unterschiedlich viel Literatur auf dem Schreibtisch liegen haben. Dieses Kapitel dient dazu, Ihnen einen Richtwert zu geben: Wie viele Bücher und Fachzeitschriften werden Sie sich zu welchem Zeitpunkt beschaffen müssen? Dieses Kapitel schließt inhaltlich an *Wie viel Zeit benötigt eine Hausarbeit – und wie organisiere ich sie?* an und betrachtet den dort beschriebenen Zeitraum aus der Perspektive des Umgangs mit Literatur.

Phase 1: erste Orientierung

Zeitpunkt: vor der Festlegung der Fragestellung. Verarbeiten Sie die Literaturhinweise, die Sie im Seminar erhalten haben (d.h. besorgen und lesen Sie die dort genannten Bücher), sowie die Ihnen dort vielleicht zur Verfügung gestellten Texte. Wenn Ihnen keine Literaturhinweise vorliegen oder Ihr Thema ein davon abweichendes Erkenntnisgebiet behandelt, lesen Sie mindestens drei Grundlagenwerke oder Lehrbücher zum Thema. Wenn Sie am Seminar nicht teilgenommen haben oder Sie sich noch grundsätzlicher orientieren müssen, schauen Sie bitte unter dem entsprechenden Stichwort bspw. in Kreft/Mielenz (2008) oder Thole (2010). Das Ergebnis dieser Phase ist die Formulierung der Fragestellung und in Bezug auf die Literatursuche die Erstellung einer Liste mit Autorinnen und Autoren bzw. deren Werke, die Sie bearbeiten wollen.

Phase 2: primäre Literatursuche

Zeitpunkt: im Anschluss an die Formulierung der Fragestellung, Vorbereitung von Exposé und Verschriftlichung. Dies ist die Hauptphase der Literaturarbeit, die sich sehr dynamisch darstellt. Sie arbeiten alle Einträge Ihrer Liste ab und finden während Ihrer persönlichen und/oder digitalen Suche sowie in den Literaturhinweisen der bearbeiteten Bücher weitere Autorinnen und Autoren, die Sie berücksichtigen wollen und müssen. Gleichzeitig erweist sich andere Literatur fortwährend als für Ihren aktuellen Zweck als unbrauchbar. Das Ziel dieser Phase ist die Herausarbeitung eines belastbaren Quellenkanons, aus dem Sie zunächst ein Exposé erarbeiten und auf den Sie während der anstehenden Verschriftlichung problemfrei zurückgreifen können.

Phase 3: zusätzliche Titelsuche

Zeitpunkt: während der Verschriftlichung der Ergebnisse der primären Literaturarbeit. In dieser Phase fassen Sie die Ergebnisse der Literaturarbeit zusammen. Als Ergebnis der Zusammenfassung fällt Ihnen auf, dass wesentliche Theorien noch nicht vertreten sind – hier arbeiten Sie nach. Diese Phase ist weniger dynamisch als die vorherige. Wenn Sie zuvor gut ausgewählt haben, sollten Sie sich nur noch wenige neue Werke beschaffen müssen. Das Ziel dieser Phase ist die Beendigung der Arbeiten an Ihrem Text. Aber Obacht: Geben Sie nach der Fertigstellung des Textes die ausgeliehenen Bücher noch nicht zurück.

Phase 4: letzte Korrekturen

Zeitpunkt: nach der Erstellung der Rohschrift im Anschluss an die Korrektur des Textes. In dieser Phase werden Sie, nachdem Sie idealerweise etwa zwei Wochen Abstand von Ihrer Rohschrift gewonnen haben, bemerken, dass sich sowohl der Quellennachweis an einigen Stellen nicht perfekt darstellt als auch der argumentative Zusammenhang der Nacharbeit bedarf. Für den ersten Sachverhalt benötigen Sie die bereits vorhandenen Quellen, für den zweiten können Sie diese weiter auswerten, wahrscheinlich müssen Sie aber auch noch einmal in geringem Umfang Literatur recherchieren und neu auswerten.

Schematische Zusammenfassung

Schematisch sieht die Arbeit bei einer am 14.7. beginnenden Arbeit bezogen auf die Kalenderwochen wie folgt aus. Sie wissen dann ungefähr, wann Sie sich in der Nähe einer Bibliothek befinden sollten...

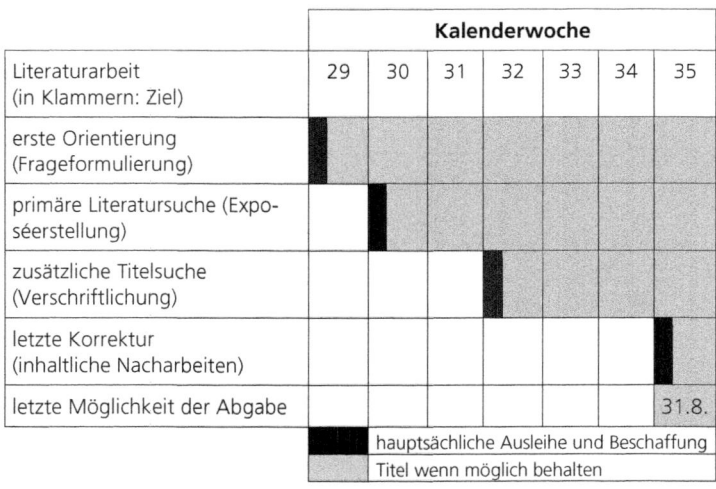

	Kalenderwoche						
Literaturarbeit (in Klammern: Ziel)	29	30	31	32	33	34	35
erste Orientierung (Frageformulierung)	■						
primäre Literatursuche (Exposéerstellung)		■					
zusätzliche Titelsuche (Verschriftlichung)			■				
letzte Korrektur (inhaltliche Nacharbeiten)							■
letzte Möglichkeit der Abgabe							31.8.

■	hauptsächliche Ausleihe und Beschaffung
	Titel wenn möglich behalten

Tab. 5: Bearbeitungszeiträume der Literatur (KW für das Jahr 2014), eigene Darstellung (vgl. Ebster/Stalzer 2003, S. 23)

Was ist ein Stylesheet – und wofür benötige ich es?

Eine systematische und sinnvolle Auflistung aller Formatvorgaben eines Textes wird im Verlagswesen oft Stylesheet genannt. Es ist im Grunde nichts anderes als eine übersichtliche Kurzform der formalen Regeln, denen Autorinnen bzw. Autoren zu folgen haben. Im Gegensatz zu bspw. diesem Buch, welches vor allem im zweiten Teil eine Menge Vorschläge für die Gestaltung von Arbeiten bietet, beschränkt sich ein Stylesheet auf das Wesentliche: die Regeln in knappster Form, keine Erklärungen, keine Nachweise. Hier geht es darum, dass Sie alle Vorgaben auf einen Blick einsehen können. Das Stylesheet Ihrer Hausarbeit sollte während des Schreibens neben Ihrem Rechner liegen – oder aufgrund des geringeren Platzverbrauchs besser an der Wand darüber kleben – und somit jederzeit einsehbar sein.

Zitieren, exzerpieren und formatieren Sie also nicht irgendwie in der Hoffnung, nach Beendigung des Schreibprozesses an einem ruhigen Samstagnachmittag das Durcheinander Ihres Textes wieder korrigieren zu können. Es stellt eine deutliche Arbeitsvereinfachung dar, dies während der Texterstellung zu erledigen. Da sich Anweisungen von Modul zu Modul und Prüfung zu Prüfung ändern können, empfiehlt es sich, das Stylesheet auf Ihren aktuellen Zweck hin zu verfassen oder ein vorhandenes anzupassen.

Ein Stylesheet sollte mindestens folgende Punkte umfassen:

- *Thema der Arbeit* inkl. Umfang und Abgabetermin (erleichtert Ihnen spätestens dann die Arbeit, wenn Sie mehrere Texte mit unterschiedlichen Themen und Anforderungen gleichzeitig schreiben);
- *Formatierungsvorgaben* (Hervorhebungen und Seitenränder, besonders aber Textgröße in besonderen Bereichen wie Tabellen, Überschriften und Zwischenüberschriften, Zeilenabstände zwischen Kapiteln, ober- und unterhalb von Abbildungen und Tabellen, Gestaltung und Einzüge von Aufzählungen);
- *Abkürzungsverzeichnis* (wenn solche benutzt werden inkl. Formatierung);
- *Zitationsvorgaben* (in übersichtlicher, sofort erkennbarer und beispielhafter Form, getrennt nach Monographien, Sammelwerken sowie Zeitschriften und nur die gebräuchlichsten Fälle umfassend);
- *Literaturverzeichnis* (ebenfalls übersichtlich, erkennbar und beispielhaft nur die gebräuchlichsten Fälle umfassend).

Ein Stylesheet kann im Schreibprozess wachsen und sollte bspw. dann aktualisiert werden, wenn Sie in der Zitation auf einen Spezialfall stoßen und hierfür eine besondere Regel recherchieren müssen.

Was ist ein Exposé?

Unter einem Exposé versteht man die schriftliche Fixierung der Inhalte einer Seminararbeit in einer strukturierten, gegliederten Form, die die Fragestellung und Argumentationslinien sowie die dafür hauptsächlich benutzte Literatur einschließt. Im Falle empirischer Arbeiten wird die Darstellung des Designs einschließlich einer methodischen Erläuterung erwartet (vgl. bspw. Rost 2010, S. 321 ff.). Über diese Inhalte besteht mit wenig Varianz im Grunde große Einigkeit. Dahinden et al. (2006, S. 150) benennen die Punkte Einleitung, Problemstellung, Fragestellung, Zielformulierung, methodisches Vorgehen, Material/Quellen und Zeitplan. Für Bohl (2008, S. 36) müssen Thema, Anlass, Forschungsstand, Literatur, Fragestellung, methodisches Vorgehen, Zeitplan inkl. Arbeitsgliederung und mögliche Probleme bearbeitet werden. Jetzt werden Sie natürlich berechtigterweise bemerken, dass das vielleicht für Sie als Erstsemester eine Nummer zu groß angelegt ist. Ein Exposé wird oft für größere Arbeiten wie die Abschlussthesis, Dissertationen oder Forschungsprojekte verfasst. Ein »methodisches Vorgehen« braucht es wahrscheinlich für Ihre Hausarbeit nicht, da Sie aller Wahrscheinlichkeit nach eine eher literaturanalytische Arbeit schreiben werden. Das Exposé dient zudem regelmäßig als Diskussionsgrundlage mit den Betreuerinnen und Betreuern einer Qualifikationsarbeit, sozusagen als mögliche »Imprimatur/Genehmigung des Forschungsvorhabens«. Es geht von einem größeren Erfahrungsstand der Kandidatinnen und Kandidaten aus, dementsprechend ist es möglich, dass der Zeitpunkt der Erstellung kurz hinter der Konkretisierung der Fragestellung liegt (vgl. bspw. Lehmann 2008, S. 65 f.).

Für Erstsemester sieht die Sachlage etwas anders aus. Hier dient das Exposé weniger stark als inhaltliche und organisatorische Planung, denn als Fixierung des Argumentationsverlaufs der anstehenden Arbeit. Es ist also nicht möglich ein Exposé zu schreiben, ohne dass Sie bereits recht tief in das Thema Einblick genommen haben. Es dient als Schnittstelle zwischen Vorbereitungen (nach der ersten Orientierung, der Entwicklung der Fragestellung, der Literaturrecherche und -analyse etc.) und dem Prozess des Schreibens selbst. Das Exposé muss nicht direkt vor der

Verschriftlichung geschrieben werden, es muss jedoch in Bezug auf die Literaturrecherche und -analyse ein Zustand der »Sättigung« erreicht werden: Sie müssen umfänglich um den Stand des Diskurses wissen – neue Literatur dient zur Ergänzung, aber nicht mehr dazu, weiße Flecken auffüllen zu müssen. Das Exposé stellt im Grunde die allererste Version Ihrer Arbeit dar. Da Sie einzelne Sätze herausnehmen und separat bearbeiten können, ist es niemals eine verlorene oder überflüssige Arbeit. Häufig ist es so, dass überarbeitete Stücke des Exposés in der Einleitung verwendet werden.

Ich empfehle dringend, Ihr Exposé einem anderen Menschen vorzulegen und zu besprechen. Das kann Ihre Lehrende oder Ihr Lehrender, aber auch eine Mitstudierende oder ein Mitstudierender sein. Diese Form der Beratung durch Peers ist enorm wichtig und wurde im Kapitel *Wer betreut meine Hausarbeit?* erläutert. Dementsprechend ist das Exposé selbsterklärend zu verfassen. Es ist kein Schmierzettel oder eine wilde Stichwortsammlung, sondern ein ausformulierter und von Fehlern befreiter Text, der der Vorbereitung inhaltlicher Nachfragen und Diskussionen zugute kommt. Das Exposé sollte dazu dienen, Ihre Vorarbeiten zu bündeln. Wenn es jedoch derart unklar formuliert ist, dass Leser/innen lange Erläuterungen bedürfen, sind Sie selbst wahrscheinlich noch sehr unsicher in Bezug auf den Verlauf Ihrer Hausarbeit. Die Diskussion über Ihr Exposé zwingt Sie gleichzeitig dazu, Ihren Argumentationsstand zu überprüfen und ggf. durch mehr Theorie zu stützen. Oder anders formuliert: Bringen Sie kein vernünftiges Exposé zustande, sind Sie auch noch nicht soweit, die Verschriftlichung Ihrer Hausarbeit zu beginnen.

Vorschlag einer Exposéstruktur

Ich rege eine etwas verschlanke Form des Exposés an, die folgende Punkte enthält:

- *Titel und Kontakt* (Wie wird die Arbeit benannt und von wem stammt sie?)
- *Anlass und Hinführung* (Gibt es aktuelle Ereignisse, die Sie auf das Thema gebracht haben? Kann der Erkenntnishintergrund in wenigen Sätzen verständlich gemacht werden? Dieser

Punkt erklärt auch – so abstrakt wie möglich und nötig – das persönliche Interesse am Thema.)

- *Erörterung der Relevanz* (Welche Bedeutung kommt der Fragestellung für Disziplin und Profession der Sozialen Arbeit zu? Können Sie hier keine überzeugende Antwort geben, ist es vielleicht nicht nötig, das Thema zu bearbeiten.)
- *Problemstellung* (Welche Differenz zwischen Beobachtbarem und Wünschenswertem ist festzustellen? Worin liegt der Erkenntnisbedarf? Aus welchem inhaltlichen Zusammenhang wird die Arbeit geschrieben?)
- *Konkrete Fragestellungen und Ziele* (Wie kann die Problemstellung in bearbeitbare Fragestellungen operationalisiert werden? Was soll so konkret wie möglich mit der Arbeit erreicht werden?)
- *Analytischer Hintergrund* (Auf welche großen Theorien stützen Sie sich im Moment? Wo ordnen Sie die Arbeit theoretisch ein? Aus welchem Blickwinkel wird das Problem bearbeitet?)
- *Methoden* (Wie wollen Sie Ihre Fragestellungen beantworten und Ihre Ziele erreichen?)

Einen expliziten Zeitplan rege ich an in einem separaten Diagramm zu erstellen (siehe hierzu das Kapitel *Wie viel Zeit benötigt eine Hausarbeit – und wie organisiere ich sie?*). Wenn Sie das Thema schon kleingearbeitet und hinreichend gelesen haben, dann wird Ihnen die Erstellung eines so gestalteten Exposés nicht schwerfallen – es werden eigentlich nur die Arbeitsschritte abgefragt und systematisiert, die schon besprochen worden sind. Gleichzeitig können Ihnen die hier aufgeführten Punkte helfen, zu überprüfen, ob Sie bisher gründlich gearbeitet haben. Fallen Ihnen einzelne Punkte schwer, sollten Sie vielleicht noch einmal in den entsprechenden Arbeitsprozess einsteigen.

Beispielexposé

Im Folgenden finden Sie ein Beispielexposé, welches mir eine meiner Studierenden dankenswerterweise zur Verfügung gestellt hat (die im Beispielexposé angeführten Quellen finden sich nicht im Literaturverzeichnis dieses Buches, da der Text lediglich Anschauungscharakter besitzt). Das Exposé ist einerseits inhaltlich und stilistisch sehr gut geschrieben und enthält andererseits einige typische Fehler, die zu beachten sich lohnt. Der Umfang mit etwa 3.500 Zeichen ist sehr typisch für ein Exposé.

Titel und Kontakt

Ein Exposé beginnt mit der Nennung des aussagekräftigen Titels einschließlich – es macht die Zuordnung leichter – Ihres Namens und einer Kontaktmöglichkeit.

Über die Notwendigkeit der reflexiven Betrachtung der Jugenddelinquenzforschung

– Exposé –

vorgelegt von [Name der Studierenden]

E-Mail: [E-Mail-Adresse]

Anlass und Hinführung

In diesem ersten Abschnitt wird der Anlass der Arbeit erörtert und gleichzeitig der Interessenshorizont sowie die Bedeutung der geplanten Arbeit in sozialer, politischer und fachdisziplinärer Hinsicht eingegrenzt. Die Sprache ist – so wie es für wissenschaftliche Arbeiten erwartet wird – distanziert und in ihren Formulierungen sehr geschickt (leider jedoch nicht gender-gerecht verfasst). Leser/innen verstehen sofort, dass es sich hier um den Begründungszusammenhang handelt, ohne dass dies explizit erwähnt werden muss. Es wird deutlich, dass die Verknüpfungen (»[d]ramatische Einzelfälle« als »Anzeichen einer steigenden Gewaltbereitschaft« in »Mediendarstellungen« mit Politik und »härteren Strafen und ›Warnschussarrest‹«) eigene sind und den Erkenntnishintergrund der Arbeit bilden. Die Darstellung ist sachlich und von eigenen Emotionen weitgehend befreit.

Berichte zum Thema Jugendgewalt sind fester Bestandteil in der deutschen Medienlandschaft. Vor allem die Taten sogenannter ›U-Bahn-Schläger‹ sind durch emotionalisierte Berichterstattungen ins Zentrum der gesellschaftlichen Aufmerksamkeit gerückt. Dabei werden in den Mediendarstellungen dramatische Einzelfälle oft als Anzeichen einer steigenden Gewaltbereitschaft von Jugendlichen ausgelegt. Mit dem starken medialen Interesse geht das politische einher und in diversen Zeitungen und Fernsehsendungen werden (meist von Politikern im Wahlkampf) Forderungen nach härteren Strafen und ›Warnschussarrest‹ für jugendliche Straftäter gestellt. Um die Sinnhaftigkeit der Forderungen zu prüfen werden Wissenschaft und Forschung in Anspruch genommen: Medienvertreter und Politiker holen diverse Expertenmeinungen ein und argumentieren ihre jeweilige Position mittels bereits vorhandenen wissenschaftlichen Erkenntnissen. Sind zu einem bestimmten Thema keine aktuellen Studien und Expertisen vorhanden, werden sie in Auftrag gegeben.

Erörterung der Relevanz

Hier wird nunmehr sehr gekonnt der weitere Erkenntnishorizont auf ein explizit sozialarbeiterisches Handlungsfeld gelenkt. Obwohl die folgende Fragestellung – das eigentliche Thema – eine sehr abstrakte ist, werden die Bezüge zur Profession der Sozialen Arbeit und die direkte Relevanz deutlich.

Da Forschungswissen ein hohes Ansehen in unserer Wissensgesellschaft genießt, werden die empirischen Ergebnisse oft als neutrale und sichere Grundlage für Gesetzesentwürfe und sozialpädagogische Konzepte bei Jugendkriminalität betrachtet und angewandt. Der Wissenschaft kommt hierbei nicht nur die große Verantwortung zuteil eine Begriffsdefinition von Jugendkriminalität und abweichendem Verhalten vorzunehmen sondern auch Ursachen und Gegenmaßnahmen zu erforschen und zu empfehlen. Auf ihre Ergebnisse stützen sich sowohl politische Entscheidungen als auch das spätere sozialarbeiterische Handeln. Damit wirkt sich Forschung direkt auf den Adressaten der Sozialen Arbeit aus.

Problemstellung

Die Problemstellung stellt das Scharnierstück zwischen der Erörterung der Relevanz und den konkreten Fragestellungen dar. Sie führt in das eigentliche Thema ein. Im folgenden Beispiel wird dies geschickt gelöst und der Fragestellung ein gesellschaftlicher Rahmen gegeben.

Wer, wann und wie etwas erforscht, scheint (vor allem beim Thema Jugendgewalt) nicht vollkommen losgelöst vom politischen und medialen Interesse zu sein, sondern daran gebunden. Und auch wissenschaftliche Institutionen und Forscher/innen sind von Finanzen und Ressourcen und damit auch von öffentlichem Gehör und Medienaufmerksamkeit nicht unabhängig (vgl. Löschper 2000, S. 276). Die Jugendkriminalitätsforschung kann deshalb nicht exklusiv vom gesellschaftlichen System betrachtet werden, in welchem sie verankert ist. Somit sind auch ihre Erkenntnisse nicht ohne das Wissen um diesen Hintergrund auszuwerten. Sozialarbeiter/innen müssen sich daher fragen, inwieweit sich die praktische Arbeit an Ergebnissen orientieren kann, die unter Umständen geprägt sind vom Kampf um Reputation und Finanzen.

Konkrete Fragestellungen und Ziele

Die konkreten Fragestellungen und die Ziele der Untersuchung stellen das »Herzstück« einer Studie oder einer wissenschaftlichen Ausarbeitung dar. Über diesen Komplex sollten Sie sich die meisten Gedanken machen. In diesem Abschnitt konkretisiert die Studierende ihre vorherigen Ausführungen und spitzt die bisherigen Ausführungen auf drei klar benennbare Fragestellungen zu:

1. In welchem Verhältnis stehen Jugendkriminalitätsforschung und der durch Medien und Politik bestimmte öffentliche Diskurs?
2. Werden Strukturen und Inhalte der Forschung im Vorhinein durch diese Diskurse festgelegt?
3. Wie kann der Einfluss von Jugendkriminalitätsforschung bzw. deren Ergebnisse auf die Soziale Arbeit beschrieben werden?

In der tatsächlichen Bearbeitung hat sich gezeigt, dass die letzte Fragestellung nicht zu klären war – dies ist angesichts dessen, dass praktisch keine Studien zu dem Thema vorliegen und es sich um einen empirischen Ansatz handeln würde nicht verwunderlich.

In meiner Arbeit soll nach Anhaltspunkten für eine Beeinflussung der Jugendkriminalitätsforschung durch Medien und Kriminalpolitik gesucht werden, d.h. nach Zusammenhängen zwischen dem Thema Jugendkriminalität in den Medien, politisch in Auftrag gegebenen Studien und weiteren, darauf basierenden Forschungsarbeiten. Anhand der Resultate soll untersucht werden, wie die Beeinflussung von statten geht und welche Wechselwirkungen existieren. Es wird nach Strukturen in der Jugendkriminalitätsforschung und nach dem Kontext, in welchem sich Forscher/innen (organisatorisch, politisch, ökonomisch) bewegen, gefragt. Letztlich soll auf die konkreten Auswirkungen für die praktische Soziale Arbeit eingegangen werden, die in der Konsequenz entstehen.

Analytischer Hintergrund

In diesem Abschnitt bezieht sich die Studierende auf grundlegende Modelle und theoretische Erklärungsmodelle, vor denen sie ihre Argumentation entfalten will. Die hier genannten Ansätze gehören zu den Klassikern und Grundlagen der Wissenschaftssoziologie und bedürften im Laufe des späteren Recherche- und Schreibprozesses der weiteren Ausarbeitung. Für den gegebenen Anlass sind die Ausführungen aber völlig ausreichend und setzen einen analytischen Rahmen, in dem weiter gearbeitet werden kann. In Anbetracht dessen, dass die Fragestellungen relativ klar formuliert sind, hätte die Studierende den Bereich »Jugendkriminalität« bereits hier stärker fokussieren können.

Theoretisch basiert die Arbeit auf der Wissenschaftssoziologie als Teilbereich der Wissenssoziologie. Daher sollen vordergründig die Ansichten von Merton (Korrelation von Wissen und Gesellschaft), Modelle wie das von Ludwik Fleck und Thomas Kuhn (Entwicklungsschemata der Wissenschaft), und das »Strong Programme« (reflexive Wissenschaft) von David Bloor behandelt und angewandt werden. Außerdem sollen auch (wenigstens ansatzweise) systemtheoretische/sozialkonstruktivistische Erklärungsansätze (Luhmann, Berger und Luckmann) für eine Beeinflussung der Forschung durch Politik und Medien als theoretischer Hintergrund diskutiert werden.

Methoden

Kein Zweifel, dass dieser Abschnitt recht dünn geraten ist (und sich so auch im späteren Verlauf des Verfassens als nicht realistisch herausgestellt hat). Bei einem rein literaturanalytischen Produkt reicht vielleicht ein entsprechender Hinweis, empirisch angelegte Studien bedürfen hier der deutlich detaillierteren Planung und Ausführung. Mit ein wenig Recherche wäre schnell deutlich geworden, dass die dritte Frage nach den »Auswirkungen« auf die Soziale Arbeit literaturanalytisch nicht zu klären ist. Stimmen Sie also die Fragestellungen und die Ziele eng mit den beschriebenen und zu benutzenden Methoden ab: Passen diese wirklich zusammen? Lässt sich das Problem auf die beschriebene Art tatsächlich bearbeiten?

Methodisch gearbeitet wird durch Literaturrecherche.

Wie bei allen wissenschaftlichen Arbeitsschritten gilt: Sie müssen sie üben. Die Erstellung der ersten Exposés mag Ihnen noch schwerfallen, eine Routine und Erleichterung kommt nur durch regelmäßige Übung. Sprechen Sie Ihr Exposé mit jemandem durch, der oder die Ihnen widerspricht. Oft erscheinen Argumentationen und Zusammenhänge sinnvoll – bis wir sie zum ersten Mal jemand anderem erörtern müssen.

Wie ist eine Hausarbeit aufgebaut?

Der Aufbau jedes Artikels, jedes Beitrages in einem Sammelband und mit leichten Abstrichen jede Monographie ist gleich und im Wesentlichen in drei große Bereiche aufgeteilt. Das ist nicht sonderlich neu oder aufregend und wird so in der Oberstufe unterrichtet. Auch jede studentische Hausarbeit ist in der Regel derart gestaltet, und zwar (für die Angaben der Umfänge siehe bspw. Berger 2010, S. 73 f.) in:

- Einleitung (etwa 10 Prozent des Textumfangs)
- Hauptteil (etwa 70 Prozent des Textumfangs)

- Schluss/zusammenfassende Diskussion (etwa 20 Prozent des Textumfangs)

Zur Einleitung

Eine Einleitung stellt kurz den Verlauf und die Argumentationsstruktur der Arbeit dar. Was erwartet die Leser/innen? Zudem werden die wichtigsten Fragestellungen, die im Laufe der Arbeit behandelt werden, genannt. Das ist vom Prinzip her alles. Eine Einleitung kann mit einer guten Analogie, einem Bild oder einer Metapher aufwarten (wenn sie wirklich gut und packend ist...). Eine Einleitung verortet niemals die Autorin oder den Autorin im Bezug zur Fragestellung (*»Damals, als ich in der Offenen Jugendarbeit tätig war...«*). Es geht um die Sache. Verzichten Sie in der Einleitung unbedingt auf die dort – unabhängig vom Fach übrigens – gerne anzutreffenden *roten Heringe*. Der rote Hering (Red Herring) ist eine bewusste Ablenkung von dem eigentlichen Sachverhalten, eine Spur, die ausgelegt wird und ins Nichts verläuft. Beispiele liefern Studierende, die in der Einleitung das Thema emotionalisieren und gesellschaftspolitisch überhöhen, um zu verbergen, dass die eigene Arbeit nur eine sehr eingeschränkte Perspektive auf das eigentliche Thema bearbeitet. In anderen Fällen wird das gesamte zur Verfügung stehende statistische Material auf der ersten Seite präsentiert, um von dem späteren Mangel an Datenmaterial abzulenken. Ein weiterer roter Hering kann eine umfassende und elaborierte Methodendiskussion bereits in der Einleitung sein, die den Blick auf die mangelhafte Literaturauswertung und den unzureichend dargelegten Stand der Forschung verstellt. Rote Heringe werden nicht immer bewusst ausgelegt – in manchen Fällen setzt die Einleitung die Leser/innen unabsichtlich auf eine falsche Fährte, so bspw. weil eine Fragestellung entwickelt wird, die im Hauptteil nicht angemessen beantwortet wird.

Zum Hauptteil

Der Hauptteil von Studienarbeiten ist zweigeteilt. Im ersten Teil erfolgt die Definition der wichtigsten Grundbegriffe (wenn dies nötig ist) sowie die Erörterung des aktuellen Standes der Forschung (historische Ausflüge ergeben nur Sinn, wenn sie zum Erkenntnisproblem etwas beizusteuern haben – jedoch: keine Arbeit über Marxismus ohne Marx!). Im zweiten Abschnitt des Hauptteils breiten Sie Ihre wesentlichen Hypothesen und Gedanken aus und verknüpfen sie argumentativ miteinander. Hier können Sie (eigene) Forschungsergebnisse einfließen lassen (z.B. die sinnvolle Analyse von Praxisbeispielen). Allerdings geht es nicht darum, einen eigenen Standpunkt ›durchzusetzen‹, sondern Gegenargumente zu würdigen, d.h. ein ausgewogenes Bild der Sachlage zu zeichnen – wie es in der Praxis ebenfalls Ihre Aufgabe ist. Zweigeteilt bedeutet jedoch nicht, dass jeder Hauptteil aus zwei Kapiteln besteht – es können natürlich mehr sein. Erster und zweiter Teil bedeutet auch nicht, dass beide aufeinander folgen müssen. Es ist ebenso gut möglich, auf eine Definition eine Erörterung folgen zu lassen, woran eine andere Definition nebst Erörterung anschließt.

Einen Hauptteil zu strukturieren, ist keine leichte Aufgabe. Letztendlich ist die Frage der Struktur dieses Abschnittes die des argumentativen Verlaufs Ihrer Arbeit. Sie können also nicht einfach Gedanken an Gedanken an Gedanken kleben, sondern müssen sich im Vorhinein einen zum Thema und zu den verwendeten Quellen passenden Aufbau überlegen. Um diese Struktur im Vorfeld zu fixieren, dient das Exposé. Rost (2010, S. 285) schlägt einige bedenkenswerte Verfahren vor, nach denen Arbeiten strukturiert werden können.

»1. vom Allgemeinen zum Besonderen (deduktives Vorgehen)
2. vom Besonderen zum Allgemeinen (induktives Vorgehen)
3. von einem Problem ausgehend über Hypothesen, Methodenwahl & -begründung, Datenerhebung & -Interpretation zur Überprüfung der Theorie (empirisch [...])
4. vom zeitlich Älteren zum Neueren (chronologisch)
5. von heutigen Trends zu künftigen Problemlagen (prognostisch)
6. von einem Vergleich zweier oder mehrerer Fälle zu einer kritischen Wertung (kritisch-vergleichendes Vorgehen)
7. von den Wirkungen zu den Ursachen (theoretisch erklärendes Vorgehen)

8. von den Ursachen zu den Wirkungen (wirkungsanalytisches Vorgehen)
9. von Positionen über Argumente zu neuen Positionen (diskursiv)
10. von einem gleichwertigen Punkt zum nächsten (reihendes Vorgehen)
11. von einem Problem über Lösungsideen zu Entscheidungen und kritischen Auswertungen (lern- & entscheidungsorientiertes Vorgehen)«.

Zum Schluss/zur zusammenfassenden Diskussion

Der Schluss rekapituliert die wesentlichen Antworten des Hauptteils. Mehr nicht. Sie diskutieren Ihre Ergebnisse. Sie bewerten Ihre Analyse. Sie erörtern Plausibilitäten. Sie antworten auf die in der Einleitung gestellten Fragen. Die wesentlichen Fehler im Schlussteil bestehen also erstens darin, neue, überraschende und bisher zurückgehaltene Argumente auf den Tisch zu legen. Zweitens werden, nach einer erheblichen Anzahl Seiten Erörterungen, alle sachlichen Argumente plötzlich vollkommen vergessen und die Welt über die eigenen Normen und den eigenen Erfahrungshorizont vermessen:

»Meiner eigenen Meinung nach ist der Kinderschutz die wichtigste Aufgabe der Sozialen Arbeit, weil Kinder noch klein sind und geschützt werden müssen. Ich kann diese Eltern nicht verstehen.«

Solche Aussagen deuten darauf hin, dass Sie bisher weder akademisches Vorgehen verstanden noch eine professionelle Berufseinstellung hinreichend entwickelt haben. Genau dies aber erwartet man in der Praxis von Ihnen: Auf Basis einer kenntnisreichen Argumentation kommen Sie zu einem Ergebnis und handeln danach professionell. Diskutieren Sie deshalb immer entlang der Fakten.

Wie wird eine Arbeit gegliedert?

Die Aufteilung in Einleitung, Hauptteil und Schluss reicht nicht aus, um eine Hausarbeit sinnvoll zu strukturieren. Jede Form schriftlicher Ausarbeitung ist *gegliedert*. Dies bedeutet, dass der

Text einer Hausarbeit unter thematischen Aspekten zusammengefasst wird, die Verschriftlichung ist das *Inhaltsverzeichnis*, welches
in der Regel direkt zum Beginn der Arbeit hinter der Titelei zu finden ist. Aus Gründen der Einfachheit werden beide Begriffe im
Folgenden synonym gebraucht. Eine Gliederung hat zwei Aufgaben: Für Autorinnen bzw. Autoren erleichtert sie ein systematisches
Erarbeiten der Inhalte, für Leser/innen die Orientierung im Text.
Die Gliederung ordnet Ihren Text, d.h. sie ordnet Ihre Gedanken:
Was kommt wohin? Welche Argumentation ergibt wo einen Sinn?

Studierende tendieren manchmal dazu, die Arbeit im Nach-
hinein sozusagen pro forma zu ordnen, und zwar indem *nach* dem
Schreiben, die **fett** markierten Überschriften im Copy-and-Paste-
Verfahren auf der zweiten Seite einfach wiederholt werden. Eine
Gliederung wird jedoch zwingend *vor* den eigentlichen Arbeiten am
Text vorgenommen, sie stellt die innere Struktur des Exposés dar.
Wenn Ihre Arbeit kurz vor der Fertigstellung noch immer über kein
Inhaltsverzeichnis verfügt, haben Sie Ihren Text wahrscheinlich
»ins Blaue hinein« geschrieben und Sie sollten sich Ihren Aufbau
und Ihre Argumentationslinien noch einmal genau und kritisch ansehen. Die Gliederung der Arbeit verändert sich im Übrigen fast
immer im Prozess des Schreibens. Letzte Anpassungen werden bis
zum Ende des Schreibprozesses vorgenommen.

Die klassische Gliederung strukturiert den Text numerisch.
Der überwiegende Teil aller sozialwissenschaftlichen Veröffentlichungen verfolgt dieses Ordnungsprinzip. Hierzu werden größere
Sinnabschnitte möglichst aussagekräftig in numerischer Reihenfolge sortiert. Sollte es notwendig sein – und auch das stellt in
wissenschaftlichen Veröffentlichungen einen Regelfall dar – können einzelne oder alle Punkte weiter untergliedert werden. Wenn
Sie so vorgehen, beachten Sie bitte Folgendes:

- Die einzelnen Gliederungspunkte müssen argumentativ miteinander verbunden werden. Im Gegensatz zu Disterer (2005, S.
  152) weise ich explizit darauf hin, dass der innere Zusammenhang zwischen den hierarchisch tieferstehenden Gliederungs-
  punkten zum Beginn eines Kapitels dringend und umfänglich
  erläutert werden muss. Diese einführenden Diskussionen haben
  also am Anfang eines Kapitels – bspw. zwischen »2« und »2.1«
  zu erfolgen.

- Wenn Sie sich entscheiden, weiter zu untergliedern, muss jede obere Hierarchiestufe mindestens zweifach unterteilt werden. Eine Aufteilung in einen Abschnitt ist weder sinnvoll noch möglich. Das bedeutet konkret: Wenn Sie Kapitel 2 unterteilen wollen, dann mindestens in die Gliederungspunkte »2.1« und »2.2«. Eine Hierarchieebene darunter: Wenn es »2.1.1« gibt, dann zwingend auch »2.1.2« (und möglicherweise »2.1.3« etc.).
- Zerstückeln Sie Ihre Arbeit nicht. So sind bspw. 26 Unterpunkte bei 35.000 Zeichen (entspricht etwa zwölf Seiten) einfach zu viel – Argumentation und Erörterung von Sachverhalten brauchen Raum. Gliedern Sie Ihre Arbeit zu stark, bleiben irgendwann nur noch einzelne, numerisch voneinander getrennte Sätze ohne inneren Zusammenhang übrig.
- Ein Kapitel besteht nicht nur aus einer Aneinanderreihung unverbundener Einzelargumentationen. Die einzelnen Unterpunkte müssen vielmehr in einem inhaltlichen Zusammenhang miteinander stehen, idealerweise eine Argumentationslinie bilden und aufeinander aufbauen. Jedes Kapitel endet also mit einer Zusammenfassung der entsprechenden Inhalte.

Beispielgliederung

Die sinnvolle Beispielgliederung einer Studierenden unter diesen Vorzeichen findet sich nachfolgend. Die Arbeit wurde im ersten Semester zum Thema *»Die Aufgaben des Allgemeinen Sozialdienstes in Fällen akuter Kindeswohlgefährdung«* geschrieben und liegt im Umfang bei etwa 55.000 Zeichen. Der Aufbau ist geradezu klassisch für eine Hausarbeit, erörtert nach einer Darlegung des Forschungsstandes im ersten Teil und der Diskussion von Verfahrensfaktoren im zweiten Abschnitt abschließend die strukturellen und pädagogischen Aspekte von durch den Allgemeinen Sozialdienst vorgenommenen Inobhutnahmen. Das Fazit schließt dann die Arbeit mit einer Zusammenfassung der Ergebnisse ab. Hierbei ist schon auf den ersten Blick zu erkennen, dass die Kapitel nicht zerfasert und bis auf die Länge von Stichworten zergliedert sind, da man Raum benötigt, um einen Gedanken sinnvoll zu entfalten. Dies alles ist hier ganz hervorragend gelöst worden.

Ungünstige Beispielgliederung

Das Beispiel einer ungünstigen Gliederung entstammt einer Studierendenarbeit und zeigt (abgesehen von den fehlenden Seitenzahlen und den zum Teil sehr exotischen Kapitelüberschriften, die nicht alle in Großbuchstaben beginnen – was sie sollten), was für ein Durcheinander eine Mischung aus alphanumerischer und dezimaler Ordnung mit sich bringt.

0 Einleitung
1. Didaktik
1.a) Definition
1.b) Ziel der Didaktik
1.c) didaktische Kompetenz
1.d) Das Berliner Modell
2. Lerngruppe/Zielgruppe
2.a) Entstehung
2.b) Zusammensetzung
3. Lehrziel
3.a) Was soll erreicht werden?
3.b) Warum soll es erreicht werden?
4. Methodik/Wie soll es erreicht werden?
4.a) Was wird angewendet?
4.aa) Ist das benötigte Material vorhanden?
4.ab) Werden Helfer/Personal benötigt?
4.ac) Schaffe ich das?

Es erübrigt sich fast zu bemerken, dass dringend empfohlen wird, sich keine phantasievolle Gliederungsform auszudenken, sondern eine klassische und möglichst einfache Variante zu wählen. Eine gute Gliederung ist zwar keine Garantie, jedoch ein wichtiger Schritt auf dem Weg zu einer zufriedenstellenden Hausarbeit. Nehmen Sie also auch bei Unsicherheiten in Bezug auf die einzelnen Teile Ihrer Arbeit Kontakt mit den betreuenden Lehrenden auf.

Muss ich wirklich gender-gerecht schreiben?

Ja, natürlich müssen Sie. Keinesfalls reicht es aus, auf das »generische Maskulinum« hinzuweisen. In einer Vielzahl studentischer Arbeiten finden Sie noch immer Hinweise, die in etwa so lauten:

»Die männliche Form (›der Sozialarbeiter‹) wird aufgrund der besseren Lesbarkeit verwendet. Sie schließt alle weiblichen Sozialarbeiterinnen mit ein.«

In manchen Arbeiten liest man auch: *»Sie schließt alle weiblichen Sozialarbeiter mit ein.«* Und damit irren die Autorinnen bzw. Autoren, denn die explizite Weigerung, Kolleginnen zu erwähnen, schließt diese nicht ein, sondern aus. Gerade im Bereich der Sozialen Arbeit ist das besonders ärgerlich (und falsch), da der überwiegende Teil der Beschäftigten weiblichen Geschlechts ist. Bitte bedenken Sie, dass Sie in einer Profession tätig sein werden, in der Ungleichheit oft zu Benachteiligung und Diskriminierung führt. Frauen gehören bspw. unter dem Aspekt der Entlohnung ihrer Erwerbsarbeit, ihren Karrierechancen oder ihrem Armutsrisiko zu einer benachteiligten Gruppe. Die Ungleichbehandlung von Frauen ist nicht »gottgegeben« oder »natürlich«, sondern – die Frauenbewegung der zweiten Hälfte des 20. Jahrhunderts hat es uns gezeigt – sozial konstruiert. Dies betrifft die gesellschaftliche Position der Frau und vor allem ihre Relation zum Mann: Frauen werden, so kann man mit Simone de Beauvoir sagen, nicht als solche geboren, sondern dazu gemacht. Geschlecht ist eben nicht nur biologisch, die mit dem biologischen Geschlecht verbundenen Aufgaben, Rollen, Eigenarten und Beschränkungen werden als »kulturell und sozial hergestellt und damit prinzipiell wandelbar« (Höblich 2010, S. 45) verstanden.

Sprache – und das ist das Entscheidende – kommt hier eine besondere Bedeutung zu. Durch sie wird Realität geschaffen. Nicht umsonst werden aus »betrieblichen Kündigungen« »Gesundschrumpfungsprozesse«, aus »Krieg« »bewaffnete Auseinandersetzungen«, aus »Baustellen und einer nicht funktionierenden Verwaltung« werden »Herausforderungen«. Ob Sie in einem »Stadtteil mit Erneuerungsbedarf« oder einem »Sozialen Brennpunkt« oder »Ghetto« leben, ändert zunächst nichts an Ihrer Wohnsituation, schon aber an dem Gefühl und Ihrer Lebenswahrnehmung (und an dem Wert Ihrer Eigentumswohnung). Werden Frauen nicht erwähnt, dann werden sie auch nicht mit gedacht: »Wenn Leute z.B. gefragt werden, wer ihre Lieblingsmusikerin oder ihr Lieblingsmusiker ist, nennen sie mehr Frauen, als wenn sie nach ihrem Lieblingsmusiker gefragt werden. Wenn sie spontan an drei Sportlerinnen/Sportler oder gar SportlerInnen denken sollen, fallen ihnen mehr Frauen ein als auf die Frage nach drei Sportlern« (Braun 2009, S. 3).

Eine Kommunikation, die von »Sozialarbeitern« spricht, klammert Kolleginnen nicht nur bewusst aus, sie nimmt zudem in Kauf, dass diese sich auf einen nicht-gendergerechten Duktus einstellen. Die Akzeptanz dieser Wortwahl bedeutet damit nichts anderes als die Akzeptanz existierender Herrschafts- und Machtverhältnisse. Die gesellschaftliche Vorgabe, welche sich durch Sprache äußert, und die damit verbundenen Rollenvorstellungen und -hierarchien, haben einen entscheidenden Einfluss auf die Identitätsentwicklung von Mädchen und Frauen und damit Konsequenzen im Sinne von Diskriminierungen und Ungleichheiten (vgl. Höblich 2010). Das hat Auswirkungen auf die Notwendigkeit, eine gender-gerecht formulierte Arbeit zu verfassen. Vor diesem Hintergrund ist ein sauberer, differenzierter und korrekter Sprachstil, der Frauen explizit einschließt, absoluter Mindeststandard. Rost, der eine sicherlich diskussionswürdige Einstellung zur »›Kastration‹ der ›männlichen‹ Sprache« (2010, S. 217) formuliert, hat jedoch insofern recht, wenn er auf eine Lesbarkeit des Textes bei expliziter Nennung weiblicher Personen hinweist. Ein einfaches Anhängen des »/innen« an die männliche Form ist in sprachlicher Hinsicht häufig wenig sinnvoll. Dies kann jedoch nicht als Begründung verstanden werden, nicht gender-gerecht zu schreiben, sondern als Herausforderung.

Dieses Buch benennt an jeder Stelle (so hoffe ich zumindest) explizit Männer und Frauen gleichermaßen. Hierbei gelten folgende hierarchisch anzuwendenden Regeln, die Sie gerne so übernehmen dürfen:

- Nach Möglichkeit werden geschlechtsneutrale Termini wie »Studierende« oder »Lehrende« verwendet.
- Ist dies nicht möglich, können, wenn keine Regeln der Grammatik verletzt werden (und auch nur dann), beide Formen durch einen Schrägstrich getrennt werden. Die in der Sozialen Arbeit tätigen Personen sind also »Sozialarbeiter/innen«. Dies ist als legitime Kurzform von »Sozialarbeiter und Sozialarbeiterinnen« zu verstehen. Auch andere Formen der Einbeziehung sind möglich (bspw. »Sozialarbeiter_innen«).
- Wenn durch den Fortfall des Trennungszeichens kein konkretes und korrektes Wort entsteht, was bspw. bei Berufsbezeichnungen wie »Ärztinnen und Ärzte« der Fall ist (ähnlich auch »Autorinnen und Autoren«), müssen explizit beide Formen benannt werden (vgl. Berger 2010, S. 91). Ein Anhängen des »/innen« funktioniert sprachlich nicht.
- Manche Satzkonstruktionen machen es notwendig, beide Formen zu benennen: »Die Verantwortung verbleibt bei den Sozialarbeiterinnen und Sozialarbeitern.«
- Ist eine Person ausdrücklich nur im Singular gemeint, wird in der Regel die Nennung der maskulinen und femininen Form notwendig sein. Es heißt: »Der Name der ersten Autorin bzw. des Autors«, nicht: »Name der/des Autor/in«.

Selbst diese Form einer gender-gerechten Sprache ist im Grunde noch recht konservativ und argumentiert aus einer heteronormativen Perspektive, also der Vorstellung, dass es zwei eindeutig differenzierbare Geschlechter gäbe. Andere Formen einer gender-gerechten Sprache versuchen dies deutlich zu machen – und so kann es in späteren Publikationen gut sein, dass ich meine Systematik umstellen werde.

Welchen Teil der Arbeit schreibt man zuerst?

Sie müssen sich von dem Gedanken verabschieden, dass der Schreibprozess linear mit dem ersten Wort der Einleitung beginnt und dem letzten der Schlussdiskussion endet. Wissenschaftliche Erörterungen orientieren sich stark an der gebrauchten Literatur – es wurde bereits herausgearbeitet, dass die Bearbeitung der Quellen und das Durchdringen der Inhalte nach einer Phase des Überblickens der Fragestellung einen Prozess darstellen. Sie können also mit dem Schreiben nicht am Anfang Ihrer Arbeit beginnen und einfach fortfahren, da Sie in der Auseinandersetzung mit Ihrer Literatur ständig auf neue, zu bearbeitende Punkte stoßen werden. Auch eine (vorläufige) Gliederung des Textes wird sich verändern, Argumentationslinien werden sich im Prozess des Bearbeitens und Schreibens neu und anders entwickeln.

Auch um Schreibschwierigkeiten und -blockaden zu vermeiden, sollten Sie sich zudem nicht zu sehr auf eine Textstelle fixieren. Es ist manchmal klüger, schwierige Stellen zu einem späteren Zeitpunkt zu behandeln, nachdem mehr Quellen bearbeitet und sich die Perspektive auf das Problem erweitert oder verschoben hat. Schnur stellt zu diesem Thema sehr richtig fest: »Für ein produktives Schreiben ist Regelmäßigkeit von großer Wichtigkeit. Können Sie pro Schreibsitzung nur kurze Textstücke schreiben, ergeben diese in der Summe doch eine ganze Passage. Je länger Sie regelmäßig schreiben, desto leichter geht es. Wer für ausreichend Zeit sorgt und regelmäßig arbeitet, kann seine persönlichen Potenziale zu wissenschaftlicher Leistung voll ausschöpfen. Aus Zeitmangel entstehen oft Probleme, etwa, dass es gegen Ende trotz guter Textteile an ausreichender Zeit zum Überarbeiten des Ganzen fehlt. Je länger Sie nicht schreiben oder mit der Regelmäßigkeit aussetzen, desto schwieriger wird es, zur Gewohnheit zurückzufinden« (2010, S. 26 f.).

Suchen Sie sich also eine für Sie sinnvolle Stelle im Hauptteil Ihrer Arbeit und seien Sie flexibel, ohne beliebig zu werden. Eine der wundervollen Entwicklungen moderner Textverarbeitung besteht darin, das es technisch problemlos möglich ist, dass Bausteine später zusammengesetzt und Bruchstellen inhaltlich und stilistisch geglättet werden können: Ich selbst habe Hausarbeiten noch streng linear mit einer Schreibmaschine verfasst – ein aus heutiger Sicht unmögliches Unterfangen.

Löschen Sie auch keine Textstellen des Vortages, weil Sie diese im Nachhinein als uninteressant, unwichtig oder trivial einschätzen. Ich kenne zahllose Studierende, die auf die Frage nach dem Stand ihres Produktes berichten, sie hätten ihre bisherige Arbeit gerade gelöscht und neu begonnen. Aufgrund moderner Textverarbeitung ist das völlig überzogen. Wenn Sie aktuell als unbrauchbar eingeschätzte Fragmente wirklich aus dem eigentlichen Text herausnehmen wollen – anstatt sie entsprechend zu markieren und mit einem Überarbeitungsvermerk zu versehen – dann sammeln Sie diese in einer neuen »Rest-Datei«. Sie werden mit einigem zeitlichen Abstand wahrscheinlich überrascht sein, dass die zur Löschung freigegebenen Fragmente mitunter doch keine so schlechte Qualität besitzen und argumentativ recht gut in Ihr Produkt passen. Diese Hinweise verlangen von Ihnen eine hohe Disziplin und die Fähigkeit, den Stand Ihres Produktes im Auge zu behalten. Auch hier ist Übung einer der Schlüsselfaktoren schlechthin.

Gesagt werden kann, dass die Verschriftlichung einer Arbeit niemals mit der Einleitung oder der Schlussbetrachtung beginnt – beides wird am Ende des Schreibprozesses, nach dem Verfassen des gesamten Hauptteils, geschrieben. Einleitung und Schluss rahmen in inhaltlicher Hinsicht die Arbeit, sie führen in das Thema, die Fragestellungen und den Aufbau ein und fassen im Anschluss die wichtigsten Ergebnisse zusammen. Allein aus diesen Ausführungen mögen Sie ersehen, dass es ziemlich schwierig sein wird, die Ergebnisse eines Forschungsprozesses zu dessen Beginn festzulegen und die gesamten Argumentationen entweder auf genau diese Ergebnisse auszurichten oder einen Hauptteil zu verfassen, der mit dem Fazit in keiner großen Beziehung steht.

In welchem Verhältnis stehen Sprache und Inhalt?

Kornmeier argumentiert, dass 20 % der Beurteilung, ob ein wissenschaftlicher Text über eine hinreichende Qualität verfügt – also anerkannt wird – mit dem Stil zusammenhängt (2007, S. 10 ff.).

Klarheit und Eindeutigkeit müssen zu Ihren obersten Zielen gehören, da wissenschaftliche Sachverhalte sich durch eine besondere Notwendigkeit auszeichnen: so genau wie möglich Wirklichkeit in Schrift zu fassen. Wissenschaft erklärt höchst komplexe Zusammenhänge. Der Trick – oder besser: die große Kunst – ist es, diese oft schwer verständlichen Verbindungen plausibel und dennoch äußerst genau darzustellen. Der akademische Elfenbeinturm, d.h. die wissenschaftliche Oase, die sich in unverständlichen Gedankenzusammenhängen abgekoppelt von dem Rest der Welt ergeht, sollte eine große Ausnahme darstellen. Wissenschaft agiert mit Theorien, diese beziehen sich auf die erfassbare Wirklichkeit und besitzen einen Anwendungsbezug. Größer ist dieser Bezug zur Alltagswirklichkeit für Sie sicherlich in Fragen Sozialer Arbeit, kleiner in der Erforschung Schwarzer Löcher und Schwerer Materie.

Anders als in journalistischen Texten ist im wissenschaftlichen Schreiben jedes Wort von Bedeutung, sprachliche Ambivalenzen oder Doppeldeutigkeiten sind unerwünscht. Von daher sollte jederzeit genau abgewogen und überprüft werden: Ist tatsächlich ausgedrückt, was gemeint war? Dies ist nicht nur eine stilistische Aufgabe, sondern vor allem eine, die das Verständnis des Textes mit der Verschriftlichung eigener Gedanken und Argumente verbindet. Hierzu ein einfaches Beispiel:

1.) »Im Folgenden möchte ich eine Einführung in die in dieser Arbeit wichtigen Begriffe geben.«

2.) »Es ist wichtig, die grundlegenden Begriffe zu Beginn einer Arbeit zu definieren.«

3.) »Zum Verständnis der folgenden Ausführungen werde ich die grundlegenden Begriffe zunächst definieren.«

Obwohl alle drei Sätze als Hinführungen in einen begriffsdefinitorischen Teil zu verstehen sind, haben sie sehr unterschiedliche Schwerpunkte. Die erste Aussage ist eine Absichtserklärung und beinhaltet allenfalls eine Willensbekundung der Autorin oder des Autors. Der zweite Satz hebt auf die Bedeutung einer Begriffsdefinition ab, der Gebrauch des Wortes »wichtig« beinhaltet eine

Wertung und eine Akzeptanz wissenschaftlicher Standards (oder zumindest eine Interpretation hiervon). In gewisser Weise durchbricht diese Version die »vierte Wand«, d.h. sie hebt die Distanz zwischen Autor/in und Leser/in auf und fabuliert über akademische Konventionen, anstatt diese einfach zu beachten und umzusetzen. Ein solches Vorgehen sollte in jedem Fall vermieden werden: Schreiben Sie nicht, dass Sie richtig zitieren wollen – tun Sie es. Klagen Sie nicht über die Ihrer Ansicht nach unzureichenden Definitionen in anderen Werken, verfassen Sie selbst eine für Ihre Arbeit hinreichende. Beschreiben Sie nicht, was Sie sagen wollen, sondern vermitteln Sie tatsächlich genau die erforderlichen Inhalte.

Jedes Wort zählt. Dies dauert naturgemäß seine Zeit, ein »Runterschreiben« von Ergebnissen trifft oftmals nicht deren Kern und geht an der eigentlich zu vermittelnden Sache vorbei. Es ist nicht unerheblich, ob Sie schreiben:

1.) »Der Autor versucht, einen Bezug herzustellen.«

---

oder

2.) »Der Autor stellt einen Bezug her.«

Die erste Aussage zieht den Erfolg der Bezugsherstellung mehr oder minder subtil in Zweifel, die zweite diagnostiziert ihn stattdessen – beides gilt im Übrigen analog für »die Autorin«. Auch persönliche Einstellungen und Bewertungen lassen sich in wenigen Worten (zum Teil in einem einzigen) formulieren:

1.) »Immerhin 70 % der Pflegeverhältnisse von Kindern bei ihren Verwandten (in der Regel Großeltern) geschieht als private Absprache ohne Kenntnis öffentlicher Stellen.«

---

oder

2.) »Lediglich 70 % der Pflegeverhältnisse von Kindern bei ihren Verwandten (in der Regel Großeltern) geschieht als private Absprache ohne Kenntnis öffentlicher Stellen.«

Gehen Sie in Bezug auf Ihre Sprache, d.h. die Umsetzung Ihrer Gedanken, die Transformation und die Übersetzung in eine für Leser/innen nachvollziehbare Form ebenso behutsam wie überlegt vor. Auch aus diesem Grunde sind die im Kapitel *Wie viel Zeit benötigt eine Hausarbeit – und wie organisiere ich sie?* angesetzten Zeiträume großzügig bemessen: In der Wissenschaft wird Text nicht einfach nur geschrieben, Autorinnen und Autoren überprüfen die Bedeutung und Wirkung ihrer Aussagen kontinuierlich.

Wie erhöhe ich die Lesbarkeit meiner Arbeit?

Einige meiner Studierenden haben sich nach dem Erhalt ihrer Note und dem Lesen meiner Anmerkungen beschwert, es wäre doch eigentlich vieles zu finden, was ich als fehlend kritisieren würde. Ich hätte mir nur ein wenig mehr Mühe geben müssen, die entsprechenden Inhalte und Verbindungen auch zu entdecken. Genau das ist jedoch nicht meine Aufgabe, sondern Ihre als Verfasser/innen der eigenen Texte. Es ist Ihre Angelegenheit als Wissenschaftler/in, Ihre Erkenntnis zu den Menschen zu bringen. Das unterscheidet sich im Übrigen in keiner Weise von der Profession der Sozialen Arbeit. Auch hier müssen Sie einen Sprachstil wählen, der mittels größtmöglicher Klarheit bestmögliche Verständlichkeit verspricht. Seitenlange Satzmonster, eine Ansammlung an Fremdwörtern und im Kontext ungebräuchlichen Verben, Substantivierungen und Passivkonstruktionen, vielleicht noch hier und da eine schiefe Metapher, die Anspielung auf Theorie und Autorinnen bzw. Autoren – en passant natürlich – welche eigentlich erklärungsbedürftig wären sowie Fußnoten, die den Hauptteil einer Seite einnehmen, aber auch Trivialisierungen und Umgangssprache sind nur bedingt Zeichen guter Wissenschaftlichkeit. Esselborn-Krumbiegel weist darauf hin, dass die »Aufgabe eines wissenschaftlichen Textes der Transfer von Wissen ist. Der Autor überführt sein Wissen in einen Text, in dem die Gleichzeitigkeit in das Nacheinander sprachlicher Darstellung transformiert wird. Im Verstehensprozess rekonstruiert der Leser aus der linearen Kette der Argumente und Konzepte wiederum eine Wissensstruktur, die der des Autors ähnlich ist« (2008, S. 165). Das gilt für »professionelle« Wissenschaftler/innen ebenso wie für Studierende. Der Text ist das verbindende Medium zwischen Autor/in und Leser/in. Er erfüllt die Aufgabe, das Erkennen eigener Wissensstrukturen zu erleichtern und damit auf die Leser/innen zu übertragen. Die Lesbarkeit von Texten, d.h. den Aufwand, den die Leser/innen erbringen müssen, um auch komplexe und abstrakte Inhalte zu durchdringen und zu verstehen, ist nicht unbedingt an diese gebunden. Zwar wird man für Normalsterbliche wie mich aus einer Cauchyschen Integralformel keinen verständlichen Lesestoff verfassen können, aber das Bemühen muss bestehen, nicht nur komplexe, sondern jedwede Zusammenhänge sprachlich so zu verfassen, dass diese mit einem erträglichen Aufwand verstanden werden können.

Die Forderung an Studierende, Texte lesbar zu schreiben, wird von diesen vice versa – bis zu einem gewissen Grad berechtigt – auch selbst erhoben. Die Klage über »zu schwere« Literatur ist dann berechtigt, wenn einfache Sachverhalte unnötig aufgebläht werden, jedoch dann falsch, wenn die Erwartung besteht, jeder sozialarbeitswissenschaftliche Text müsse sich so flott wie ein JK-Rowling-Roman lesen lassen.

Im Rahmen dieses Buches kann kein rhetorisches Komplettprogramm geboten werden. Im Folgenden werde ich, u.a. stark an Kornmeier (2007) und Schnur (2010) orientiert, einige sehr leicht umsetzbare stilistische Mittel erläutern, mit denen Sie die Lesbarkeit Ihrer Arbeit erhöhen – und für den Verzicht anderer plädieren. Die Grundregel bei dem Verfassen von Texten lautet dabei im Übrigen, dass Sie nur durch fortwährende Übung Ihren Stil verbessern werden. Holen Sie sich zu Ihren Texten Rückmeldung von Peers. Nehmen Sie die Anmerkungen Ihrer Lehrenden zu Ihren letzten Arbeiten als Ausgangspunkt stilistischer Überlegungen beim Schreiben des nächsten Textes.

Klare Struktur

Der erste Hinweis ist eigentlich kein rein sprachlicher, sondern bezieht sich auf Struktur generell. Ohne eine klare Makrostruktur, d.h. einen vernünftigen und in sich logischen Aufbau, lässt sich eine argumentative Struktur nur mit Mühe erkennen. Texte sind auch deshalb unlesbar, weil sprachlich versucht wird, eine mangelhafte Gliederung durch Rück- und Querbezüge auszugleichen. Somit lässt sich in Bezug auf die Gestaltungsanforderungen an wissenschaftliche Texte die einfache Losung aufstellen: Je klarer strukturiert sowie sprachlich eindeutig und einfach aufgebaut, desto höher die Chance, dass die Absicht der Autorin bzw. des Autors, nämlich einen bestimmten Sachverhalt zu erklären, auch wirklich ihr Ziel erreicht. Der gleiche Grundsatz gilt ebenfalls auf einer Mikroebene. Auch einzelne Kapitel wollen strukturiert werden und oft lohnt es sich, nicht dem erstbesten Impuls zu folgen und im Laufe der Verschriftlichung einer Arbeit bereits bestehende Argumentationsketten aufzulösen und neu zusammen zu stellen.

Einfachheit

Die wahrscheinlich wichtigste sprachliche Regel laut: Stellen Sie die Dinge so einfach wie möglich dar. In den Sozial-, Erziehungs- und Geisteswissenschaften, in denen es aufgrund der Komplexität menschlichen Verhaltens eine Vielzahl von Variablen zu berücksichtigen gibt, werden die Sachverhalte quasi automatisch verschachtelt und potentiell unübersichtlich. Ein besonderes Bemühen in sprachlicher Hinsicht um Komplexität braucht es damit gar nicht. Vielmehr wird das genaue Gegenteil angenommen: »Eine unnötig aufgeblähte oder ›bunte‹ Sprache wird daher als Kosmetik angesehen, die Schwächen übertünchen soll, oder als billiges Kostüm, das etwas verdecken soll. Die Aufmerksamkeit der Leser/innen wird durch übertriebene Äußerlichkeiten abgelenkt von den inneren Werten einer Studienarbeit. Dies ist jedoch dem Ziel einer Studienarbeit – Nachweis von Kompetenz und Kenntnis in einem Fachgebiet – genau entgegengesetzt« (Disterer 2005, S. 159 f.).

Sie erhöhen Einfachheit und damit die Verständlichkeit Ihres Textes, indem Sie Schachtelsätze zugunsten von einfacheren Satzkonstruktionen vermeiden. Messing/Huber (2007) regen einen recht kurzen Satzstil an, Disterer (2005) schlägt vor, Sätze jenseits der Länge von etwa drei Zeilen noch einmal auf ihre tatsächliche Notwendigkeit hin zu untersuchen. Das heißt nicht, dass längere Konstruktionen unmöglich sind, aber überlegen Sie bitte genau, ob sich diese zerlegen und auf mehrere Sätze aufteilen lassen – und der Sinn dadurch womöglich sogar klarer wird.

Wenn Sie einfache Satzkonstruktionen gebrauchen, dann unterstützen Sie dies mit einer einfachen Sprache. Diese wird bspw. durch den Verzicht eines übertriebenen Einsatzes von Fremdwörtern erreicht. Natürlich können Sie wiederholt »intendieren« in Ihrer Arbeit schreiben, aber mehr als »beabsichtigen« heißt das auch nicht. Fraglich ist zudem, ob auf die Soziale Arbeit bezogen, eine Familie sich auf eine bestimmte Hilfeleistung »kapriziert« oder einfach auf einen bestimmten Erziehungskurs »festgelegt« hat. Fremdwörter werden (oft nicht immer ganz passend) gern dann eingesetzt, wenn scheinbar zu banal klingende Aussagen aufgewertet oder Wortwiederholungen vermieden werden sollen. Im ersten Fall sollten Sie überlegen, ob sich Ihr Text nicht an der Stelle vielleicht tatsächlich zu trivial darstellt, an der es das Fremdwort zur Verschleierung ebendieses Umstandes braucht – und ggf. auf Ihre Aussage verzichten. Für den zweiten Fall gilt: Der LibreOffice/OpenOffice- oder Word-Thesaurus bietet Ihnen wunderschöne Synonyme an. Prüfen Sie gut, ob dieses auch wirklich passt und sinnvoll einsetzbar ist. Nicht immer sind die Wortbedeutungen angeblicher Synonyme tatsächlich identisch.

Der Anspruch an eine einfache Sprache bedeutet keine Einladung zur Umgangssprache. Sehr lesenswert (und teilweise überaus unterhaltsam) sind die Ausführungen von Disterer (2005, S. 158-167) zum Thema einer angemessen Sprache in wissenschaftlichen Hausarbeiten, auf die ich mich in diesem Kapitel stark beziehe und von denen ich mich habe sehr inspirieren lassen. Die Forderung nach Einfachheit soll nicht zu einer saloppen Sprache verleiten. Hier müssen Sie einen Ausgleich zwischen Verständlichkeit und Anspruch schaffen. Sie schreiben nicht für die Boulevardpresse, die eine hohe Verständlichkeit um den Preis einer als Wissenschaftler/in nicht zu akzeptierenden Simplifizierung erkauft, sondern einen Text mit wissenschaftlichem Anspruch. Die folgenden Beispiele sind Studierendenarbeiten entnommen und keinesfalls in einem akademischen Kontext duldbar.

»Eltern sehen ihre Kinder durch die rosarote Brille.«

»Religiöse Fundamentalistinnen und Fundamentalisten treten das Recht anderer mit Füßen.«

»Honorarkräfte können in der Einzelfallhilfe ausgebildeten Sozialarbei-terinnen und -arbeitern nicht das Wasser reichen.«

»Die Eltern haben es schwer.«

Im informellen Gespräch können solche Konstruktionen vielleicht benutzt werden, ohne, dass sie besonderes analytisches Potential besäßen. Bitte bedenken Sie jedoch, dass es Ihre Aufgabe ist, im professionellen Kontext für Verständigung zu sorgen. Je mundart-licher und trivialer sich Sprache darstellt, desto größer ist die Wahrscheinlichkeit, dass es unbemerkt oder auch offen zu Miss-verständnissen kommt. Auch wenn es ein wenig mehr Zeit in An-spruch nimmt, versuchen Sie, größte Präzision zu erreichen.

Was bedeutet das für die Soziale Arbeit?

Der Schreibstil wissenschaftlicher Arbeiten korrespondiert mit dem des Berichtswesens. Auch hier geht es darum, möglicherweise hoch komplexe und emotionale Informationen sowohl für andere Bearbei-ter/innen des Vorgangs verständlich als auch so detailliert, neutral und wertfrei wie möglich zu verfassen. Bemühungen, das immer für einen Witz gute »Beamtendeutsch« bürger/innenfreundlicher zu formen, än-dern nichts an dem Grundsatz, dass behördliche Schreiben und Akten-vermerke präzise und wertfrei sein müssen. Eher geht es hier um Nachhilfe in Sachen Verständlichkeit.

Keine Emotionalisierung, sondern Sachlichkeit

Wissenschaftliche Texte zeichnen sich durch einen sachlichen – vielleicht sagen Sie zum Beginn Ihrer wissenschaftlichen Karrie-re: trockenen – Stil aus. Sie müssen Leser/innen nicht durch emo-tionale Beschreibungen oder blumige Sprache begeistern. »Ver-meiden Sie, vor allem am Anfang Ihrer Laufbahn, kühne Rheto-rik, saloppe Formulierungen, ›Witzchen‹ und ähnliche Extrava-ganz. Umgangssprache und mundartliche Ausdrücke haben in wissenschaftlichen Texten nichts verloren.« (Messing/Huber 2007, S. 134). Sachlichkeit bedeutet, dass Sie an der Sache entlang schreiben, sich also auf die Inhalte fokussieren. Sie müssen dem-nach in der Erörterung von Armut nicht von deren *»drastischen und dramatischen Auswirkungen auf die Zukunft unserer Gesell-*

schaft« sprechen. Es reicht vollkommen aus, Armutsfolgen zu erörtern. Wenn Sie jetzt noch spezifizieren, von welcher Art der Armut Sie sprechen (bspw. ökonomische, soziale oder kulturelle) und welchen gesellschaftlichen Bereich oder welche Kohorte die Folgen treffen, ist das umso besser. Es ist verständlich, dass manche Themen Emotionalität geradezu herausfordern und diese mit einer starken Wertung sowie einer Positionierung der Autorinnen bzw. Autoren einhergeht. Im wissenschaftlichen Diskurs ist genau dies jedoch nicht gefragt. Zu sexueller Gewalt, Kindeswohlgefährdung, Kinderpornographie, Benachteiligung oder Verbrechen müssen Sie keine persönliche Stellung beziehen – es liegt in der Natur der Sache, dass Sie »dagegen sind«. Dies brauchen Sie weder explizit als Stellungnahme festzuhalten noch in Ihren Ergebnissen besonders betonen. Bei allem Verständnis für die Emotion, in Ihrer Rolle als Wissenschaftler/in und Sozialarbeiter/in sind starke Gefühle fehl am Platz. Zentrales Thema ist die Sache, nicht Ihre Abscheu der Tat gegenüber. Verschieben Sie diesen Fokus nicht. Nicht Sie und Ihre Emotionalität sind von Bedeutung, sondern bestimmte, eng begrenzte Fragestellungen – in der Sozialen Arbeit Hilfe für die Opfer und ggf. sogar für die Täter/innen. Diese gilt es inhaltlich, aber auch sprachlich sehr sachlich anzugehen.

Vermeiden Sie Wertungen und Emotionalitäten auch bei weniger belastenden Themen. Ganz gleich, in welchem Gegenstandsbereich Sie sich bewegen, Ausdrücke wie »leider«, »bedauerlich«, »ungeheuerlich«, »es ist besser«, »krank«, »verschwendet«, »verrückt«, »sicherlich«, »das kann ich nicht verstehen«, »so ist es richtig«, »Gefahr für die Allgemeinheit«, »hinterrücks«, »intensiv« oder »arme Menschen« haben in wissenschaftlichen Erörterungen keinen Platz. Auch gilt: Selbst wenn von Ihnen eine persönliche Reflexion verlangt wird (bspw. im Rahmen eines Praktikums oder einer Exkursion in eine Organisation der Praxis), ist eine sachliche Sprache notwendig. Der Reflexionsprozess verlangt von Ihnen, über Ihre Gefühle zu schreiben, d.h. von diesen Distanz zu gewinnen. Es geht nicht darum, diese erneut zu durchleben.

Terroristinnen und Terroristen, Straftäter/innen, Pädosexuelle oder religiöse Fundamentalistinnen und Fundamentalisten sind keine Monster, Schweine, Bestien, keine Reinkarnation des Bösen. Der Boulevard und die ›öffentliche Meinung‹ können vereinfachen und emotionalisieren – die Soziale Arbeit darf dies nicht. Als Professionelle müssen Sie sehr genau unterscheiden zwischen der Tat und dem Menschen selbst. Jede Beteiligung an der Emotionalisierung der Handlung und deren Entmenschlichung trägt dazu bei, dass sich potentielle Täter/innen im Vorfeld keiner Behandlung oder Hilfe zuführen. Alle Distanziertheit und Sachlichkeit bedeutet jedoch nicht die Relativierung der Tat und der damit einhergehenden Verantwortung.

Diese Haltung, nicht neu, aber immer wieder in Vergessenheit geraten, bedeutet in Bezug auf den Face-to-Face Kontakt mit allen, auch »extremen« Klientinnen und Klienten eine Akzeptanz, ein »nicht wertendes Verstehen der Gefühle und Vorstellungen des Klienten. Hierbei geht es nicht um die Übereinstimmung, Zustimmung und Billigung der Sicht des Klienten, sondern um das respektvolle Zuhören und das einfühlende Verstehen« (Gehrmann/Müller 2005, S. 100).

Gerade der letzte Punkt ist in der sozialarbeiterischen Praxis oft von Missverständnissen geprägt: Einfühlendes Verstehen und Empathie haben nichts mit Emotionalität gemeinsam. Empathie benötigt professionelle Distanz. Ein Verstehen des Menschen bedeutet kein Verständnis für seine Tat und ist nicht gleichbedeutend mit der Befürwortung oder gar der Sympathie für seine Handlungen. Ohne Distanz ist ein Verstehen des anderen – insbesondere von Straftäterinnen und Straftätern – nicht möglich. Die ›öffentliche Meinung‹ und der Boulevard können sich Ablehnung und Empörung leisten, in der Sozialen Arbeit bedeutet diese jedoch nicht nur ein fragwürdiges Verständnis, sondern faktisch das Ende der Interventionsmöglichkeit.

Dieses Verständnis für das Fremde und Befremdliche aufzugeben, hieße für die Soziale Arbeit sich wichtiger Optionen zu berauben. Man kann diese Einstellung versuchen als »Kuschelpädagogik« zu disqualifizieren (so bspw. die ehemalige CSU-Generalsekretärin und Bayerische Staatsministerin für Arbeit und Sozialordnung, Familie und Frauen Christine Haderthauer), aber genau diese ist eine wichtige Alternative zu Strafe und Misstrauen.

Auch Verb-Substantivierungen (»die Weigerung der Sachbearbeiterin den Vorgang zu bearbeiten«) und Passivkonstruktionen (»das Kind wurde den Eltern zugeführt«) oder beides in Kombination (»die Neubewertung des Datenmaterials lässt auf eine Steigerung der Inobhutnahmen schließen«) sind einer Verständlichkeit nicht zuträglich.

Treffende Metaphern – keine schiefen Bilder

Der Gebrauch von guten Metaphern ist eine Kunst für sich. Treffende Metaphern zu finden gehört zu den anspruchsvollen Aufgaben – das Bild muss stimmen, die übertragene Bedeutung muss von jedermann verstanden werden und irgendwie soll alles auch noch originell sein. Häufig kommt bei dem Versuch, eine treffende Metapher zu finden, ein schiefes Bild heraus:

»Von Armut betroffene Menschen zerbrechen unter ihrer Verantwortung.«

Meine Empfehlung ist, Metaphern zu vermeiden und den Sachverhalt sachlich und nüchtern auszudrücken – auch, wenn es nicht bunt und witzig klingt. Dies ist aber auch nicht der Sinn von Wissenschaft. Wenn Sie schon schiefe Bilder meinen benutzen zu müssen, dann setzen Sie dieses konsequent in »Anführungszeichen«.

Keine Plattitüden

George Orwell hat darauf hingewiesen, wie leicht aus einer blumenreichen, abgenutzte Metaphern benutzenden und aufgeblasenen Sprache ein Politikum wird: Der Sinn des Gesagten wird, je mehr Einfachheit und Sachlichkeit verloren gehen, unklarer. So kann es passieren, dass Autorinnen bzw. Autoren die Kontrolle über ihren Text und seine Inhalte verlieren oder mittels ihrer uneindeutigen Sprache die eigentliche Bedeutung zu verschleiern suchen. Im Politischen – so Orwell – ist diese Praxis gang und gäbe, in der Wissenschaft – so würde ich argumentieren – müssen wir sie so weit wie möglich vermeiden. In enger Anlehnung an Orwell (1946, S. 264) lassen sich eine Reihe hilfreicher Hinweise insbesondere für Schreibanfänger/innen formulieren:

- Benutzen Sie keine Metaphern, Vergleiche oder Redensarten, die Sie wiederholt gelesen haben – und wenn, dann nicht ohne ihren Inhalt intensiv zu hinterfragen.
- Stellen Sie eine Sache in Ausdruck und Stil so einfach wie möglich dar, dies darf jedoch nicht zu Lasten der Genauigkeit gehen. In der Realität des wissenschaftlichen Schreibens werden Formulierungen schnell zu komplex, um Sachverhalte so präzise wie möglich zu beschreiben. Wenn Sie einfach beginnen, erhöhen Sie die Wahrscheinlichkeit, dass Ihr Text zum Schluss noch lesbar ist.
- Wenn Sie ein Wort streichen können, dann machen Sie es. Die Wahrscheinlichkeit, dass der Sinn trotzdem erhalten bleibt und die Lesbarkeit steigt, ist recht hoch.
- Schreiben Sie, wenn der Bezug es ermöglicht, im Aktiv.
- Benutzen Sie keine Fremdwörter (sondern bspw. »beabsichtigen« statt »intendieren«), keinen (pseudo)wissenschaftlichen Jargon oder Szenesprache, wenn Sie den gleichen Sachverhalt mit gleicher Genauigkeit auch in allgemeinverständlichem Deutsch ausdrücken können.
- Missachten Sie all diese Regeln, wenn sich dadurch Formulierungen ergeben, die nicht dem von Ihnen beabsichtigten Inhalt und Sinn entsprechen.

Füllwörter vermeiden

Füllwörter helfen, die vorgegebene Länge der Arbeit zu erreichen – und ermüden nach kürzester Zeit. »Im allgemeinen sollten Sie eigentlich jedes überflüssige Füllwort früher oder später energisch wegstreichen. Das können Sie am vorangehenden Satz üben« (Messing/Huber 2007, S. 134). Treffender kann es nicht gesagt werden.

Noch mehr Unnützes

Akademische Titel (Prof. Dr.), Lehrorte (Universitäten), Lehrgebiete oder Fachbereiche, Staatsangehörigkeiten, das Alter bei Herausgabe eines bestimmten Werkes u.ä. werden weder im Text noch im Literaturverzeichnis noch sonst irgendwo genannt. Es heißt also schlicht »Jean Piaget«, und nicht »der französische Psychologe Jean

Piaget« (schon deshalb weil Piaget Schweizer war, in Zoologie promovierte und in der Biologie ebenso zu Hause war wie in der Erkenntnistheorie und der Pädagogik). Disziplinbezeichnungen haben in der Regel keinen großen Informationswert. Die Verwendung von Ausbildungs- oder Berufsbezeichnungen ist sehr journalistisch oder mitunter von einer disziplinären Engstirnigkeit geprägt. Prüfen Sie auch, wie sinnvoll es ist, das akademische Umfeld zu erwähnen, in der eine bestimmte Theorie entstanden ist. Auch hier gilt: Die Grenze zum Journalistischen ist schnell überschritten.

Ähnlich verhält es sich mit Funktions- oder Würdenbezeichnungen. Diese können genannt werden, wenn es dem Verständnis zuträglich ist (»Reichskanzler Otto von Bismarck«), aber auch nur dann und niemals im Kurzbeleg oder Literaturverzeichnis. Verzichten Sie auch hier immer auf Namenszusätze wie »Prof.« oder »Dr.«.

Keine Anmerkungsfußnoten

Verwenden Sie nicht *wenige*, verwenden Sie nach Möglichkeit *keine* Anmerkungsfußnoten. Ich habe noch keine Studienarbeit gelesen, in der Anmerkungen einer einzigen Fußnote notwendig gewesen wären. In späteren Phasen Ihrer akademischen Karriere kann es erstrebenswert sein, den Haupttext von Nebenbemerkungen durch den Einsatz von Fußnoten frei zu halten. Für studentische Arbeiten wäre eine solche Notwendigkeit sehr, sehr ungewöhnlich.

Sparsame Betonung durch Hervorhebungen

Hervorhebungen sind Betonungszeichen. Gehen Sie sehr sparsam mit **Her***vor*hebungen um. Verwenden Sie sie einheitlich und vorsichtig. Ein Wechsel zwischen unterschiedlichen Betonungszeichen ergibt **keinen** Sinn und trägt nur zur *Verwirrung* der LESER/INNENSCHAFT bei. Betonungen (»die *einzige* Möglichkeit«) sollten einheitlich *kursiv* gehalten werden, dies wirkt am elegantesten. Auszeichnungen in **fetter** Schrift oder einem anderen Schrifttyp sind oft grob und aufdringlich.

Mit diesen Regeln kommen Sie fast völlig aus. Meines Erachtens müssen Sie die Formatierungsfunktionen Ihres Textverarbeitungsprogramms nicht weiter bemühen. Die Namen von Autorinnen bzw. Autoren werden heute nicht mehr in KAPITÄLCHEN und Zitate nicht *kursiv* gesetzt hervorgehoben – auch, wenn Sie dies in älterer Literatur vielleicht noch finden. Kursiv werden jedoch im Fließtext Buchtitel gesetzt.

Ariès verfasst eine *Geschichte der Kindheit* (1998).

Entsprechend formatiere ich auch Zeitschriftentitel (*Der Spiegel*) im Fließtext, jedoch nicht dem Literaturverzeichnis. Zusätzlich setze ich Internetadressen, wenn ich sie wie Eigennamen behandele, kursiv (*zeit.de*). Dies dient alleine der besseren Lesbarkeit. Kapitelüberschriften werden **fett** und (je nach Geschmack) in etwas größerem Schriftgrad gesetzt.

Rechtschreibung

Verwenden Sie die gültige, neue deutsche Rechtschreibung. Im Gegensatz zu einem bei Teilen der Bevölkerung (und damit auch einigen Studierenden) verbreiteten Irrglauben können Sie sich nicht aussuchen, ob Sie »dass« oder »daß« schreiben. Eine Hausrechtschreibung, d.h. eine nur von Ihnen persönlich aus privater Leidenschaft den allgemeinen Regeln nicht entsprechende Orthographie, ist nicht akzeptabel. Es gibt einige Standardwerke, an denen Sie sich orientieren können, bspw. der *Duden – Die deutsche Rechtschreibung* in seiner neuesten Auflage.

Aus eigener Erfahrung mag ich noch sagen: Beachten Sie die Rechtschreibregeln nicht nur, sondern korrigieren Sie Ihre Arbeit auch tatsächlich. Dies gilt für die Rechtschreibung ebenso wie für die Interpunktion und die Grammatik. Es ist durchaus verständlich, dass nicht in allen Studierenden eine Sprachkünstlerin bzw. ein Sprachkünstler verborgen ist und manchen die Orthographie leichter von der Hand geht als anderen. Es ist jedoch allen Studierenden zuzumuten, eine durchkorrigierte Arbeit abzugeben. Wenn Rechtschreibung nicht zu Ihren Stärken gehört, dann geben Sie Ihre Texte zur Durchsicht an die Verwandtschaft oder bilden Sie mit anderen Studierenden einen Pool, in dem Sie sich gegenseitig unterstützen (vielleicht haben Sie andere Stärken, wie den Umgang mit Textverarbeitungssoftware).

Halten Sie das Drängen auf formal richtige Arbeiten nicht für mein persönliches Steckenpferd. Sowohl in der Literatur wird dies immer und immer wieder angemahnt (bspw. Disterer 2005, S. 158; Schnur 2010, S. 103) wie auch die meisten Lehrenden auf von Fehlern durchsetzte Arbeiten ohne großes Verständnis reagieren. Zudem werden Sie nur mit fehlerfreien Texten sowohl in der Profession (Konzepte, Anträge auf Förderung, Berichte etc.) als auch in der Disziplin (Manuskriptvorschläge an Redaktionen, Präsentationen, Buchbeiträge etc.) ernst genommen. Es gilt: Eine Arbeit voller grammatischer und orthographischer Fehler deutet darauf hin, dass auch inhaltlich nicht sauber gearbeitet wurde.

Einheitlicher Schrifttyp

Schreiben Sie bspw. in *Times New Roman, Palatino Linotype, TeXGyrePagella* oder einer ähnlichen Schrift – und zwar durchgängig, in elf oder zwöf Punkten Größe mit 1,5 Zeilen Abstand. Alle drei sind Antiqua-Schrifttypen, die sich durch Serifen auszeichnen und damit deutlich besser lesbar sind als *Arial* oder eine andere Grotesk-Schrift. Diese serifenlosen Schrifttypen sind schön für Überschriften, Grafiken oder bspw. Werbeflächen, als Fließtext aber nur sehr bedingt geeignet.

Abkürzungen

Verwenden Sie Abkürzungen bitte richtig – schauen Sie ggf. noch einmal im Duden nach. Abkürzungen wie »i.d.R.«, »z.B.« und »d.h.« werden, so sie am Satzanfang stehen, ausgeschrieben. Stehen Abkürzungen am Schluss des Satzes, folgt kein zweiter Punkt.

Warum sind Zeichen und keine Seiten als Umfang anzugeben?

Lehrende neigen dazu, Ihnen den Umfang der erwarteten Hausarbeit in Seiten vorzugeben. Dadurch besteht bei Erstsemestern regelmäßig eine größere Unsicherheit.

- Schließt die angegebene Seitenzahl das Deck- oder Titelblatt ein?
- Schließt die angegebene Seitenzahl das Literaturverzeichnis ein?
- Welche (umfangsrelevanten) formalen Vorgaben gelten in Bezug auf Seitenränder oder Zeilenabstand?
- Sollen neue Kapitel mit einer neuen Seite begonnen werden – was ist aber, wenn dadurch sehr große Leerräume entstehen?
- Welcher Schrifttyp soll verwendet werden?

Sie können schlecht vorhersehen, wann die Toleranz von Lehrenden für Leerräume und Seitenränder überschritten ist, und wann nicht. »Seiten« als Größe hängt einfach von zu vielen Variablen ab. Abschließend die wesentlichste, nämlich Schrifttyp und -grad.

Zeichen	Schrift	Schriftgröße	Seitenumfang
35.000	Times New Roman	11	10
35.000	Times New Roman	12	12,5
35.000	Arial	11	11
35.000	Arial	12	13,5
50.000	Times New Roman	11	15
50.000	Times New Roman	12	18,5
50.000	Arial	11	17,5
50.000	Arial	12	20,5

Tab. 6: Auswirkungen auf den Umfang bei Veränderung von Schrifttyp und -größe

Was sich hinter den gefüllten »Seiten« verbirgt – und vor allem: wie viel Unterschiedliches – wird durch die Tabelle deutlich. Die Anzahl der Druckseiten variiert deutlich mit der gewählten Schriftgröße und -art. Schon ein Punkt Unterschied und ein Wechsel von *Times New Roman* zu *Arial* bringt nicht weniger als 25 % mehr Umfang (eine Veränderung der Seitenbegrenzungen und des Zeilenabstands hat noch gar nicht stattgefunden).

Das Richtmaß für Hausarbeiten beträgt bspw. 35.000 Zeichen Text, und zwar inkl. Leerzeichen aber ohne Titelblatt, Gliederung und Literaturverzeichnis. Damit können Sie einen Seitenrand von sechs Zentimetern einstellen, wenn Sie meinen, das müsste unbedingt so sein. Die Angabe von Zeichen ist unbestechlich.

Diese Form der Angabe des erwarteten Umfangs (ob 35.000 Zeichen mit oder ohne Literaturverzeichnis etc.) entspricht den Gepflogenheiten im Verlagswesen. Redakteurinnen bzw. Redakteure und Herausgeber/innen werden Ihnen die erwartete Länge in Form von Zeichen (wenn nichts anderes vermerkt inkl. Leerzeichen) mitteilen, die Angabe von Seiten ist aus genau den o.a. Gründen vollkommen unüblich.

Was passiert nach der Niederschrift der Arbeit?

Wenn Sie den Schreibvorgang an Ihrem Produkt beendet haben, alle wesentlichen Argumentationen geführt, die letzten Verzeichnisse angelegt und die Seitenumbrüche und Ränder abschließend verändert und eingestellt sind, Sie vielleicht sogar im guten Gefühl der abgeschlossenen Arbeit die Bücher in Ihre Bibliothek zurückgebracht haben, könnten Sie annehmen, dass der Text nunmehr nur noch ausgedruckt und abgegeben werden muss.

Das ist leider nicht richtig: Sie können mit ziemlicher Sicherheit davon ausgehen, dass Sie trotz aller Sorgfalt noch nicht alle Argumentationen geführt haben und der Schreibprozess – unerfreulicherweise – noch nicht beendet ist. Auch die Rückgabe der Bücher zu diesem Zeitpunkt könnte sich als verfrüht erweisen.

Wenn Sie meine Vorgaben zum Zeitablauf einer Hausarbeit einigermaßen beachtet haben, sollten Sie nach der Erstellung einer ersten Rohschrift noch genug Zeit bis zum endgültigen, allerletzten Abgabetermin haben (schauen Sie für Fragen der Planung in das Kapitel *Wie viel Zeit benötigt eine Hausarbeit – und wie organisiere ich sie?*). Nutzen Sie diese Zeit, indem Sie zuerst die Arbeit an einen Menschen Ihres Vertrauens zum Korrektur- und Gegenlesen geben und eine gute Woche Pause vom Schreiben an diesem Produkt nehmen, um Abstand zu gewinnen. Einen wissenschaftlichen Text von einer anderen Person auf orthographische und inhaltliche Konsistenz prüfen zu lassen, hat nichts mit einem Plagiat oder unerlaubter Hilfe zu tun (was manche Studierende befürchten) – und muss auch nirgendwo erwähnt werden – sondern gehört zu den Gepflogenheiten des akademischen Arbeitens. Hier besteht oft die letztmalige Gelegenheit, Irrwege und Unsinn als solche zu identifizieren und deren Veröffentlichung zu verhindern, den Text auf Lesbarkeit und innere Logik sowie Fehlerfreiheit prüfen zu lassen. Ich rate Ihnen dringend, dieses wichtige und von Studierenden regelmäßig ignorierte Instrument der Qualitätssicherung zu nutzen. Ihre Leser/innen und Prüfer/innen werden es Ihnen mit einer besseren Note danken.

Dazu ist auch erforderlich, nach der Rückgabe der Arbeit die entsprechenden Anmerkungen und Fehlerkennzeichnungen ernst zu nehmen und mit Sorgfalt zu bearbeiten. Nach einem langen und intensiven Arbeitsprozess fällt es manchmal schwer, hierfür die Motivation zu finden und/oder lieb gewonnene Stellen und Formulierungen zu streichen oder zu verändern. Wichtig wäre trotzdem, über eine erfolgte Rückmeldung nachzudenken und diese nicht kritiklos zu verwerfen oder zu übernehmen. Auch Nacharbeiten in geringerem Umfang, sei es die Korrektur von Zitaten, eine Verbesserung des inneren Zusammenhangs des Textes oder die Verbesserung bzw. Veränderung der Quellenlage sind nicht unüblich. Solche Überarbeitungen sind aber nur möglich, wenn Sie Ihre Planung daraufhin abgestellt haben und noch über zeitliche Reserven zum Schluss des Arbeitsprozesses verfügen.

Was bedeutet das für die Soziale Arbeit?

Auch in der Praxis der Sozialen Arbeit ist es häufig nicht sonderlich günstig, Aufgaben sehr kurz vor dem Erreichen des letztmöglichen Termins abzuschließen. Wie so häufig entsprechen sich wissenschaftliche und professionelle Vorgehensweise. Egal, ob es sich um den Monatsplan eines Jugendzentrums, ein Gutachten über die Erziehungsfähigkeit der von Ihnen betreuten Eltern oder die Inhalte des Abschlussgespräches einer Trennungs- und Scheidungsberatung handelt – warten Sie mit der Erstellung Ihres Programms, Gutachtens oder der Gesprächsvorbereitung nicht bis zum letzten Augenblick. Lassen Sie die Produkte – bei aller Hektik des professionellen Alltags – ein paar Tage liegen, bitten Sie Kolleginnen und Kollegen, Ihnen ein Feedback zu geben und planen Sie einen inhaltlichen wie formalen Korrekturlauf mit ein.

Literatur und Quellen

Dieses Kapitel beschäftigt sich mit Literatursorten und deren Verwendung im Rahmen einer wissenschaftlichen Arbeit. Dass dieses Kapitel hinter dem »Thema« platziert wird, stellt einen Kompromiss dar – beides gleichzeitig zu behandeln ist in gedruckter Form nicht möglich. Denken Sie sich die Konkretisierung und Formulierung des Themas und die Auswahl der Literatur/Quellen jedoch bitte als zusammenhängenden, einander bedingenden Prozess.

Wofür brauche ich Quellen und welche darf ich verwenden?

Wissenschaft unterscheidet sich von dem Alltagswissen vor allem dadurch, dass Erkenntnis systematisch und intersubjektiv überprüfbar erlangt wurde. Der Weg, dieses Wissen zu produzieren, ist die empirische, regelhaft verlaufende Forschung. Die von Ihnen bspw. in der Bibliothek aufgefundenen Quellen stellen praktisch das Produkt dieser Forschung dar, hier werden die Ergebnisse der Öffentlichkeit zur Verfügung und zur Begutachtung gestellt. Die Veröffentlichung von Ergebnissen stellt keine Verkündigung von Wahrheit, sondern die Aufforderung zur Diskussion und Stellungnahme dar.

In aller Regel werden Sie im ersten Semester nicht systematisch forschen, sondern sich auf den gegenwärtigen Stand der Forschung im wissenschaftlichen Diskurs beziehen. Dies geschieht über Quellen, wobei der Begriff hier weitestgehend synonym mit »Literatur« gebraucht wird. Hauptsächliche Quellen, auf die sich die Arbeiten von Studierenden beziehen, ist die wissenschaftliche Literatur – vor allem gedruckte Werke wie Bücher oder Fachzeitschriften sowie graue Literatur und Open-Access-Publikationen aus »dem Internet«. Zitiert wird in der Regel Fließtext, eine vollständige Übernahme von Grafiken oder Tabellen als Scan oder im eigenen Nachbau ist eher unüblich. Die Frage, was Sie als Quelle verwenden dürfen, entscheidet sich weniger über die »Art« oder die »Form« des Werkes, sondern vielmehr über seine Qualität.

Sie können nicht alle Quellen benutzen, deren Sie (zufällig) habhaft werden. Es gibt solche, die in einer Arbeit mit wissenschaftlichem Anspruch keinen Platz haben. Ebster/Stalzer fragen in ihrer informativen und teilweise sehr amüsanten Einführung in das wissenschaftliche Arbeiten, welche Quellen »zitierwürdig« und »zitierfähig« (2003, S. 70) seien. Zitierwürdigkeit meint den Gehalt eines Textes, sozusagen seine inneren Werte. Die Frage der Zitierwürdigkeit ist die nach der Qualität des Werkes – unterschreitet sie bestimmte Standards, dann darf sie in Ihrer Arbeit nicht benutzt werden. Dies ist eine deutlich komplexere Erörterung als die der Zitierfähigkeit, welche sich im Wesentlichen auf formale Aspekte wie Zugänglichkeit aufgrund einer notwendigen Nachvollziehbarkeit der benutzten Quellen bezieht.

Zitierwürdigkeit

Um zu verstehen, was die Zitierwürdigkeit einer Publikation ausmacht, muss man sich vergegenwärtigen, dass diese – ohne auf die Inhalte an sich einzugehen – von folgenden Kriterien abhängt: Je eher es sich um eine Originalarbeit und Primärquelle handelt, die Forschungsergebnisse oder neue Argumentationen zu einer Fragestellung darlegt (statt um eine Sekundär- oder Tertiärauswertung), je stärker sich der Text auf die Weiterentwicklung der Disziplin richtet (und nicht für die Weiterbildung von Studierenden sowie Praktikerinnen und Praktikern geschrieben ist), desto zitierwürdiger stellt sich der Text dar. Disterer beschreibt die zunehmende Entfernung eines wissenschaftlichen Textes von neuen Studienergebnissen oder neuen Argumentationen als »Wasserfall wissenschaftlichen Wissens« (2005, S. 82). Von dem Arbeitsbericht und der Fachkonferenz (beides schwierig zu zitieren) erfolgt der Übergang in den akademischen Mainstream mittels Fachzeitschrift, Fachbuch und Lehrbuch. »Zu einer neuen Idee werden oftmals mehrere verschiedene Veröffentlichungen in Fachzeitschriften oder Sammelbänden erscheinen, z.B. um den weiteren Fortschritt der Ideen und Ansätze zu dokumentieren, die Untersuchung verschiedener Teilaspekte darzustellen sowie die Übertragung auf benachbarte Frage- und Problemstellungen zu veranschaulichen. Dies fördert den Reifegrad einer Idee oder eines Ansatzes und kann letztlich dazu führen, dass eine Idee und das Wissen darüber und darum einen Umfang und eine Bedeutung angenommen haben, sodass ein Fachbuch zu diesem Thema erscheint. Sehr viel später ›sickert‹ des [sic!] Wissen in die Standard- und Lehrbücher, die das gesicherte essentielle Wissen eines Fachgebietes umfassen. Der Inhalt der Standard- und Lehrbücher eines Fachgebietes ist etwa das Wissen, das Studierenden in den Grundvorlesungen ihres Studiums (nicht notwendigerweise im Grundstudium) nahegelegt wird« (Disterer 2005, S. 81). Die Verdünnung des Wissensgehaltes eines Textes dauert an, indem er später im Populärwissenschaftlichen und Allgemeinwissen aufgeht. So ist die *Psychologie Heute* mit interessanten Themen oft gut geschrieben – jedoch keine zitierwürdige Quelle für Sie als Wissenschaftler/innen. Ähnlich verhält es sich mit *GEO* oder *Welt der Wunder* und Artikeln aus *Zeit*, *Stern* oder *Der Spiegel*. Hier sind Sie endgültig im Wissenschaftsjournalismus angekommen, im Schreiben von Journalistinnen und Journalisten über Wissenschaft. Als Erstsemester, die noch nicht so häufig mit Wissenschaft in Berührung gekommen sind, müssen Sie sich umstellen: Wissenschaftler/innen, zu denen Sie gehören, nehmen auf originäres Wissen Bezug, nicht auf dessen journalistische Derivate (siehe hierzu auch Kornmeier 2007, S. 114). Dies ist ein mitunter schwieriger und für Erstsemester verwirrender Punkt. So sind Beiträge aus dem *Fluter* keinesfalls im akademischen Kontext zu zitieren, Artikel aus *Aus Politik und Zeitgeschichte* jedoch schon – obwohl beide im Umfeld der Bundeszentrale für politische Bildung erscheinen und auch mitunter ähnliche Themen behandeln.

Die Art der Literatur (Monographie, Sammelwerk, Periodika etc.) gibt über die Verwendbarkeit keine direkte Auskunft. So ist Schwanitz (2003) eine sehr amüsante und gut geschriebene Monographie über *Männer* und Männlichkeit gelungen – Wissenschaft und damit zitierwürdig ist sie jedoch nicht. Hier greifen Sie besser zu Bourdieu (2005). Während dieser eine scharfsinnige und originäre Analyse *männlicher Herrschaft* liefert, bleibt Schwanitz im Populärwissenschaftlichen und zum Teil boulevardesk. Die Unterscheidung fällt umso schwerer, da sowohl Schwanitz als auch Bourdieu auf Lehrstühle an renommierten Hochschulen berufen waren. Um es noch komplexer zu machen: Das hier kommunizierte System eines formal sauberen wissenschaftlichen Arbeitens, d.h. eines sehr genauen Nachweis von Quellen und Inspirationen, wird in beiden Monographien nicht sonderlich gepflegt. Bei Sammelwerken, Periodika und grauer Literatur werden Sie ähnliche Beispiele finden

Anders als bspw. Ebster/Stalzer (2003) halte ich Lehr- oder Handbücher für zitierwürdig. Es ist vollkommen richtig, dass diese die weiteste Entfernung zu originären Ideen im wissenschaftlichen Raum aufweisen – aber eben noch immer eine wissenschaftliche Auseinandersetzung mit dem jeweiligen Thema darstellen. Für Erstsemester ist der Einsatz deshalb sicherlich dann möglich, wenn sich die Literaturauswahl nicht auf die ausschließliche Benutzung von Lehrbüchern beschränkt. Bei Ihrer späteren Dissertation sollten Sie jedoch weitgehend auf den Einsatz von Lehrbüchern verzichten. Keinesfalls zitierwürdig sind Studienarbeiten und BA-Arbeiten. Dies sagt nichts über deren Qualität aus, sondern erklärt sich aus der Tatsache, dass solche Arbeiten in aller Regel nicht zum Zweck der Publikation belastbarer Erkenntnis, sondern als Prüfungsleistungen geschrieben werden. Jedoch gibt es auch hiervon Ausnahmen: So entstehen einige wenige Abschlussarbeiten im Rahmen von Forschungsprojekten und werden in veränderter, überarbeiteter und häufig gekürzter Form im Rahmen der Veröffentlichung von Studienergebnissen publiziert. Diese Texte sind wiederum zitierwürdig.

Die Zitierwürdigkeit ist also insgesamt kein fester Standard, sondern muss für jedes Buch neu geprüft werden. Das hört sich alles nicht nur komplex an – es ist es auch. Im Folgenden finden Sie eine wahrscheinlich nicht komplette Auflistung verschiedener Publikationsbeispiele, die sich thematisch mit »Kindeswohlgefährdung« beschäftigen. Es wird sich lohnen, sich die ein oder andere Publikation anzusehen, um sich ein eigenes Bild von ihrer (fehlenden) Zitierwürdigkeit zu machen.

Was...	...findet sich hauptsächlich wo...	...und ist es zitierwürdig?	Beispiel
Forschungsergebnisse	Periodika, Sammelwerke, graue Literatur, Open-Access-Publikationen, in späterem Stadium Monographien	uneingeschränkt	Zitelmann, M. (2010): Inobhutnahme und Kindesschutz. Ergebnisse einer bundesweiten Studie. Frankfurt/M., Eigenverlag
Darlegungen neuer Theorien, Modelle und Ideen	Monographien, graue Literatur	uneingeschränkt	Wolff, R. et al. (2013): Aus Fehlern lernen – Qualitätsmanagement im Kinderschutz. Leverkusen, Budrich
Dissertationen	Monographien, ggf. graue Literatur	uneingeschränkt	Zitelmann, M. (2001): Kindeswohl und Kindeswille. Im Spannungsfeld von Pädagogik und Recht. Münster, Votum
Habilitationen	Monographien, ggf. graue Literatur	uneingeschränkt	Honig, M.-S. (1999): Entwurf einer Theorie der Kindheit. Frankfurt/M., Suhrkamp

Was…	…findet sich haupt-sächlich wo…	…und ist es zitierwürdig?	Beispiel
Spezielle Themene-rörterungen, oft multiperspektivisch (wenig Anspruch auf vollständige Darstellungen)	Sammelwerke, Mo-nographien	uneingeschränkt	Braches-Chyrek, R. et al. (Hrsg.) (2010): Kindheit in Pflegefamilien. Opladen, Budrich
Expertisen und Se-kundärauswertun-gen	oft graue Literatur (Ministerien)	uneingeschränkt	Lenz, A. (2009): Riskante Lebensbedingungen von Kindern psychisch und suchtkranker Eltern. Stär-kung ihrer Resilienzressour-cen durch Angebote der Jugendhilfe. In: Sachver-ständigenkommission Drei-zehnter Kinder- und Ju-gendbericht (Hrsg.): Materi-alien zum Dreizehnten Kin-der- und Jugendbericht. Mehr Chancen für gesun-des Aufwachsen. München, Eigenverlag, S. 683-752
Klassiker	Monographien (oft Gesamtausgaben)	uneingeschränkt	Kant, I. (1956) [1781]: Wer-ke in sechs Bänden. Kritik der reinen Vernunft. Wies-baden, Insel
Thematische Hand-bücher (häufig mit Anspruch auf voll-ständige Darstellun-gen, Artikel in sich geschlossen)	häufig Sammelwerke	uneinge-schränkt, wenn Ihre Literatur-auswahl vielfäl-tig ist	Deegener, G./Körner, W. (Hrsg.) (2005): Kindesmiss-handlung und Vernachlässi-gung. Ein Handbuch. Göt-tingen, Hogrefe
Artikel zu aktuellen Fragestellungen	Fachzeitschriften (nicht populärwissen-schaftlich!)	aus wissen-schaftlichen Publikationen uneingeschränkt	Liebel, M. (2012): Kindes-wohl und Wohlbefinden der Kinder. Zur deutschen De-batte um Kindergerechtig-keit. In: Deutsche Jugend, 60. Jg., H. 6, S. 269-278
Festschriften für be-sonders ausge-zeichnete Kollegin-nen und Kollegen	Sammelwerke	uneinge-schränkt, aber auf vielfältige Li-teraturauswahl achten	Mutke, B./Tammen, B. (Hrsg.) (2006): Soziale Ge-rechtigkeit – Soziales Recht. Interdisziplinäre Beiträge zu Problemlagen und Verände-rungsbedarf. Festkolloqui-um für Johannes Münder zum 60. Geburtstag. Wein-heim, Juventa

Was...	...findet sich hauptsächlich wo...	...und ist es zitierwürdig?	Beispiel
Einführungen in komplexe Theorien (systematische Einführung, häufig auf einen Autoren oder eine Autorin bezogen)	Sammelwerke, Monographien	für Erstsemester verwendbar, auf vielfältige Literaturauswahl achten	Fuchs-Heinritz, W./König, A. (2005): Pierre Bourdieu. Eine Einführung. Konstanz, UVK
Lehrbücher (Grundlagenniveau, breite, systematische Darstellungen, im Gegensatz zu den an Autorinnen und Autoren orientierten Einführungen inhaltlich fokussiert)	Monographien, Sammelwerke	für frühe Semester verwendbar	Bohnsack, R. (2010): Rekonstruktive Sozialforschung. Einführung in qualitative Methoden. Opladen, Budrich (8. Auflage)
Fachlexika Soziale Arbeit (keine Handbücher oder Wikipedia)	Sammelwerke	sehr eingeschränkt	Blandow, J. (2007): Kindeswohl. Sozialwissenschaftliche Aspekte. In: Deutscher Verein für öffentliche und private Fürsorge (Hrsg.): Fachlexikon der Sozialen Arbeit. Baden-Baden, Nomos, S. 559-561
Masterarbeiten	graue Literatur (vor allem im Internet)	sehr eingeschränkt	Zwerger, C. (2011): Koordinierende Kinderschutzstelle (KoKi) und erfolgreiche Netzwerkarbeit: Entwicklung von Qualitätsstandards. Norderstedt, Grin
Manuale und Handreichungen für die Praxis	graue Literatur, Sammelwerke, mitunter populärwissenschaftliche Monographien	eher nicht	Kirchenamt der EKD (Hrsg.) (2012): Hinschauen – Helfen – Handeln. Hinweise für den Umgang mit Verletzungen der sexuellen Selbstbestimmung durch beruflich und ehrenamtlich Mitarbeitende im kirchlichen Dienst. Hannover, Eigenverlag
Boulevardeske, journalistische, ›humorvolle‹ Abhandlungen	Monographien, Sammelwerke und Zeitschriften	nein	Schwanitz, D. (2003): Männer. Eine Spezies wird besichtigt. München, Goldmann (2. Auflage)
Lexikaartikel (populärwissenschaftlich)	Konversationslexika (einschließlich Wikipedia)	nein	Der Volks-Brockhaus (1957): Jugendschutz. In: Der Volks-Brockhaus. Wiesbaden, Brockhaus, S. 383 (12. Auflage)

Was...	...findet sich haupt-sächlich wo...	...und ist es zitierwürdig?	Beispiel
Populärwissenschaftliche und journalistische Artikel für ein Laienpublikum	Internet, Zeitungen/Zeitschriften und ihre Online-Angebote	nein	Hardinghaus, B. (2010): Es kracht, es klatscht. In: Der Spiegel, F. 29, S. 50-54
Bachelor- und Diplomarbeiten	graue Literatur (vor allem im Internet)	nein	Meyer, S. (2012): Kindeswohlgefährdung als Herausforderung für die öffentliche Jugendhilfe. Norderstedt, Grir
Studienarbeiten	graue Literatur (ausschließlich im Internet)	nein	Tomic, T. (2009): Risikoabschätzung bei Kindeswohlgefährdung anhand des Falls von Kevin K. unter Berücksichtigung von §8a und §42 SGB VIII. Norderstedt, Grin
Webseiten von Behörden (Jugendämter) oder Privatpersonen (keine Expertisen oder Forschungsberichte!)	Internet	nein	Reitberger S. (o.J.): Vernachlässigung und Kindeswohlgefährdung erkennen und richtig handeln. Checkliste und Leitfaden für die Praxis in der Kindertagespflege. (www.kindertagespflege-aktuell.de/themen_beobachtung-dokumentation_gefaehrdung_erkennen.php – 20.12.2013)
Skripte oder Power-Point-Folien aus Vorlesungen	Internet	nein	Ohne Beispiel, bitte beachten Sie, dass Auszüge aus wissenschaftlichen Quellen, die Ihnen auszugsweise zur Verfügung gestellt wurden, zitierwürdig sein können.

Tab. 7: Zitierwürdigkeit verschiedener Quellenarten

Zitierfähigkeit

Die Frage nach der Zitierfähigkeit einer Quelle ist, dem Internet und der digitalen Datenspeicherung sei Dank, heute eigentlich kaum relevant. Sie haben die Quelle gefunden, damit können Sie sie speichern – zur Not mit einem Screenshots – und in einem Literaturverzeichnis nachweisen. Es spielt dabei auch keine große Rolle, ob es sich um einen Forschungsbericht oder die Ablichtung eines Buches handelt. Die Frage, wie Quellen systema-

115

tisch nachgewiesen werden, wird im Abschnitt *Zitation* behandelt.

Andere Quellen

Filme, Vorträge, Reden und Statements sind im Vergleich zu schriftlichen Werken sehr viel schwieriger zu zitieren. Mein dringender Hinweis lautet: Sehen Sie als Erstsemester hiervon ab, versuchen Sie sich und meistern Sie die Grundlagen – nämlich die Arbeit an und mit schriftlichen Werken. Es kann eine Weile dauern, bis Sie mit Ihren Fähigkeiten, wissenschaftliche Texte zu verfassen, zufrieden sind. Wahrscheinlich werden Sie in höheren Semestern auf Ihre früheren Arbeiten zurückblicken und das Ergebnis in der Retrospektive als nicht hinreichend einschätzen. Dies ist eher der Normalfall für aufmerksame und sich weiterentwickelnde Studierende. Dass ein solcher Prozess dauern kann, wusste schon Karl May (2004, S. 365):

›Wie?‹ fragte Leader. ›Das alles wollt Ihr aus diesen Spuren ersehen haben?‹
›Oh, noch viel mehr!‹
›Das ist unmöglich!‹
›So sagt ihr, weil Ihr ein Neuling in solchen Dingen seid. Man kann eine Fährte so genau lesen wie die Zeilen und Seiten eines Buches. Freilich gehört dazu, dass man sich eine Reihe von Jahren im Wilden Westen bewegt hat.‹

Was ist eine Monographie?

Eine Monographie in dem hier benutzten, bibliothekarischen Sinne ist ein selbstständiges Werk. Dies bedeutet, dass der Text nicht Teil eines übergeordneten Buches ist, sondern selbstständig ›im Regal steht‹. Er kann dabei von etwa dreißig Seiten (Hessels *Empört euch!*) bis hin zu mehreren hundert Seiten Umfang (bspw. Becks *Weltrisikogesellschaft*) reichen. Bevor Sie das »stehen« zu wörtlich nehmen: In Zeiten der Möglichkeit digitaler Veröffentlichungen (siehe hierzu auch *Was ist das Internet?*) ist eine Monographie auch dann eine Monographie, wenn sie Open-Access oder als E-Book veröffentlicht wird. So bieten eine Vielzahl Verlage einen Großteil ihrer Bücher, darunter eben auch Monographien, in digitaler Form an.

Monographien werden in der Regel von einer Autorin bzw. einem Autor geschrieben. Wenn zwei oder mehr Verfasser/innen den Text gemeinsam verantworten, d.h. in dem gesamten Buch keine unterschiedliche Autor/innenschaft der einzelnen Abschnitte oder Kapitel ausgewiesen wird, handelt es sich gleichfalls um eine Monographie. Gleiches gilt auch, wenn Sie wissen zwar, dass einzelne Teile von unterschiedlichen Autorinnen bzw. Autoren verfasst wurden, dies jedoch unausgewiesen blieb – was manchmal passiert – oder bei Werke von Autor/innengruppen (bspw. Autorengruppe Bildungsberichterstattung).

Eine Monographie ist auch dann eine solche, wenn sie über ein Vor- oder Nachwort (oder deren Entsprechungen) verfügt, die von anderen Personen als den eigentlichen Autorinnen bzw. Autoren verfasst wurden. Manchmal ist das Geleitwort bekannter (und/oder gelesener) als das Buch selbst – so vielleicht von Hentigs »Gras-Metapher« über die Wahrnehmung von Kindheit in Ariès *Geschichte der Kindheit* (1998). Der Nachweis (siehe hierzu das Kapitel *Was ist Zitation?*) und die Nutzung solcher Beiträge als Quelle ist oftmals etwas umständlich und sperrig.

Monographien sind nicht besser oder schlechter als andere Literatursorten. Da sie von einer Autorin oder einem Autor oder einer festen Gruppe von Autorinnen bzw. Autoren geschrieben sind, können Sie davon ausgehen, dass der Text aus einer einheitlichen Perspektive und stilistisch konsistent verfasst wurde. Dies ist bei Sammelwerken oft nicht der Fall. Gleichzeitig werden häufig aufgrund ihrer relativ langen Schreib- und Produktionsphase die allerneuesten Forschungsergebnisse nicht in gedruckten Monographien, sondern in Periodika bzw. in digitaler Form veröffentlicht.

Was sind Sammelwerke?

Ein Sammelwerk, Sammelband oder eine Edition ist – die Begriffe deutet es an – eine Sammlung unselbstständiger Beiträge und

Artikel. Unselbstständig bedeutet, dass die einzelnen Artikel einem übergeordnetem Werk zugeordnet sind. Alle Sammelwerke werden von Herausgeberinnen und Herausgebern betreut (die in der Regel selbst auch an den Artikeln beteiligt sind). Die Herausgeber/innen müssen nicht immer namentlich bekannt sein. Eher seltener tritt eine Institution wie ein Ministerium, eine Forschungseinrichtung (Institut für Schulentwicklungsforschung), eine Gruppe (PISA-Konsortium Deutschland) oder eine andere Institution (Vereinigung der Bayerischen Wirtschaft e.V.) als Herausgeber/innen auf. Diese besorgen den Band nicht selbst, die eigentlich verantwortlichen Personen bleiben unbekannt oder ungenannt im Hintergrund. Der Nachweis dieser Spezialfälle (siehe hierzu *Was ist Zitation?*) ist nicht immer ganz einfach.

Sammelwerke unterscheiden sich von Periodika dadurch, dass letztere regelmäßig (also auch ggf. zweimal im Jahr wie die *Sozialwissenschaftliche Literaturrundschau*) erscheinen und von einer Redaktion betreut werden. Wenn Sie Spaß an solchen Dingen haben: Sammelwerke sind Bücher und verfügen über eine International Standard Book Number (ISBN). Periodika werden mit einer International Standard Serial Number (ISSN) gekennzeichnet. Sammelwerke erscheinen also nicht regelmäßig, d.h. in festen zeitlichen Abfolgen.

Die einzelnen Texte einer Edition können von unterschiedlicher Länge sein, von einem einseitigen Handbuch-Artikel bis hin zu Beiträgen, deren Umfang nach oben praktisch unbegrenzt ist. Sammelwerke erörtern oft einen Themenbereich sehr variantenund perspektivenreich. Herausgeber/innen sind bemüht, ausgewiesene Expertinnen bzw. Experten zum jeweiligen Themenbereich zu verpflichten.

Sie werden Beiträge aus Sammelwerken auch als Scan im Internet finden. Dies ist im Vergleich zu Monographien sogar relativ häufig der Fall, da manche Autorinnen bzw. Autoren dazu neigen, einzelne Beiträge quasi als Arbeitsprobe digital verlinkt über ihre Schriftenverzeichnisse online zu veröffentlichen. Auch wenn Ihnen nicht der gesamte Band vorliegt, können Sie diese Artikel bei festzustellender Herkunft verwenden. Gleichfalls werden Sammelwerke heute zunehmend als Open-Access oder als E-Book veröffentlicht, die Verlage machen keine Unterschiede zwischen Monographien und Sammelwerken. Ebenso wie Monographien werden Sammelwerke oder Teile aus diesen, von Google digitalisiert und sind als E-Book käuflich zu erwerben.

Was sind Periodika?

Periodika sind regelmäßig erscheinende Fachzeitschriften. Regelmäßig bedeutet nicht notwendiger Weise monat- oder gar wöchentlich – regelmäßig erscheinende Publikationen können auch zweimal im Jahr herausgegeben werden (bspw. *Sozialwissenschaftliche Literaturrundschau*). Artikel aus Periodika können unterschiedliche Längen besitzen, von kurzen Statements und Kommentaren bis hin zu vielseitigen Beiträgen. Im Zeitschriftenformat sind die Artikel tendenziell eher etwas kürzer als in Sammelwerken.

Es sind grundsätzlich zwei Arten von Periodika bekannt, nämliche solche mit und solche ohne Peer-Review-Verfahren – einem Prozess, der im Falle von Monographien praktisch nie, im Falle von Sammelwerken oft alternativ über die Herausgeber/innen gewährleistet wird. Peer-Review bedeutet, dass das eingereichte Manuskript im Hinblick auf Qualität nicht ausschließlich von den Mitgliedern der Redaktion, sondern auch von mehreren, in der Regel mindestens zwei, disziplinär und thematisch kompetenten Kolleginnen und Kollegen außerhalb der Redaktion geprüft wird. Periodika mit Peer-Review-Verfahren gelten gemeinhin als besonders ausgewiesen, die Publikationen besitzen einen höheren »akademischen Wert« als solche ohne. Nachteile von Peer-Review-Verfahren sind (unter anderem), dass diese nicht nur längere Zeit in Anspruch nehmen, qualitativ unsicher sein können (bspw. durch Freundschaftsgutachten) und ein Denken jenseits klassischer Pfade nicht unbedingt fördern (vgl. Weller 2002). Der große Nutzen von Periodika, nämlich die zeitliche Nähe zwischen dem Erstellen der Forschungsbefunde, dem Verfassen des Manuskriptes und der Publikation, geht somit ein wenig verloren.

Kornmeier bemerkt vollkommen richtig, dass Fachzeitschriften trotz ihrer Vorteile in Bezug auf Aktualität von Studierenden nicht häufig genug herangezogen werden: »Auch mit Blick auf die geringe ›Halbwertzeit‹ des Wissens‹ genügt es nicht, nur die Quellenverzeichnisse themenrelevanter Monographien (z.B. Lehrbücher) als Fundstelle zu nutzen; denn das aktuell verfügbare Wissen ist vor allem in den führenden Fachzeitschriften dokumentiert. Diese sind nicht nur wegen ihrer Aktualität häufig besser geeignet als andere wissenschaftliche Publikationen; denn die Herausgeber dieser Journals achten auch darauf, dass die wissenschaftlichen Standards eingehalten werden, was i.d.R. qualitativ hochwertige Fachbeiträge garantiert« (2007, S. 114).

Periodika werden zunehmend digital im Open-Access-Verfahren veröffentlicht. Das bedeutet: Es existieren eine Reihe von, für die Soziale Arbeit im weiteren Sinne, relevanten Fachzeitschriften, die frei zugänglich im Internet verfügbar sind. Nicht selten handelt es sich hier um eine hybride Veröffentlichung, d.h. neben der kostenfreien digitalen Variante wird eine entgeltliche Printversion angeboten. Qualitativ besteht kein Unterschied zwischen digitalen und klassisch gedruckten Periodika.

Was ist graue Literatur?

Graue Literatur sind Quellen, die bspw. in Form von Broschüren ohne ISBN veröffentlicht werden. Publiziert wird nicht über ein Verlagshaus und den Buchhandel, sondern im sogenannten »Eigenverlag«, d.h. der Text wird selbst gedruckt und vertrieben. Typischerweise veröffentlichen Forschungseinrichtungen und Ministerien einen Großteil ihrer Publikationen derart. Charakteristisch für Veröffentlichungen einer Forschungseinrichtung ist das Handbuch *Kindeswohlgefährdung nach § 1666 BGB und Allgemeiner Sozialer Dienst* (Kindler et al. 2006) des Deutschen Jugendinstituts. Die Veröffentlichungen auf ministerialer Ebene reichen von der eher bunten und allgemeinverständlichen Broschüre wie *Risikomanagement bei Kindeswohlgefährdung* (Kriener/Nörtershäuser 2009) bis hin zur Publikation recht komplexer Studienergebnisse (bspw. Ministerium für Generationen, Familie, Frauen und Integration des Landes Nordrhein-Westfalen 2010). Zur grauen Literatur gehören zudem nicht über den Buchhandel veröffentlichte Dissertationen oder Habilitationen, Kongress- und Workshopbände, Ausstellungskataloge etc. Dementsprechend variiert auch die Länge von einem besseren Flyer bis hin zu mehreren hundert Seiten starken Publikationen.

Heute muss graue Literatur nicht mehr gedruckt vorliegen, aus Kostengründen gehen Institutionen dazu über, ausschließlich im Internet digital zu veröffentlichen und die früher übliche, gedruckte Parallelveröffentlichung zu streichen. Solche Publikationen sollten jedoch wissenschaftlichen Inhaltes sein und die äußere Gestaltung eines Buchs besitzen. Der reine Internettext ist – anders als Balzer et al. (2008, S. 138) dies einschätzen – m.E. keine graue Literatur. Es ist unmöglich eine scharfe Linie zwischen grauer Literatur und Internetpublikationen zu ziehen. Lag graue Literatur früher vor allem als gedruckte Exemplare vor, verschwimmt die Grenze zwischen Online-Publikationen und grauer Literatur immer weiter.

Graue Literatur ist kein Merkmal mangelnder Qualität (vgl. Baade et al. 2005, S. 59 f.), im Gegenteil werden so auch Beiträge veröffentlicht, die anderweitig (noch) nicht zu beschaffen wären. Studienergebnisse können so zeitnah auf den Markt gebracht und damit ein »Claim« abgesteckt werden. Auch hier bietet das Internet großartige Möglichkeiten – für graue Literatur gilt ähnliches wie für Periodika: Sie kann sehr schnell veröffentlicht werden und Ergebnisse vor ihrer vollständigen Marktreife bekannt machen. Die Schnelligkeit beinhaltet auch Risiko in Bezug auf die Qualität: Gedruckte Publikationen lassen zumindest auf ein Verfahren zur Qualitätssicherung hoffen, allein schon durch die Verlagsprozesse mit Fahnenkorrektur und Imprimatur. Dies ist aufgrund des ›bunten Marktes‹ der grauen Literatur oft nicht der Fall. Hier gilt es deutlich schärfer hinzuschauen – wiewohl Aufmerksamkeit gegenüber den eigenen Quellen nie schaden kann.

Was ist das Internet?

Was ist das Internet? Was ist das für eine Frage? Wahrscheinlich können Sie diese deutlich besser beantworten als ich. Immerhin: Sie haben wahrscheinlich mehr Ahnung von sozialen Netzwerken, Smartphones, Doodle und Videochats als ich. Ich sollte besser danach fragen, wie das Internet für die wissenschaftliche Arbeit zu nutzen ist. Das Internet ist einerseits ein phantastischer Fundort für Literatur und Daten, die anderweitig nicht oder nur mit größter Mühe zu beschaffen wären. Andererseits wird im Internet ziemlicher Schrott veröffentlicht, der für Studierende der Sozialen Arbeit ebenso verführerisch wie unbrauchbar ist. Wie bei der grauen Literatur lautet die Devise: Sie müssen sehr genau hinschauen, welche Texte Sie benutzen. Im Folgenden diskutiere ich die Möglichkeit der Materialbeschaffung »im Internet«, vor allem exemplarisch dort, wo die Entscheidung im Positiven wie im Negativen eine einfache ist.

Das Internet ist Mist!

Das große Problem an »dem Internet« ist nicht nur die Qualität der Beiträge, sondern, wie Sesink bemerkt, die »wilde Vernetzungsstruktur« (2010, S. 131) ohne einheitliche oder nachvollziehbare Regeln. Es ist, anders als in Hochschulbibliotheken, nicht deutlich, was wo in welcher Systematik steht. Sie finden im Netz – neben den hervorragen Quellen – eine praktisch unendliche Menge obskurer Textsammlungen, in denen irgendwer, irgendetwas zu irgendeinem Zeitpunkt mit völlig unklarem Hintergrund, unklarer Motivation und unklaren Fähigkeiten auf einer unbekannten Datenbasis veröffentlicht hat. Das können private Webseiten sein, die Inhalte eines Blogs oder die Webauftritte von Firmen, Jugendzentren, Parteien, Kliniken, sozialen Organisationen oder Stadtverwaltungen, jedoch auch betreuter Content wie die Online-Angebote von Zeitschriften und Zeitungen (keine Fachzeitschriften). Nichts davon ist im Rahmen einer wissenschaftlichen Arbeit brauchbar. Als Faustregel gilt: Je unbekannter die Autorinnen bzw. Autoren oder der »Ort« der Publikation sind, desto weniger sollten Sie diese als Quelle heranziehen. Ich erwähne an dieser Stelle gerne eine Studierende, die versuchte, mir Familienmodelle anhand eines Textes von einer NPD-Webseite zu verdeutlichen. Das ist sicherlich sehr ungünstig. Suchen Sie ggf. weiter nach weiteren Beiträgen der Autorin bzw. des Autoren, die Sie zitieren wollen: Wenn diese sonst nichts oder nichts Substantielles zum Thema geschrieben haben und/oder nirgendwo im Wissenschaftsbetrieb verortet sind, rate ich, von dem Text Abstand zu nehmen. Wenn der Beitrag anonym verfasst ist, empfehle ich ebenfalls, ihn nicht zu verwenden. Das gleiche gilt, auch wenn die Quelle vielleicht verführerisch ist und gerade gut zu Ihren Gedanken passt.

Nicht akzeptabel sind zudem jegliche Inhalte der Seiten *grin.de*, *hausarbeiten.de* und *wikipedia.de* (oder eine andere Wikipedia-Seite). Die beiden zuerst genannten Webseiten veröffentlichen in der Regel Studien-, Seminar und Abschlussarbeiten. Dies stellt keine wissenschaftliche Quelle dar und ist für Ihre Zwecke unbrauchbar. Wikipedia ist etwas komplexer zu beurteilen. Es gibt Lehrende, die Wikipedia als Quelle zulassen – für mich bleibt das unverständlich. Auch wenn hier Menschen mit akademischen Abschlüssen schreiben: Sie tun es für Laien. Wikipedia ist ein digitales Konversationslexikon und diese sind für die Verwendung in wissenschaftlichen Arbeiten ungeeignet. Zudem ist der Content durch alle angemeldeten User/innen veränderbar – in der Konsequenz entstehen mitunter solche Ergebnisse wie das folgende:

U2 are a rock band from Dublin, Ireland. DO NOT SAY THAT THEY ARE AN IRISH BAND. Not every member was born in Ireland. However they are all homosexuals, with the letter ›U‹ coming from ›Uh oh they're gay‹ and ›2‹ coming from ›These guys are 2 gay to play decent music so Bono will save Africa.‹ Saying the band is from Ireland gets the same point across and is more accurate.

Witzig, nicht? Vor allem, wenn Sie soeben den Wikipedia-Artikel der Band »U2« vandalisiert haben. Den oben stehenden Text fand ich am 29. Juli 2010 auf der englischsprachigen Wikipedia. Dass es sich hier um Unsinn handelt, ist sofort erkennbar. Das Problem ist aber, dass bewusste Zerstörungen, kleine Scherze, Hörensagen und Unsinnigkeiten in jeden der über 1,6 Millionen Artikeln eingebaut werden könnten – mit oder ohne Sicherungssystemen. Wikipedia ist nicht schlecht für eine allererste Orientierung. Verwenden Sie aber kein Wikipedia nach dieser Arbeitsphase und achten Sie generell sehr genau darauf, welche Quellen Sie aus dem Internet benutzen. Wenn Sie nicht genau wissen, was Sie wo suchen sollen und über welchen Wert der Text verfügt, dann rate ich Ihnen dringend, auf klassische Quellen, vorzugsweise aus Ihrer Hochschulbibliothek zurückzugreifen.

Das Internet ist super!

Das Internet ist super, weil es die Möglichkeit bietet, qualitativ hochwertiges sowie zitierwürdiges und -fähiges Material zu finden. Die Beschaffung des gedruckten Materials wäre ungleich aufwändiger, im Netz steht es Ihnen (wenn Sie wissen, wie und wo Sie suchen müssen) mit minimalem Aufwand zur Verfügung. So verlinken bspw. viele Hochschullehrende aus ihren jeweiligen, online verfügbaren Publikationsverzeichnissen Teile ihrer Artikel. Sollte es sich um Ablichtungen oder mit den gedruckten Publikationen identische Versionen handeln, können diese bedenkenlos verwendet werden. Auch sonst finden Sie im Netz zahllose Scans von an anderen Orten veröffentlichten Texten, in aller Regel im PDF-Format. Mit etwas Mühe finden Sie zudem gescannte Exemplare gemeinfreier Klassiker, d.h. solcher Werke, bei denen die Regelschutzfrist abgelaufen ist (in der EU üblicherweise 70 Jahre nach dem Tod der Autorin bzw. des Autors). Es braucht jedoch etwas Mühe und Erfahrung um die Qualität der jeweiligen Texte einschätzen zu können.

Nachgewiesen im Kurzbeleg und Literaturverzeichnis werden diese Quellen, als hätte Ihnen die Printausgabe vorgelegen. Wichtig ist aber, dass Sie sicher davon ausgehen können müssen, dass die digitale Version mit der gedruckten vollkommen identisch ist. Es ist deshalb dann von bspw. der Verwendung der Dateien aus *Projekt Gutenberg* für wörtliche Zitate abzuraten, wenn es sich um Transkripte (oft im HTML-Format) und nicht um abgelichtete Bilddateien oder PDFs handelt, da diese nicht notwendiger Weise mit dem Original übereinstimmen müssen. Ähnliche Vorbehalte gelten bei allen anderen Transkripten entsprechend. So hat Hermann Giesecke (www.hermann-giesecke.de) bspw. seine nicht mehr verfügbaren Bücher online zum Teil im HTML-Format, zum Teil als PDF nachveröffentlicht – inkl. Seitenzahlen des gedruckten Originals [28]. Doch selbst wenn Autorinnen bzw. Autoren, die so vorgehen, größte Mühe walten lassen und ihr eigenes Manuskript als Ausgangsbasis benutzen, können weder Transkriptionsfehler ganz vermieden noch sichergestellt werden, dass der damals veröffentlichende Verlag in seinem endgültigen Satz nicht noch Veränderungen vorgenommen hat. Vom Prinzip her ist der Text also auch zitierfähig – die Seitenzahlen sind vorhanden – jedoch muss erwähnt werden, dass es sich nicht um das originale Buch gehandelt hat, welches Ihnen vorlag. Sie müssen im Literaturverzeichnis also die digitale Quelle benennen und können nicht das Original angeben. Des Weiteren ist es jenseits der Frage der Zitierbarkeit eine wunderbare Erleichterung, dass Sie Literaturquellen im Netz von Ihrem Schreibtisch aus einsehen und auf ihre Brauchbarkeit hin überprüfen können – ein Aufwand, der Studierende meiner Generation Stunden in der Hochschulbibliothek und beim Ausfüllen von Bestellzetteln der Fernleihe kostete.

Das Internet ist eine Hochschulbibliothek!

Das Internet ist der Zugang zu Ihrer Hochschulbibliothek. In den meisten Fällen ist es so, dass dies die sicherste Variante darstellt, zitierunwürdige Literatur ausschließen und sich nicht in rechtliche Grauzonen zu begeben. Mittels der Verbindung vom heimischen Rechner mit dem Server der Hochschulbibliothek haben Sie die Sicherheit, auf wahrscheinlich qualitativ hinreichende, digitale, legal erworbene oder Open-Access-Literatur zuzugreifen. Ähnliches gilt auch für andere Bibliotheks-, Forschungsinstituts- und Ministerienserver.

Entscheidend ist: Das Internet ist super, weil es Ihnen Möglichkeiten eröffnet, belastbare und relevante Quellen zu finden. Sie müssen jedoch sehr genau auswählen und über die Qualität der Materials entscheiden. Während in der Hochschulbibliothek mit einer gewissen Sicherheit davon ausgegangen werden darf, dass die dort gefundenen Bücher auch im Rahmen einer wissenschaftlichen Hausarbeit verwendet werden können, ist im digitalen Raum deutlich mehr Mühe und weniger Automatismus erforderlich. Wenn Sie sich jedoch von dem Gedanken verabschieden, dass jede beliebige Blog-Seite eine akzeptable Quelle darstellt, können Materialien aus dem Internet eine sinnvolle Ergänzung zur klassischen, gedruckten Literatur darstellen.

Was ist Open-Access?

Open-Access ist eine relativ neue Veröffentlichungsform und eng mit der Entwicklung des Internets verbunden. Hiermit sind digital veröffentlichte, wissenschaftliche Monographien, Sammelbände und Periodika gemeint, die jedoch im Gegensatz zu E-Books kostenfrei zur Verfügung gestellt werden (vgl. Herb 2012, S. 11). »Unter Open Access-Publikationen [sic!] werden solche Informationen und Veröffentlichungen verstanden,

- die im Internet für die Nutzer kostenfrei weltweit verfügbar sind,
- die auf verlässlichen und auf dauerhafte Verfügbarmachung ausgerichteten Servern gespeichert werden und
- bei denen die Verfasser bzw. Rechteinhaber dieser Art von Verbreitung zugestimmt haben« (Bargheer 2006, S. 6 f.).

Genau dies ist die Idee hinter Open-Access. Hier geht es darum, wissenschaftliche Erkenntnis nicht mit Gewinnerwartungen zu verknüpfen, sondern allen Interessierten, Forscherinnen und Forschern, Studierenden etc. so niedrigschwellig wie möglich zugänglich zu machen, und zwar »weltweit, unabhängig von ihrer finanziellen oder örtlichen Situation« (Bargheer 2006, S. 7). Open-

Access-Publikationen liegen bspw. auf den Servern von Hochschulbibliotheken, aber auch »klassische Verlage« veröffentlichen mittlerweile Teile ihres Programms zusätzlich in dieser Form. Die Aufmerksamen unter Ihnen haben natürlich erkannt, dass es auf den ersten Blick gewisse Parallelen zwischen grauer Literatur und Open-Access gibt. Open-Access ist jedoch eine deutlich neuere Entwicklung, es wird ausschließlich digital und vor allem wissenschaftlich relevantes Material publiziert. Populärwissenschaftliches, Tagungsbände, Informationsschriften, Sekundär- oder Tertiärexpertisen oder Eigendarstellungen sind im Bereich Open-Access sehr ungewöhnlich, als graue Literatur jedoch gang und gäbe. Auch sind Ähnlichkeiten zu E-Books feststellbar, Open-Access-Publikationen sehen im Prinzip aus wie »richtige Bücher«. Sie werden zudem professionell hergestellt, durchlaufen zum Teil Peer-Review- und Redaktionsverfahren, verfügen über ISSN oder ISBN. Wenn Open-Access-Publikationen auf den Servern wissenschaftlicher Institutionen abgelegt werden, sind sie dementsprechend über den jeweiligen Bibliothekskatalog auffindbar. Für Studierende entscheidend ist, dass es sich bei wissenschaftlichen Open-Access-Publikationen im Gegensatz zu grauer Literatur oder Texten aus dem Internet mit größter Sicherheit um hochwertiges, vollständig zitationswürdiges und benutzbares Material handelt. Die Frage, ob Sie hiermit arbeiten können, ist allenfalls eine inhaltliche.

Da ich die freie Verfügbarkeit mehrfach betont habe, möchte ich um Missverständnisse zu vermeiden noch anmerken: »Frei verfügbar« bedeutet nicht, dass Sie diese nutzen können, ohne die Autorinnen und Autoren korrekt zu zitieren. Die Zitation entspricht im Wesentlichen der gedruckter Monographien, Sammelwerken und Periodika.

Wie viele Quellen soll ich benutzen und wie stelle ich sie zusammen?

Studierende scheinen bei der Frage nach den minimal erforderlichen Literaturquellen als Antwort auf eine möglichst geringe Zahl zu hoffen. Hier offenbart sich einerseits sicherlich das Bedürfnis, den eigenen Workload überschaubar zu gestalten, andererseits jedoch ein Missverständnis wissenschaftlicher Praxis gegenüber: Die Rechnung »je weniger Quellen, desto geringer der Arbeitsaufwand« ist nämlich falsch. Tatsächlich ist es bedeutend schwieriger, aus wenigen – und erschwerend vielleicht noch qualitativ unzureichenden – Quellen eine akzeptable Arbeit zu basteln. Wie und wo sollen die Ideen, Gedanken und Daten herkommen, wenn nicht aus einer Vielzahl von Literatur? Wenn Sie über viel Literatur verfügen, müssen Sie die Anzahl ggf. reduzieren und stark zusammenfassen. Dies ist einfacher und dem Erzielen eines belastbaren Ergebnisses zuträglicher als das unerquickliche Aufblasen von Wenig zu einer Hausarbeit. Also, springen Sie als Erstsemester nicht auf diesen, die Disziplin und Profession wenig wertschätzenden, Zug. Lesen Sie, so viel Sie können – und bedenken Sie, dass schnelles Lesen auch eine Übungsfrage ist. Je mehr Sie lesen, desto schneller wird es Ihnen gelingen, die Inhalte der Texte zu erfassen.

Wie viele Quellen?

Als Faustregel für die Menge der erforderlichen Literatur ist der Erfahrung nach folgender Wert ein guter Anhaltspunkt: Pro 3.000 Zeichen Text benötigen Sie eine Quelle, eher mehr. Ich kann mir kein Szenario vorstellen und kenne keine einzige studentische Arbeit, die mit weniger Literatur wirklich zufriedenstellend verfasst worden wäre, aktuelle Diskurse wiedergegeben und zentrale Argumentationen erfasst hätte. Eine Studienarbeit von etwa 35.000 Zeichen Länge benötigt also mindestens zwölf bis fünfzehn Quellen. Das heißt aber nicht, dass Sie alle 3.000 Zeichen eine Quelle mit der nächsten abwechseln. Es geht darum, Material sinnvoll miteinander in Bezug zu setzen, d.h. Argumentationen, Theorien und Definitionen miteinander zu vergleichen.

Als Quelle gilt eine Monographie oder ein (längerer) Artikel aus einem Sammelwerk oder einer Fachzeitschrift. Sie können jedoch nicht zehn Artikel aus ein und demselben Sammelband verwenden. Wichtig ist es vielmehr, Gesamtzusammenhänge zu durchdringen und vielleicht auch Einführungen und Lehrwerke heranzuziehen, um einzelne Autorinnen bzw. Autoren, Theorien und Modelle in eine größere Wechselbeziehung stellen zu können

– die Zusammenfassung selbst jedoch nicht in Ihrem Text zu verwenden. Dies stellt eine Recherchearbeit neben der eigentlichen Bearbeitung des Themas dar. Dadurch entstehen Wissens- und Erkenntnisstrukturen und -cluster, die sich im Laufe Ihres Studiums zu einer vertieften Gesamtsicht auf die Disziplin der Sozialen Arbeit verdichten werden. Diese Arbeit müssen Sie zusätzlich auf sich nehmen, wobei die Recherche in der Regel mit etwas Übung schnell von der Hand geht und eine wichtige Kompetenz zur Erarbeitung neuer Themen in Disziplin und Praxis darstellt. Viel entscheidender für die Bearbeitung einer Aufgabenstellung ist im Übrigen nicht die Quantität, sondern die Frage, wie sich diese Quellen zusammensetzen sollen.

Auswahl der Literatur ist entscheidend

Die Auswahl der Quellen ist entscheidend für die Qualität Ihrer Arbeit. Haben Sie gerade schon gelesen – ist aber so wichtig, dass ich es mehrfach schreibe. Hier stellen Sie die Weichen. Arbeiten Sie ungenau oder nachlässig, ist das nachfolgend nur mit erheblichem Aufwand zu reparieren. Eine mangelhafte Literaturzusammenstellung führt wahrscheinlich dazu, dass wesentliche Diskurse und Erkenntnisse des Themas von Ihnen nicht berücksichtigt werden können und Sie auf Exkurse ausweichen müssen. Wenn Sie nicht über die geeigneten Quellen verfügen, werden Sie Ihre Fragestellung trivial und allgemein formulieren, Diskurslücken behaupten, wo es keine gibt sowie kein vollständiges Bild von der Sachlage zeichnen können.

Eine ungenügende Quellenlage ist ein Grund für die Rückgabe der Arbeit (das heißt, das Nichtbestehen der Modulprüfung). Lehrende schauen gern zuerst ins Literaturverzeichnis und reagieren wenig amüsiert, wenn dies aus drei Lexikaeinträgen, zwei veralteten Artikeln, dem eigenen Skript und einer Unzahl obskurer Internet-Links besteht. Genau dies ist jedoch recht leicht zu vermeiden. Wenn Sie kein völliges Nischenthema bearbeiten, werden Sie in der Regel reichlich Auswahl an Literatur zu Ihrem Thema vorfinden. Dies ist wichtig zu verstehen: Lehrende wollen Ihnen in aller Regel die Möglichkeit eröffnen, Ihre Prüfung zu bestehen. Zwar wird Lerneifer und Arbeitswille vorausgesetzt, die Themenstellungen und -vorgaben sind – so es sie gibt – jedoch so gestellt, dass sie beherrschbar sind. Trickreiche Themenvorgaben oder »Fallen« in der Formulierungen gibt es auch in Ihrem Studiengang nicht. Hochschulbibliotheken sind so ausgerichtet, dass sie die Studierenden durch die Bereitstellung der »richtigen«, weil zweckmäßigen Literatur unterstützen. Abgesehen von exotischen Themen wie den Verteilungsproblemen der Tuwiner im Protektorat Urjanchajski Kraj stellt sich nach einer einigermaßen geschickten Recherche eher die Frage einer sinnvollen Reduktion Ihrer Literatur. Investieren Sie also Zeit und Arbeit in Ihre Literaturrecherche.

Auswahl der Literatur

Die Auswahl Ihrer Literatur (Ihrer Quellen) entscheidet maßgeblich über die Qualität Ihrer Arbeit. Es ist vielleicht für Erstsemester nicht unmöglich, aus mäßig vielen und geeigneten Quellen einen guten Text zu bauen, jedoch ziemlich unwahrscheinlich. Als Faustregel gilt: Je besser die Quellen ausgesucht sind, je schärfer die Fragestellung formuliert und je treffender beides aufeinander bezogen ist, desto besser (und für Sie zufriedenstellender) wird Ihre Arbeit. Da ich Ihr tatsächliches Thema nicht kenne, können die folgenden Hinweise nur eine Annäherung sein. Den Transfer auf Ihre Situation müssen Sie deshalb selbst übernehmen und aus der Fülle an Material eine Auswahl treffen, die drei Bedingungen erfüllt:

- Ihre Auswahl/Zusammenstellung muss *relevante* Literatur berücksichtigen;
- sie benutzt so viele *Primärquellen* wie möglich;
- sie ist so *sinnvoll* wie möglich.

Relevante Quellen

Relevante Literatur oder *Quellen* auszuwählen bedeutet, Werke von Autorinnen bzw. Autoren zu benutzen, die originär und von anderen rezipiert zu einem Thema ›etwas zu sagen haben‹. Relevanz bezieht sich auf die Verfasser/innen von Texten ebenso wie auf deren Werke. Beide Aspekte sind im Hinblick auf Ihr Thema zu prüfen, d.h. es gibt zwei recht einfache Strategien, um für das individuelle Thema relevante Quellen zu erarbeiten.

Die Feststellung von Relevanz bedarf keiner besonders gezielten Literaturrecherche oder -analyse. Das Wissenschaftssystem hat die Tendenz, relevante Theorien, Darstellungen und die besonderen Expertisen ihrer Autorinnen bzw. Autoren nach vorn zu spülen. Diese werden wieder und wieder in anderen Publikationen zitiert, was bedeutet, dass andere Autorinnen bzw. Autoren sich ebenso auf sie beziehen wie Sie in Ihrer Hausarbeit. Die Chancen, dass es sich bei einer Vielzahl von Nennungen hier um relevante Werke und Autorinnen bzw. Autoren handelt, stehen nicht schlecht. Feststellen lässt sich dies in der Sozialarbeitswissenschaft durch einen Blick in die jeweiligen Literaturverzeichnisse (was nur in verkürzter Form der Verwendung im Text entspricht). Dort werden zum Thema »Lebenswelt(orientierung)« immer wieder Namen wie Alfred Schütz, Jürgen Habermas sowie Peter Berger und Thomas Luckmann (im soziologischen Verständnis) und Hans Thiersch sowie Björn Kraus (im Kontext Sozialer Arbeit) zu finden sein – aus gutem Grund. Diese sind absolut unverzichtbar, um Lebenswelt(orientierung) bearbeiten zu können. Um zu dieser Erkenntnis zu gelangen, braucht es keine besondere Kenntnis des Gegenstandsbereichs, sondern nur einen aufmerksamen Blick in das Literaturverzeichnis einiger Bücher zum Thema.

Relevanz bemisst sich jedoch nicht nur nach der Anzahl der auffindbaren Einträge im Literaturverzeichnis, insbesondere ist es manchmal schwierig, über die thematische Relevanz von Texten jenseits der »großen Theorien« zu befinden. Natürlich gibt es jenseits der »Großen« eine Vielzahl von Autorinnen bzw. Autoren, die zum Thema Bedeutendes zu sagen haben (in der Regel gern in Auseinandersetzung zu oben angeführten, grundlegenden Autorinnen und Autoren). Sie müssen hier eine qualitative Entscheidung treffen: Passen das Buch oder der Artikel inhaltlich zu Ihrer Arbeit und steht dort Entscheidendes? Dies ist immer am Einzelfall zu entscheiden und verlangt eine gute Kenntnis des Themas, seiner Diskurse sowie einer Bearbeitung und Analyse des jeweiligen Texts. Wählen Sie also Ihre Quellen mit Bedacht aus und verlassen Sie sich nicht nur auf den Zufall, die Bücher zu verwenden, die gerade im Regal der Bibliothek Ihrer Hochschule stehen. Auch hier bietet sich eine Peer-Beratung und, wenn es gar nicht anders geht, die Rücksprache mit Ihren Prüfer/innen an.

Primärquellen

Wie Sie im letzten Abschnitt gelesen haben, können recht leicht entscheidende Autoren und Verfasser (es sind nur Männer) von grundlegenden Werken zum Thema »Lebenswelt« benannt werden. Hier kann von »Primärquellen« oder »Primärliteratur« gesprochen werden. Solche ist der »Sekundärliteratur« in jedem Fall vorzuziehen – im Vergleich zu dieser aber häufig deutlich komplexer und »unsystematischer« geschrieben. Sekundärquellen sind Auswertungen der Primärliteratur, Zusammenfassungen, häufig Vereinfachungen. Ein gutes Beispiel für das Verhältnis zwischen Primär- und Sekundärquellen ist Bourdieus *Der feine Unterschied* (1987) – mit etwa neunhundert Seiten und unzähligen Anmerkungen nicht ganz einfach zu verstehen – und Rehbeins *Die Soziologie Pierre Bourdieus* (2011), welches auf knapp dreihundert Seiten das Original und praktisch alle anderen Konzepte Bourdieus systematisiert.

Sie kommen an Primärquellen nicht vorbei. Haben Sie Mut, zum Original zu greifen! Es ist zwingend, in einer Arbeit über *Risikogesellschaft* Ulrich Beck und seine entsprechende Monographie (1986), am Besten sogar sein Update (*Weltrisikogesellschaft* aus dem Jahr 2007) zu lesen. Genauso gilt: keine Arbeit über Sozialraumorientierung ohne Wolfgang Hinte, kein herrschaftsfreier Diskurs ohne Jürgen Habermas.

Was bedeutet das für die Soziale Arbeit?

Dieses Lesen ist etwas komplexer und unsystematischer, aber auch Ihre sozialarbeiterische Praxis wird sich später nicht einfach strukturiert präsentieren. Der Umgang mit schwierigem Material ist eine exzellente Übung, in der Praxis schwierige Lebenslagen zu verstehen. Und Sie würden nicht, um Informationen von Ihrer Klientin oder Ihrem Klienten zu erhalten, die Interpretationen der Cousine dritten Grades erfragen, nur weil diese so gut Lebensgeschichten zusammenfassen und erzählen kann.

Sinnvolle Literaturzusammenstellung

Die Aufgabe »relevante Quellen« zu benutzen, bezieht sich eher auf den einzelnen Text, die der sinnvollen Literaturzusammenstellung auf die Auswahl aller verwendeten Bücher. Eine sinnvolle Literaturauswahl bedeutet nicht, alle Bücher und Artikel zu einem Thema zu versammeln, sondern die wesentlichen Positionen und Diskurse abbilden zu können. Im Kapitel *Wie finde ich das Thema meiner Hausarbeit?* wird von einer triangulativen Sichtweise auf ein Thema gesprochen. Dies können Sie nahtlos auch hier anwenden. Das Werk einer Autorin oder eines Autoren zu einem bestimmten Thema ist nicht ausreichend, um dieses hinreichend zu beleuchten – Sie müssen sich breiter, d.h. mehrere Blickwinkel auf einen thematischen Aspekt werfend, aufstellen. Wenn wir annehmen, Sie hätten die in Kapitel *Wann und wo schreibe ich eine Hausarbeit?* gestellte Aufgabe

---

»Beschreiben Sie exemplarisch ein Handlungsfeld der Sozialen Arbeit im geschichtlichen und professionellen Kontext«

---

lange überdacht und nach Rost (2010, S. 281 f.) entschieden, sich auf den Tätigkeitsbereich des Allgemeinen Sozialdienstes zu beschränken und sowohl eine zeitliche Eingrenzung (seit dem Inkrafttreten des SGB VIII) wie auch eine inhaltliche Zuspitzung (Schutzmaßnahmen von Kindern unter 14 Jahren) vorzunehmen. Eine vollständige Literaturauswahl berücksichtigt dann relevante Quellen (bspw. Günther Deegener und Wilhelm Körner für die phänomenorientierten Aspekte, Erwin Jordan für Fragen der strukturellen Umsetzung des Schutzauftrages im Jugendamt, Reinhard Wiesner, Thomas Meysen und Johannes Münder für die rechtliche Perspektive, Jörg Fegert für medizinische Folgen einer Kindeswohlgefährdung und Ute Ziegenhain für elterliche Risikofaktoren). Sinnhaftigkeit zeichnet sich also durch eine Aufschlüsselung des Themas in miteinander angemessen verknüpfte Teilbereiche aus.

Diese Teilbereiche wollen weiter bedacht werden. Es kann durchaus sein, dass Sie trotz der Entscheidung für die richtige, relevante Autorin bzw. den richtigen Autor mit der gewählten Quelle die Fragestellung nur unzureichend bearbeiten können. So ist Erwin Jordans *Kindeswohlgefährdung* (2006) zu einem Zeitpunkt geschrieben worden, an dem die 2005 beginnende Welle der Veränderungen im Verständnis des Schutzauftrages von Kindern, die sich auch auf Gesetzesänderungen niederschlug, gerade erst einsetzte. Den damaligen Stand der Überlegungen gibt das Werk hervorragend wieder, aus rechtlicher, struktureller und inhaltlicher Sicht ist es jedoch, obwohl noch keine zehn Jahre alt, zumindest teilweise veraltet. Überlegen Sie also bitte genau und überprüfen Sie, in welchem Zusammenhang das von Ihnen benutzte Buch geschrieben wurde. Der gerne gegebene Hinweis, stets die neuesten Auflagen zu benutzen, ist häufig, aber nicht immer richtig. Rüdiger Peukerts *Familienformen im sozialen Wandel* aus dem Jahr 1991 hat heute nur noch historischen Wert, da es Strukturen und Phänomene beschreibt, die es (zum Teil) schlicht nicht mehr gibt. Wenn Sie jedoch die Entwicklung von Familienformen bearbeiten und nicht auf eine vorstrukturierte Analyse zugreifen wollen, kann Peukert in seiner ersten, eigentlich veralteten Auflage die richtige Quelle darstellen.

Eine sinnvolle Literaturzusammenstellung greift zudem nicht nur auf Monographien zu, die den Sachverhalt breit und umfänglich darstellen, sondern berücksichtigt weiterhin einige zeitnah erschienenen Artikel aus Periodika, Editionsbeiträgen und ggf. Open-Access-Publikationen zum Thema. Es lohnt sich, relevante Werke nicht nur von den »großen« und bekannten Autorinnen und Autoren, sondern auch kleinere, versteckte, weniger etablierte, kontroverse Ansätze zu suchen. Für Erstsemester ist das ein zugegebenermaßen hoher Anspruch, der vielleicht in Ihrer jetzigen Studienphase noch unerfüllbar ist.

Zitation

Die korrekte Zitierweise fremder Gedanken, sowohl wörtlicher als auch paraphrasierender Art, stellt eine Grundvoraussetzung des wissenschaftlichen Arbeitens dar. Das folgende Kapitel geht über die reinen Formalien hinaus und führt auch in den Charakter und das Wesen richtiger Zitation ein: Wann braucht man sie, wofür wird sie eingesetzt, welche Fehler vermeidet man besser? Eine durchgängige und fehlerfreie Zitation bezieht sich auf das Prinzip und das System der Kennzeichnung übernommener, fremder Gedanken im eigenen Text. Die richtige Zitation ist eine Voraussetzung, aber keine Garantie, für eine gute Arbeit. Eine Quelle anzugeben, heißt noch nicht, sie verstanden zu haben. Wenn es in den nächsten Kapiteln also um Zitationsprinzipien und -systeme geht, dann handelt das eine wichtige und vor allem technische Ebene ab.

Was ist Zitation?

Es ist grundlegend wichtig, folgendes Prinzip zu verstehen: Die Angabe von Quellen bedeutet *nicht*, dass Ihre Arbeit schlechter, weniger originell oder minderwertig wäre. Niemand verlangt von Ihnen, eine komplett neue Theorie oder Erklärung für Phänomene, Fragestellungen und Sachverhalte zu formulieren. Im Gegenteil ist die Erwartung, dass Sie bestehende Diskurse zur Kenntnis nehmen und Ihre Überlegungen hieran anschließen. Dies ist ein Zeichen qualitativ hochwertiger Arbeit – nicht die freien Assoziationen zu einer Thematik, die auf Ihren Schul- und Alltagserfahrungen beruhen.

Wissenschaft ist hoch formalisiert, Wissenschaftler/innen schreiben ihre Quellen deshalb nicht irgendwie auf irgendeinen Zettel und heften diesen dann an ihre Texte, sondern sie benutzen ein festes Regelsystem. Das Prinzip der planmäßigen Erfassung der benutzten Quellen nennt sich *Zitation*. Wie bei fast allem in der Wissenschaft müssen Sie kein eigenes, neues Zitationssystem erfinden, die Regeln zum korrekten Zitieren existieren bereits.

Zitation ist keine große Hexerei – jede und jeder kann zitieren. Für Anfänger/innen wirkt Zitation mitunter etwas kompliziert, dem ist aber nicht so. Es nützt auch nichts, sich gegen die Anwendung dieser grundlegenden wissenschaftlichen Technik zu wehren. Ohne entsprechende Kenntnisse und Fähigkeiten funktioniert kein Studium. Die richtige Zitation ist zudem eine wesentliche Grundlage für das Erreichen einer guten Note, d.h. Ihre Lehrenden werden darauf bestehen, dass Sie richtig, vollständig und systematisch Ihre Quellen angeben. Auch dafür braucht es ein gewisses Training, die schnelle und sichere Anwendung einer formal richtigen Zitation inkl. aller Besonderheiten und ungewöhnlichen Sonderfälle entwickelt sich erst im Laufe der Zeit.

Zitation ist eine universelle Syntax, die übergreifend zwischen den unterschiedlichen Disziplinen verständlich ist. In der Zusammenarbeit mit Vertreterinnen und Vertretern anderer Professionen und Disziplinen wird es als selbstverständlich erachtet, dass Sie in Berichten, Expertisen, Stellungnahmen und Gutachten ein einheitliches, für alle einsichtiges Zitationssystem verwenden. Selbst wenn Sie also nicht planen, nach dem Studium wieder in akademischen Bezügen tätig zu sein, werden und sollten Sie die techni-

sche Handhabung (und natürlich die wesentliche inhaltliche Grund-
haltung) des wissenschaftlichen Habitus nicht vergessen können:
Soziale Arbeit als Profession beruht auf wissenschaftlicher Erkenntnis und steht in ständigem, interdisziplinärem Kontakt.

Es werden zwei Arten von Zitaten unterschieden: das *wörtliche*
(direkte) und das *sinngemäße* (indirekte), auch »Paraphrase« genannt. Beide werden in den folgenden Kapiteln genauer besprochen.

Was sind indirekte Zitate?

Indirekte Zitate werden die nicht-wörtlichen Übernahmen der Inhalte fremder Werke in eigene Texte genannt. Die Fundstelle wird
in Teilen oder in Gänze ausgewertet und paraphrasiert, d.h. in eigenen Worten und damit einem eigenen Verständnis zusammengefasst. Indirekte Zitate sind immer Interpretationen des fremden
Werkes – das gilt im Übrigen ebenfalls für wörtliche Zitate durch
die Einbindung in Ihre Ausführungen, dieser Umstand ist dort jedoch weniger stark ausgeprägt. Dies ist wichtig zu verstehen: Jedes indirekte Zitat ist eine Interpretation seiner ursprünglichen
Bedeutung. Es gibt im Falle von Paraphrasen keine Möglichkeit,
das zu umgehen – und diese braucht es auch nicht. Die spezielle
Lesart des Originaltextes ist die typische Eigenschaft des indirekten Zitats. Das indirekte Zitat stellt den Normalfall in Ihrer Arbeit
dar. Es ist möglich, eine Arbeit ohne ein einziges wörtliches, aber
niemals ohne ein indirektes Zitat zu verfassen.

Ein indirektes Zitat wird formal in der Regel in folgender Systematik nachgewiesen: Der nach dem indirekten Zitat in (Klammern) stehende Kurzbeleg besteht aus dem Nachnamen der Autorin
oder des Autors, auf die bzw. den Sie sich beziehen, dem Erscheinungsjahr der Quelle, in der Sie den Gedanken entdeckt haben und
der Seite bzw. den Seiten des Fundes. Ein indirektes Zitat einschließlich des Kurzbelegs sieht also bspw. folgendermaßen aus:

Wissenschaftliche Begründungszusammenhänge werden aus von der Profession abgekoppelt betrachtet (vgl. Neuffer 2013, S. 7).

Grundsätzlich soll die Angabe der Fundstelle so genau wie möglich erfolgen, im Gegensatz zu direkten Zitaten ist eine seitengenaue Nennung jedoch nicht unter allen Umständen notwendig. Bei kürzeren Artikeln kann ggf. ganz auf die Nennung von Seitenzahlen verzichtet werden. Jedoch muss der paraphrasierte Gedanke durch den Beleg eindeutig und unmittelbar zu finden sein.

Die Systematik des Nachweises ist genau dies: systematisch und regelhaft (vgl. Jele 2006, S. 14 f.). Das bedeutet, dass Sie nach *einem* durchgehenden, in sich logischen Verfahren zitieren müssen, welches keine einzige Abweichung erlaubt. Ein Blick in ein beliebiges Fachbuch zeigt Ihnen, dass Wissenschaftler/innen es mit dieser Vorgabe sehr genau nehmen. Die Publikation formal unsauberer Arbeiten gilt als Zeichen von Ungenauigkeit. Da viele Kolleginnen und Kollegen davon ausgehen, dass Form und Inhalt einander bedingen, sollte dieses unbedingt vermieden werden.

Formen des indirekten Zitats

Scheibler unterteilt sehr klar und hilfreich indirekte Zitate entsprechend der »Intensitätsgrade der Reproduktion« (1976, S. 162) und meint damit die zunehmende Entfernung von dem Gehalt des Originals. Er differenziert indirekte Zitate in:

- *Sinngemäße Zitate.* Hierunter ist eine werkgetreue Übernahme des fremden Gedankens in eigener Formulierung zu verstehen. Es findet kein »Bruch« in dem Erklärungs- und Bedeutungshorizont des Originals statt, gleichfalls keine wesentliche Erweiterung. Das Zitat wird häufig als Interpretation im engeren Sinne eingesetzt. Es dient vielmals als Nachweis der Legitimität des eigenen Gedankens oder der eigenen These.
- *Analoge Zitate.* Mit analogen Zitaten sind solche gemeint, die den Bedeutungsrahmen vergrößern und auf einen neuen, ursprünglich nicht gemeinten Sachverhalt erweitern und ausdehnen. Der eigentliche Erklärungsansatz bleibt hierbei erhalten und wird – analog – in einem neuen Zusammenhang verwendet. Von der Plausibilität dieses Transfers hängt die Legitimität des Einsatzes ab.
- *Anlehnende Zitate.* Auch hier wird ein ursprünglicher Bedeutungsrahmen auf einen neuen Sachverhalt ausgedehnt. Die Qua-

lität des Transfers ist jedoch deutlich geringer, da der »Kern« des originären Erklärungsmodells nicht vollständig passt. Trotzdem ist die Herkunft des ursprünglichen Ansatzes deutlich zu erkennen und damit auch zu belegen. Es handelt sich hierbei um mehr als eine Inspiration, aber um weniger als eine Erweiterung des Inhaltes auf bisher unbedachte Zusammenhänge.

- *Anregende Zitate*. Hierbei handelt es sich um eine Inspiration, eine eigene Überlegung, die in der Auseinandersetzung mit einem anderen Werk entstanden ist oder die Vertiefung bzw. Neuakzentuierung eines Gedankens. Der originale Text stellt den Ausgangspunkt für eine Neuschöpfung dar. Die Grenzen zum »akademischen Allgemeinwissen«, d.h. zu der Summe Ihrer wissenschaftlichen Erfahrungen, die sich nur in Sonderfällen einzelnen Autorinnen bzw. Autoren zuordnen lässt und dann auch nicht mehr nachgewiesen werden soll (und kann), ist fließend (vgl. Scheibler 1976, S. 162 f.).
- *Ablehnende Zitate*. Dies sind alle indirekten Zitate, von der sich die eigene Position und/oder das Ergebnis der eigenen Arbeit kritisch abgrenzt. Es wird eine explizite Gegenposition zu dem fremden Gedanken eingenommen. Ablehnende Zitate dienen dazu, auch konträr argumentierende Studien, Werke und Theorien zu berücksichtigen, Wert zu schätzen und diese als Ausgangspunkt der Argumentation zu gebrauchen. Ablehnende Zitate können in literaturanalytischen Arbeiten im größeren Kontext nicht allein stehen, da sonst die Begründung der Rückweisung des originalen Arguments fehlen würde.

Die hier dargestellte Kategorisierung kann sich als enorm sinnvoll erweisen, um sich über das Wesen und die »Essenz« zitierter Stellen klar zu werden. Es ist im weiteren Verlauf dieses Buches nicht möglich, diese Differenzierung weiter zu explizieren – beachtet und bedacht werden sollte sie weiterhin. Als Regel sollten Sie dort einen Nachweis führen, wo tatsächlich ein Gedanke oder eine Theorie identifizierbar ihren Abschluss gefunden hat. Von den fünf Absätzen der vorstehenden Aufzählung beziehen sich bspw. die ersten vier auf Scheibler (1976), der letzte ist in seinem Buch nicht zu finden und stammt – zumindest in dieser Zusammenstellung – von mir. Da ich zu Beginn der Ausführungen explizit darauf hingewiesen habe, dass ich mich im Folgenden auf Scheibler beziehe, reicht ein Nachweis zum Ende der Bezugnahme – es muss nicht jeder Gliederungspunkt einzeln nachgewiesen werden.

Sie müssen zwar jeden fremden Gedanken benennen, aber verfallen Sie bitte nicht in die gelegentlich bekannte Belegmanie (vgl. Kiel 2001, S. 218). Das folgende Beispiel eines überzitierenden Textes (vgl. Sandberg 2012, S. 114 f.) stammt aus einer Studierendenarbeit:

Der »perlokutionäre Akt« (Austin 2010, S. 134) besteht in der Erwartung, dass die Angestellte zu den Vorfällen schweigt und vielleicht sogar weiterhin für Belästigungen zugänglich ist. Der »perlokutionäre« (Austin 2010, S. 134) Effekt ist an der Antwort der Angestellten zu untersuchen. Wenn die beispielsweise antwortet, »Ich lasse mir das nicht länger gefallen und werde die Polizei und die Frauenbeauftragte informieren« dann ist der »perlokutionäre Akt« (Austin 2010, S. 134) gescheitert, weil der erwartete Effekt nicht eingetreten ist. Nach Austin ist also zwischen dem »perlokutionären Akt« und dem »perlokutionärem Ziel« (2010, S. 135) zu unterscheiden.

Studierende überzitieren häufig aus Angst davor, ein Plagiat abzugeben. Es hätte aber in dem Textbeispiel vollkommen ausgereicht, die von Austin eingeführten Fachbegriffe einmal nachzuweisen.

Wann ist ein indirektes Zitat indirekt genug?

Studierende der ersten Semester fragen oft danach, wie weit der Originaltext in einem sinngemäßen Zitat verändert werden muss, damit es als selbiges gelten kann. Die Frage richtet sich in der Regel auf den Umstand, dass man einerseits kein Plagiat begehen wolle, andererseits keine allzu große Deutung des Originals wagen will, um bei der Interpretation keinen Fehler zu begehen. Dies ist nicht ganz einfach zu beantworten. Manche indirekte Zitate fassen ganze Kapitel in wenigen Zeilen zusammen, manche rekapitulieren wenige Zeilen relativ wortgetreu in notdürftig zusammengestellten Reformulierungen und schrammen nur knapp an einem Plagiat aufgrund eines nicht gekennzeichneten wörtlichen Zitates vorbei. Ab wann wird aus einem wörtlichen Zitat ein indirektes, wie viel Umformulierung bedarf es, um aus einem fremden

Gedanken einen eigenen Text in Anlehnung zu generieren? Eine feste Regel hierzu gibt es nicht, das Zitat und sein Gebrauch sind immer im Kontext des übrigen Textes zu beurteilen. Klar ist, dass es einerseits mehr braucht als zwei umgestellte Satzteile und einen sporadischen Thesaurus-Gebrauch, um ein Plagiat durch ein nicht-gekennzeichnetes wörtliches Zitat zu vermeiden. Andererseits muss auch nicht jeder Ausdruck zwanghaft verändert, zusammengefasst, verfremdet und neu formuliert werden. Meine Empfehlung geht dahin, Gedanken so weit wie möglich in eigenen Worten wiederzugeben. Dies darf jedoch auch nicht zu einem »Vermeidungszwang« führen: Wenn im Original das Wort »beabsichtigt« gebraucht wird, müssen Sie dieses nicht furchtsam vermeiden und einen Abschnitt lang nur »intendiert«, »vorgesehen« und »angedacht« schreiben. Ausdrücke und Wörter des Originals können und dürfen nicht als tabu gelten, weil eine Paraphrase und kein wörtliches Zitat gebraucht wurde. Wenn jedoch ein Großteil ihrer Übernahme vom Prinzip her wörtlicher Art und Weise sind und nur an wenigen Stellen notdürftige Veränderungen vorgenommen wurden, dann sollten Sie das wörtliche Zitat auch als solches benutzen und kennzeichnen.

Um einen Eindruck über die Praxis des Gebrauchs indirekter Zitate zu erhalten, empfehle ich ein forschendes Lesen: Suchen Sie sich interessante Kapitel aus einem wissenschaftlichen Werk und verfolgen Sie Quellen zurück. Stellen Sie fest, was sich hinter dem Kurzbeleg eines indirekten Zitates verbirgt, wie viel Originaltext komprimiert wurde, welche Gedanken ausgelassen und welche stärker betont wurden. Diese Übung ist generell zum Erlernen eines Umgangs mit wissenschaftlichen Texten zu empfehlen – und wird doch kaum beherzigt. Also: Schauen und analysieren Sie, wie andere Wissenschaftler/innen vor Ihnen verfahren sind.

Was sind direkte Zitate?

Das direkte oder wörtliche Zitat stellt die vollständige und unveränderte Übernahme eines von anderen Autorinnen bzw. Autoren verfassten Textausschnittes dar. Die zitierte Stelle kann wenige

Wörter oder auch nur ein einziges Wort lang sein, aber ebenso einen ganzen Satz oder Absatz umfassen. Im wörtlichen Zitat wird nach der »in Anführungszeichen gesetzten«, zitierten Textstelle in (Klammern) ein Hinweis auf die originale Autorin bzw. den Autor, das Erscheinungsjahr der Publikationen und die Seite der Fundstelle gegeben. Formal ist zu beachten, dass die schließenden Anführungszeichen (alles zu Anführungszeichen finden Sie am Ende dieses Kapitels) das Zitat beenden und vor dem Kurzbeleg stehen. Beschließt der Kurzbeleg den Satz (was er nicht zwingend muss), folgt hinter der Klammer der Punkt (oder das Fragezeichen etc.). Den Nachweis in der Klammer nennt man Kurzbeleg.

»In der bisherigen Fachdiskussion um Case Management wird die wissenschaftliche Begründung kaum als notwendige Komponente einer professionell qualifizierten Vorgehensweise herangezogen« (Neuffer 2013, S. 7).

Wörtliche Zitate müssen immer sinnentsprechend eingefügt und im Vergleich zu indirekten seltener benutzt werden. Sie sind mit Bedacht einzusetzen und stellen eher die Ausnahme in studentischen Arbeiten dar. Sie werden immer dann verwendet, wenn die originale Stelle von besonderer Wichtigkeit ist oder eine sprachliche oder inhaltliche Bedeutung besitzt, die in eigenen Worten keinesfalls zu erreichen wäre und deshalb unbedingt direkt zu übernehmen ist. Auch wenn Studierende manchmal das Gefühl haben, dass originale Quellen ihren eigenen Texten qualitativ und stilistisch immer überlegen seien (was nicht richtig ist): Prüfer/innen lesen in der Regel bevorzugt die Gedanken ihrer Studierenden zu einem Thema, auch, um einen Eindruck des Erfolges der Lehrveranstaltung erhalten zu können. Wir sind an Ihnen interessiert, nicht an einer Ansammlung wörtlicher Zitate. Also: Benutzen Sie diese so wenig wie möglich. Keinesfalls sind seitenlange wörtliche Zitate zulässig – schon gar nicht von Gesetzestexten. Arbeiten ohne wörtliche Zitate sind kein Problem – ohne indirekte jedoch schon. Die wichtigste Regel in der Verwendung wörtlicher Zitate lautet: Sie müssen immer und vollständig dem Original entsprechen. Kiel nennt dieses Vorgehen eine »[q]uellengetreue Wiedergabe« (2001, S. 216) – ein schöner und treffender Ausdruck.

Besonderheiten der quellengetreuen Wiedergabe

Das Gebot der vollständigen Übernahme und quellengetreuen Wiedergabe bedeutet, dass in aller Regel tatsächlich in Gänze übernommen wird. Fehler im Original werden mitzitiert und durch ein in eckige Klammern gestelltes [sic!] direkt nach dem F3h1er [sic!] deutlich gemacht. Diese Kennzeichnung wird u.a. vorgenommen, da wissenschaftliche Produkte fehlerfrei sein sollen und Sie mit dieser Kennzeichnung nachweisen, selbst keinen Fehler begangen zu haben.

»Im Zuge der Globalisierung und der weltweiten Vernetzung im Telekommunikationsbereich hat sich das Produkt Fussball [sic!] zu einem universalen Konsumgut entwickelt, das ständig an Bedeutung und Einfluss gewinnt« (Blatter 2000, S. 104).

Wenn es notwendig sein sollte, können Fehler, die das Verständnis des Textes wesentlich erschweren, korrigiert werden. Hier wird in eckige Klammern im Anschluss an die zu berichtigende Stelle das Wort »recte« und die entsprechende Politur [recte: Korrektur] eingefügt.

Sollte das Original in alter Rechtschreibung verfasst sein, so wird diese ebenfalls übernommen und nicht verändert. Werke aus den Jahren vor der Reform von 1996/2006 verwenden eine (aus heutiger Sicht) veraltete und falsche Rechtschreibung (Beispiel: daß, Bewußtsein).

»Das Domestizierungsparadox läßt sich auf die Verknüpfung von Macht, Rationalität und Leiblichkeit in einem kulturellen Typus von ›Erwachsenheit‹ beziehen« (Honig 1999, S. 118 – im Original hervorgehoben).

Hier müssen Sie zwei wesentliche Punkte beachten. Alte Rechtschreibung wird nicht nur unverändert übernommen, sondern *nicht* mit [sic!] gekennzeichnet. Manche Textverarbeitungen haben zudem die Autokorrektur voreingestellt. Das kann dazu führen, dass in alter Rechtschreibung verfasste Textstellen ohne Nachfrage in neue Rechtschreibung umgewandelt werden (»müßte« wird zu »müsste«). Das darf jedoch nicht sein.

Übernahme typographischer Betonungen

Auch Formatierungen des Originals werden vollständig übernommen, d.h. Sie müssen alle *Kursiv-* und **Fett**setzungen so übernehmen, wie Sie sie im Original vorfinden. Da Ihre Leser/innen das Original nicht zwangsläufig kennen, gibt es bei dem Lesen eines Zitates in Ihrer Arbeit, in welchem Wörter oder Satzteile typographisch betont werden, mehrere Möglichkeiten: Die originale Formatierung wurde übernommen oder – auch dies ist möglich – die Hervorhebung findet sich nicht im Original, sondern wurde von Ihnen hinzugefügt, um auf einen Sachverhalt besonders hinzuweisen. Für diese Fälle existiert ein System an Hinweisen, welches dazu verwendet wird, diesen Sachverhalt aufzulösen.

Wird eine Betonung unverändert aus dem Original übernommen, so ist dies im Kurzbeleg (in Klammern) deutlich zu machen (siehe hierzu auch *Was ist der Kurzbeleg?*). Die unveränderte Übernahme einer Hervorhebung sieht beispielhaft wie folgt aus:

»Um die Vergleichbarkeit zu gewährleisten, wurde in allen Erhebungsrunden eine Menge gleicher (geheim gehaltener) Aufgaben eingesetzt. Die Untersuchung war und ist prinzipiell so angelegt, dass *Kompetenzveränderungen über die Zeit* (Trends) analysiert werden können« (Carstensen et al. 2008, S. 12 – Hervorhebung im Original).

Leser/innen können so erkennen, dass die Kursivsetzung im Text *(»Kompetenzveränderungen über die Zeit«)* aus dem Original stammt. Der Hinweis »Hervorhebung im Original« wird nach einem Gedankenstrich dem Kurzbeleg hinzugefügt.

Wird eine Hervorhebung getilgt, so ist auch dies im Kurzbeleg mit dem Hinweis (im Original hervorgehoben) kenntlich zu machen. Der Hinweis »im Original hervorgehoben« wird in diesem Fall nach einem Gedankenstrich dem Kurzbeleg hinzugefügt. Eine entfernte Hervorhebung kann so aussehen:

»Um die Vergleichbarkeit zu gewährleisten, wurde in allen Erhebungsrunden eine Menge gleicher (geheim gehaltener) Aufgaben eingesetzt. Die Untersuchung war und ist prinzipiell so angelegt, dass Kompetenzveränderungen über die Zeit (Trends) analysiert werden können« (Carstensen et al. 2008, S. 12 – im Original hervorgehoben).

Leser/innen können so erkennen, dass Sie eine Betonung des Originals entfernt haben. Sie haben damit den Text der Autorinnen bzw. Autoren und die vor diesen intendierte Bedeutung verändert. Es ist aus Ihrem Text heraus allein nicht zu erkennen, wo die Betonung des Originals lag. Gehen Sie deshalb mit solchen Modifizierungen vorsichtig um und wenden Sie sie nur an, wenn es hierfür einen guten Grund gibt.

Auch eigene Formatierungen können eingefügt und mit »Hervorhebung durch den Verfasser« bzw. »Hervorhebung durch die Verfasserin« im Kurzbeleg nach einem Gedankenstrich gekennzeichnet werden. Hierbei handelt es sich um eine Veränderung des Originaltextes, die eine Betonung dort hinzufügt, wo die ursprünglichen Autorinnen bzw. Autoren sie nicht beabsichtigt hatten. Handhaben Sie solche Anpassung des Originales sehr vorsichtig.

»Sind die genannten Voraussetzungen nicht erfüllt, können unterschiedliche Kompetenzergebnisse in den Erhebungsrunden *nicht allein* auf Veränderungen der Kompetenzen der Jugendlichen in den Ländern zurückgeführt werden« (Carstensen et al. 2008, S. 15 – Hervorhebung durch den Verfasser).

In diesem Beispiel wird durch mich die Betonung auf fehlende Exklusivität in der Begründung unterschiedlicher Ergebnisse gelegt. Ob das im Original so beabsichtigt war, können Leser/innen nicht erkennen.

Die Kennzeichnung »durch die Verfasserin« bzw. »durch den Verfasser« kann auch mit den eigenen Initialen ersetzt werden. Bei mir hieße es also »Hervorhebung JK«.

»Sind die genannten Voraussetzungen nicht erfüllt, können unterschiedliche Kompetenzergebnisse in den Erhebungsrunden *nicht allein* auf Veränderungen der Kompetenzen der Jugendlichen in den Ländern zurückgeführt werden« (Carstensen et al. 2008, S. 15 – Hervorhebung JK).

Welche Möglichkeit Sie verwenden bleibt Ihnen und Ihrem Geschmack überlassen, beides bedeutet das exakt Identische.

Verzichten Sie darauf, einer Hervorhebung im Text zusätzlich eine eigene hinzuzufügen oder eine vorhandene Hervorhebung zugunsten einer selbst hinzugefügten zu tilgen (aus diesem Grund wurde in dem letzten Beispiel auch ein anderer Text gewählt). Solche Vorgänge wären unüblich und lassen sich nicht mehr nachvollziehen – gerade die Nachvollziehbarkeit ist jedoch das oberste Ziel der Kennzeichnung aller Veränderungen des Originaltextes.

Im Kurzbeleg steht...	Im Original stand...	In Ihrem Text...
»Hervorhebungen im Original«	eine oder mehrere Hervorhebungen.	werden diese Hervorhebungen vollständig übernommen.
»im Original hervorgehoben«	eine oder mehrere Hervorhebungen.	werden diese Hervorhebungen entfernt.
»Hervorhebung durch den Verfasser/die Verfasserin« oder »Hervorhebung JK«	keine Hervorhebung.	werden Hervorhebungen hinzugefügt.

Tab. 8: Aufstellung der Möglichkeiten im Umgang mit Hervorhebungen

Gekennzeichnete Veränderungen

Es ist möglich, Zitate behutsam, jedoch niemals sinnentstellend zu verändern. Da dies von besonderer Wichtigkeit ist, darf ich es noch einmal wiederholen: Die Veränderung darf nie sinnentstellend sein. Formal geschieht dies meist durch die Auslassung einzelner Wörter und die Kennzeichnung dieser Stelle durch drei Punkte in einer eckigen Klammer [...]. Die Auslassung kann ein Wort, einen Satzteil oder auch mehrere Sätze umfassen.

»Es ist möglich, Zitate behutsam [...] zu verändern« (Kotthaus 2014, S. 146)

Im vorstehenden Beispiel wurde ein Einschub zwischen »behutsam« und »verändern« entfernt und dies durch Auslassungszeichen [...] gekennzeichnet. Die Auslassung ist eine Interpretation. Mir war es im Original offensichtlich wichtig, die Möglichkeit mit einer Warnung zu verbinden. Das gekürzte Zitat kennt diese Mahnung nicht mehr.

Es ist nicht nur möglich zu kürzen, sondern auch hinzuzufügen: Hier wird ähnlich verfahren wie bei der Auslassung. Die für ein Verständnis des Textes notwendigen Ergänzungen – Kiel nennt diese »Interpolationen« (2001, S. 219) – werden in eine eckige Klammer gestellt, die Autor/innenschaft durch die Hinzufügung Ihrer Initialen, getrennt durch einen Spiegelstrich, verdeutlicht. Auch eine Kombination von Auslassungen […] und Hinzufügungen ist [in Einzelfällen – JK] möglich. Bitte ergänzen Sie die Einfügung mit einem Gedankenstrich und Ihren Initialen, um die Autor/innenschaft noch deutlicher zu machen. Sie merken: Die Verwendung einer [eckigen Klammer] hat sich quasi als Standard der Kennzeichnung für die Veränderung von Textstellen durchgesetzt.

»Verschmelzungen« (2001, S. 219) nennt Kiel die Veränderung des Originaltextes im Zuge syntaktischer Anpassungen. Hierbei werden oft Satzanfänge dem neuen Text grammatisch angeglichen, im Falle des folgenden Beispiels ist die Groß-/Kleinschreibung dem neuen Text angepasst worden. Ich habe diese Methode zu Beginn dieses Kapitels ebenfalls benutzt, wenn Sie sich nicht daran störten, haben Sie die Stelle entweder überlesen, oder die Verwendung einer Verschmelzung war Ihnen aus anderen Zusammenhängen geläufig. Ein Beispiel eines derartigen Vorgehens sieht wie folgt aus:

Kiel nennt dieses Vorgehen eine »[q]uellengetreue Wiedergabe« (2001, S. 216) – ein schöner und treffender Ausdruck.

Noch einmal: Verwenden Sie diese Methoden mit Umsicht. Elegant und empfehlenswert ist die Veränderung von direkten Zitaten nicht. Letztendlich empfiehlt sich häufig die Umarbeitung in eigene Formulierungen und damit die Umwandlung in ein indirektes Zitat.

Nicht gekennzeichnete Veränderungen

Es gibt nur sehr wenige Veränderung des Originals, die nicht gekennzeichnet werden müssen – aber es gibt sie. Zunächst ist dies die Zitierung eines Textes, in welchem selbst zitiert wird. Hier werden die originalen Anführungszeichen des Zitates im Zitat ohne weitere Kennzeichnung durch halbe Anführungszeichen oder Guillemets ersetzt. Dieses Vorgehen lässt sich ohne Beispiel nicht vernünftig darstellen. Würden Sie also das gerade besprochene Kiel-Zitat (2001, S. 216) nicht aus dem originalen Aufsatz, sondern im Zusammenhang einer Formulierung aus diesem Buch verwenden, dann besäße dieses Zitat eines Zitates mit Guillemets folgendes Aussehen:

»Die wichtigste Regel in der Verwendung wörtlicher Zitate lautet: Sie müssen immer und vollständig dem Original entsprechen. Kiel nennt dieses Vorgehen eine ›[q]uellengetreue Wiedergabe‹ (2001, S. 216) – ein schöner und treffender Ausdruck« (Kotthaus 2014, S. 142).

Da ich nicht weiß, wie Sie Ihre Zitate kennzeichnen, folgt zudem das gleiche Beispiel noch einmal mit Anführungszeichen:

„Die wichtigste Regel in der Verwendung wörtlicher Zitate lautet: Sie müssen immer und vollständig dem Original entsprechen. Kiel nennt dieses Vorgehen eine ‚[q]uellengetreue Wiedergabe' (2001, S. 216) – ein schöner und treffender Ausdruck" (Kotthaus 2014, S. 142).

Das ist wahrlich das Gegenteil eines eleganten Vorgehens. Gehen Sie sparsam um mit Zitaten, die ein Zitat beinhalten, es ist wahrscheinlich die unschönste und nachlässigste Art der direkten Übernahme fremden Texts.

Die Umwandlung von doppelten zu einfachen (in der Terminologie des Dudens »halben«) Anführungszeichen oder Guillemets wird immer dann gebraucht, wenn Sie im Original erstere finden – also auch im Falle von schiefen Bildern oder Metaphern. Diese Umwandlung ist zwingend. Nicht gekennzeichnet wird ebenfalls die Umwandlung von »Guillemets« (im ursprünglichen Text) in „Anführungszeichen" (in Ihrer Hausarbeit) – und umgekehrt. Gleiches gilt natürlich auch für halbe Anführungszeichen und Guillemets.

Was Sie schon immer über Anführungszeichen wissen wollten

Es gibt zwei gebräuchliche und zulässige Typen von Anführungszeichen:

- „Deutsche Anführungszeichen" (die Zeichen stehen direkt unten vor und oben nach dem Zitat)
- »Deutsche Guillemets« (die Zeichen schließen den Text mit der Spitze nach innen gerichtet ein)

Im Regelfall werden in Hausarbeiten die deutschen Anführungszeichen eingesetzt – schon allein deshalb, weil diese in Ihrem Textverarbeitungsprogramm voreingestellt sein dürften. Obwohl die Verwendung von Guillemets unüblicher ist, können beide Versionen benutzt werden. Es macht keinerlei Unterschied, welche Variante Sie verwenden – die Wahl der Anführungszeichen entspricht nur dem persönlichen Geschmack (oder im Verlagswesen dem der Redaktion bzw. der Herausgeberinnen und der Herausgeber). Benutzen Sie die gewählten Zeichen aber durchgängig und systematisch, d.h. mischen Sie nicht Anführungszeichen und Guillemets. Verwenden Sie keine von beiden bei Buchtiteln, diese werden ausschließlich kursiv gesetzt.

Ariès *Geschichte der Kindheit* (1998)

Als Leser vieler Studienarbeiten habe ich noch einige Hinweise über die praktische Verwendung von Anführungszeichen: Das Anführungszeichen vor dem Zitat ist „unten platziert, das nach dem Zitat oben". Die Anführungszeichen müssen deshalb ohne Zwischenraum gesetzt werden, Ihre Textverarbeitung wird sonst das zweite Zeichen ebenfalls „unten „platzieren. Gleiches »gilt « für Guillemets.

Was ist der Kurzbeleg?

In einer Mehrzahl wissenschaftlicher Texte und auch in diesem Buch wird die Übernahme fremder Gedanken ausgewiesen durch den sogenannten (in runde Klammern gesetzten) Kurzbeleg. Er besteht aus dem Nachnamen der Autorinnen und Autoren, dem Erscheinungsjahr des zitierten Buchs und einer Seitenangabe.

(Honig 1999, S. 101)

Auch indirekte Zitate sind durch einen Kurzbeleg gekennzeichnet, hier kann die Seitenangabe unter Umständen entfallen. Kurzbelege für indirekte Zitate sollten so genau wie möglich sein: Sie beenden also eine Textstelle über die *Dialektik der Aufklärung* nicht mit dem Hinweis (vgl. Horkheimer/Adorno 1988), sondern geben genau an, auf welche Stelle Sie sich beziehen. Dem Kurzbeleg ist ein »vgl.« (vergleiche) vorangestellt.

(vgl. Honig 1999, S. 123)

Der Kurzbeleg stellt die systematisierte und kürzest mögliche Form des Nachweises eines indirekten oder direkten Zitates dar. Er ist quasi der »Personalausweis« des Zitates.

Wenn Sie wollten, könnten Sie auch als Nachweis des Gebrauchs fremder Ideen die Daten der Quelle (Name der Autorinnen und Autoren, Titel des Buches, Verlag etc.) verwenden. Dies ließe Sie zwar schneller die verlangte Zeichenzahl erreichen, ist jedoch sehr umständlich, unelegant, im akademischen Kontext unüblich und dem Lesefluss nur bedingt förderlich. Der Gebrauch von Kurzbelegen (oder Fußnoten) gleich welcher Form ist in wissenschaftlichen Texten vollkommen selbstverständlich, Leserinnen und Lesern wissen, dass der »Gebrauch« des Kurzbelegs mit einem Hinweis auf die Arbeit fremder Autorinnen und Autoren verbunden ist. Der Kurzbeleg ist Teil des gesamten Zitationssystems. Sie werden vermutlich mit einem Blick bemerken, dass der Kurzbeleg ohne das Literaturverzeichnis keinen Sinn ergibt, beides gehört zusammen.

Systematiken des Kurzbelegs gibt es viele und vielfältige. In der Soziologie wird der Kurzbeleg anders gestaltet als in der Medizin oder den Sprachwissenschaften, gleiches gilt für die Gestaltung des Literaturverzeichnisses. Praktisch jeder Verlag und jede Fachzeitschrift verwenden ein bevorzugtes Zitationssystem und lässt auch nur diese eine Struktur zu. Ich verwende ein Harvard-Style-basierendes (auch: amerikanisches) Zitationssystem, d.h. einen Kurzbeleg im Text, verbunden mit einem ausführlichen Nachweis im Literaturverzeichnis (in welches im Übrigen nur Quellen gehören, die Sie ausweislich verwendet haben). Wenn Sie einige Erfahrung in den Techniken des wissenschaftlichen Arbeitens besitzen, wird Sie die Verschiedenheit der Systematiken nicht weiter stören – das Lesen und der Gebrauch von Zitationssystemen ist wie das Fahren eines Autos: Sind Sie sicher in dem einem – in Ihrem –, können Sie alle anderen auch verwenden. Das Gleiche gilt für die Verwendung eines Zitationssystems mit Fußnoten, die für die Sozial- und Erziehungswissenschaften eine geringere Rolle einnehmen und deshalb nicht weiter erklärt werden.

Wie werden indirekte und direkte Zitate im Text nachgewiesen?

Indirekte und direkte Zitate werden im Text so knapp und eindeutig wie möglich mit dem Kurzbeleg nachgewiesen. Dieser besteht aus dem Nachnamen der Autorinnen und Autoren, dem Erscheinungsjahr des zitierten Buchs und ggf. einer Seitenangabe (schauen Sie hier gerne in das Kapitel *Was ist der Kurzbeleg?*). Im Falle direkter Zitate ist die Seitenangabe zwingend. Es macht keinen Unterschied, ob die Quelle aus einer Monographie, einem Sammelwerk, einer Zeitschrift oder dem Internet stammt: Die Art der Literatur lässt sich mit Blick ausschließlich auf den Kurzbeleg nicht feststellen und ist für die Verwendung des Kurzbeleges ohne Belang.

Grundlegende Regeln indirekter Zitate

Der Nennung des Verfassers oder der Verfasserin wird ein »vgl.« (»vergleiche« – ohne Guillemets) vorangestellt. Das bedeutet: Wenn Sie in einem Text ein »vgl.« finden, können Sie davon ausgehen, dass die gerade dargelegten Überlegungen sich zumindest teilweise auf andere Autorinnen bzw. Autoren beziehen. Wie stark dieser Bezug ist – ob es sich um die Zusammenfassung einer fremden Theorie oder einen sehr losen Bezug handelt, der andere Gedanken nur als entfernten Ausgangspunkt zu Grunde legt –, lässt sich nicht direkt erkennen und erschließt sich nur aus dem Textzusammenhang oder einem Blick in das herangezogene Buch. Das »vgl.« hat sich zu einem Quasi-Standard etabliert. Sie werden es in praktisch jeder aktuellen Veröffentlichung finden. Vielleicht entdecken Sie in älteren Werken ein »siehe«, »s.«, »confer«, »cf.« oder einen anderen Hinweis. Verboten ist das alles ebenso wenig wie es nötig ist. Gleiches gilt für die formalen Aspekte im Anschluss an das kommende Beispiel: Es gibt die Möglichkeit, dem »vgl.« ein Adjektiv wie »konträr«, »zusammenfassend« oder »abweichend« hinzuzufügen. Sie kommentieren damit die angegebene Quelle. Ein solches Vorgehen ist nicht unüblich, sollte aber in Maßen eingesetzt werden.

Grundlegende Regeln direkter Zitate

Der Kurzbeleg erfolgt bei direkten Zitaten sofort nach den schließenden Anführungszeichen in einer Klammer und besteht bei einer Autorin oder einem Autor aus dem Nachnamen, dem Erscheinungsjahr des Buchs, einem Komma, einem »S.« (für Seite) und der exakten Seitenzahl.

»Was wir über unsere Gesellschaft, ja über die Welt, in der wir leben, wissen, wissen wir durch Massenmedien. Das gilt nicht nur für unsere Kenntnis der Gesellschaft und der Geschichte, sondern auch für unsere Kenntnis der Natur« (Luhmann 2009, S. 9).

Umfang des angeführten Zitats

Beziehen Sie sich auf mehr als eine Seite im zitierten Werk, dann ist die Stelle, an der der entlehnte Gedanke zu finden ist, entsprechend nachzuweisen.

Kindheit, und damit auch die Beziehung der Eltern zu ihren Nachkommen, ist ein kulturspezifisch geprägtes Phänomen (vgl. Honig 1999, S. 161-188).

Bezieht sich das indirekte Zitat auf zwei Seiten, dann wird dies mit der Angabe eines »f.« (folgende) nach der Angabe der ersten Seite gekennzeichnet. Eine Nennung der beiden indirekt zitierten Seiten als Zahl (»123/124«) gibt es nicht. Der korrekte Nachweis sieht also wie folgt aus:

(vgl. Honig 1999, S. 187 f.)

Direkte Zitate, die sich über das Seitenende hinaus erstrecken, werden ebenfalls mit »f.« nach der Angabe der ersten Seite gekennzeichnet (nicht »129/130«).

(Barlösius 2012, S. 129 f.)

Sollten Sie sich bei indirekten Zitaten auf drei Seiten beziehen, gehen Sie entsprechend mit dem Hinweis »ff.« vor. Der im nachfolgenden Beispiel dargestellte Kurzbeleg

(vgl. Honig 1999, S. 186 ff.)

bezieht sich also auf die Seiten 186 bis 188. Wörtliche Zitate besitzen hier keine Entsprechung, da sie sich auch mit Auslassungen nicht über drei Seiten erstrecken.

Wohin mit dem Kurzbeleg?

Bei wörtlichen Zitaten ist der Regelfall – die Ausnahmen werden später in diesem Kapitel besprochen – sehr einfach: Der Kurzbeleg folgt sofort dem übernommenen Text. Bei Paraphrasen ist der Fall nur scheinbar ebenso klar: Der Kurzbeleg erfolgt dort im Text, an dem die Bezugnahme auf das angeführte Werk endet. Das wird sehr oft das Ende eines Absatzes sein, kann jedoch auch mitten im Satz passieren. Entscheidend ist alleine die Frage: Wann bezieht sich die von Ihnen formulierte Argumentation nicht mehr auf andere Autorinnen bzw. Autoren? Für Erstsemester ist die Entscheidung, wann der Nachweis eines indirekten Zitates erfolgen soll, oft nicht leicht zu treffen. Eine Arbeit über die Kritik an der bürgerlichen Gesellschaft auf Grundlage der Werke von Karl Marx wird sich über den gesamten Verlauf des Textes auf Karl Marx beziehen. Trotzdem wird Marx nicht nach jedem Absatz oder am Ende jedes Satzes angeführt, sondern nur dann, wenn der Bezug in einem *engeren* Rahmen hergestellt werden kann. Andererseits ist es in einer Arbeit über bspw. Kindeswohl möglich und sinnvoll, Michael-Sebastian Honig nachzuweisen, selbst wenn der Bezug eher weiterer und *loser* Art ist. Es kommt damit auch auf den Kontext an. Die Belegung eines indirekten Zitates ist inhaltlich und damit formal etwas schwieriger als die eines wörtlichen – hier sind Ab- und Einschätzungen zu treffen, die sich nur aus der Arbeit mit dem Original und dem Verstehen dessen, in Verbindung mit der eigenen Argumentation, begründen lassen. Das ist manchmal nicht ganz einfach und verlangt Übung.

Verschiedene Anzahl von Autorinnen und Autoren

Wurde das Buch oder der Beitrag, auf den Sie sich beziehen oder welches Sie direkt zitierten, von mehr als einem Menschen geschrieben, so ist der Kurzbeleg entsprechend anzupassen. Im Falle von zwei Autorinnen oder Autoren werden die Nachnamen mit einem Schrägstrich getrennt.

Die Verinselung der Lebenswelt bleibt nicht ohne Auswirkungen auf menschliche Beziehungen (vgl. Borde/Rose 1993, S. 135).

Im Falle eines wörtlichen Zitates wird entsprechend verfahren:

>>Die Segmentierung von Lebenswelt und einer damit einhergehenden Funktionalisierung einzelner Lebensbereiche entspricht einer Stückelung und Funktionalisierung von Sozialbeziehungen<< (Borde/Rose 1993, S. 135).

Ab drei Autorinnen bzw. Autoren werden die Verfasser/innen mit dem Nachnamen der *erstgenannten* Autorin bzw. des Autors, gefolgt durch ein >>et al.<< (>>et alii oder et aliae<< – ohne Guillemets) nachgewiesen. Die übrigen Verfasser/innen werden dann konsequent nicht aufgeführt. Die Abkürzung >>et al.<< steht für >>und andere<<, die Abkürzung hat den Charme, dass Sie sich über das Genus keine Gedanken machen müssen.

Kinder aus bildungsnahen Milieus erfahren in ihrer familialen Sozialisation eine stärkere Betonung affektiver und kommunikativer Prozesse (vgl. Grundmann et al. 2010, S. 58).

Auch hier wird bei wörtlichen Zitaten entsprechend verfahren:

>>Kinder aus bildungsfernen Milieus tendieren dahingegen eher dazu, soziale oder auf Aktivitäten zielende Aspekte in die Selbstbeschreibung einfließen zu lassen<< (Grundmann et al. 2010, S. 58).

Ich weise darauf hin, dass diese Vorgehensweise nicht unumstritten ist. Die *Zeitschrift für Pädagogik* lässt bspw. eine Kürzung erst ab vier Autorinnen und Autoren zu und verlangt gleichzeitig eine Nennung der Namen aller Verfasser/innen im Literaturverzeichnis (vgl. *Zeitschrift für Pädagogik* 2009). Auch hier bestehen also Entscheidungsspielräume. Wenn Sie sich unsicher sind, fragen Sie bitte Ihre Lehrenden und erkundigen Sie sich, was in Ihrer jeweiligen Arbeit gewünscht ist.

Gleichzeitiger Nachweis mehrerer Werke

Ein sehr gebräuchlicher »Spezialfall« ist es, einen zentralen Gedanken mit mehreren Autorinnen bzw. Autoren gleichzeitig zu belegen. Dies betrifft natürlich nur indirekte Zitate. Das Beispiel des Nachweises eines Gedankens durch mehrere Autorinnen bzw. Autoren sieht so aus:

Für das Verständnis heutiger Kindheit ist die Individualisierungsdebatte (vgl. Beck 1986) keinesfalls von untergeordneter Bedeutung (vgl. Sünker 1993; Kotthaus 2008).

Verzichten Sie auf Namedropping. Die mitunter sinnlose Aneinanderreihung von Autorinnen bzw. Autoren trägt als Hinweis auf die Belesenheit oft nur zur Befriedigung der eigenen Eitelkeit bei. Wenn Sie sicher sind, dass Sie sich inhaltlich auf die genannten Autorinnen bzw. Autoren beziehen, dann sortieren Sie diese nach dem Datum des Erscheinens der Publikation (nicht: Name der Autorinnen und Autoren) und trennen die angeführten Quellen durch ein Semikolon (;).

Es ist möglich und oft hilfreich, das wichtigste Werk, d.h. jenes mit dem direktesten Bezug nicht nur zuerst zu nennen, sondern auch durch eine Abtrennung von sekundären Quellen auf die besondere Bedeutung aufmerksam zu machen. Sollte sich eine solche Hauptbezugsquelle feststellen lassen, werden die anderen Werke mit dem Hinweis »siehe hierzu auch« oder »dazu ebenfalls« versehen.

Für das Verständnis heutiger Kindheit ist die Individualisierungsdebatte (vgl. Beck 1986) keinesfalls von untergeordneter Bedeutung (vgl. Sünker 1993; dazu auch Kotthaus 2008; Drieschner 2007, S. 88-93).

Es ist relativ unerheblich und nicht standardisiert, mit welchem Adjektiv Sie die Hauptquelle von den weiteren Autorinnen bzw. Autoren trennen. Möglich und nicht unüblich ist es auch, hier konträre Ansichten als solche zu vermerken und somit auf unterschiedliche Sichtweisen zu diesem Thema hinzuweisen. Die widersprechenden Interpretationen werden häufig mit »dem widersprechend«, »anders« oder »dazu konträr« eingeleitet. Ansonsten bleibt die Regel der Reihung entsprechend des Erscheinungsdatums bestehen. Wie bei allen indirekten Zitaten ist der seitengenaue Nachweis empfehlenswert und geboten, jedoch nicht immer nötig.

Mehrere Werke einer Autorin bzw. eines Autors innerhalb eines Jahres

Ein weiterer nicht unüblicher Spezialfall ist der Verweis auf mehrere Publikation eines Autors oder einer Autorin, die innerhalb eines Jahres erschienen sind. Es ist unerheblich, ob es sich dabei um mehrere Beiträge innerhalb eines Sammelwerks oder einer Fachzeitschrift oder aus mehreren verschiedenen Monographien, Editionen oder Periodika stammen. Wollen Sie mehrere Artikel oder Monographien als Quellen zitieren, die innerhalb eines Jahres erschienen sind, reicht die oben dargestellte Verwendung des Kurzbeleges im Text nicht aus, da dieser im Literaturverzeichnis nicht mehr eindeutig aufgelöst werden kann. Um eine Unterscheidung zu ermöglichen, wird im Kurzbeleg deshalb dem Jahr des Erscheinens ein Buchstabe angefügt und die Quellen durch ein Semikolon getrennt.

Das Begreifen von Ultrafans als Teil einer Szene, nicht jedoch einer Subkultur, ist entscheidend in dem Verständnis der geringen bis nicht vorhandenen Sanktionsmöglichkeiten im Falle von Regel- und Normenverstößen (vgl. Kathöfer/Kotthaus 2013a; 2013b).

Die zusätzliche Kennzeichnung ist dann zwingend analog im Literaturverzeichnis zu finden.

Kathöfer, S./Kotthaus, J. (2013a): Anstoß. Ultras im eigenen Erleben. Über die Entstehung dieser Studie. In: Dies. (Hrsg.): »Block X« – Unter Ultras. Ergebnisse einer Studie über die Lebenswelt Ultra in Westdeutschland. Weinheim, Beltz, S. 54-85
Kathöfer, S./Kotthaus, J. (2013b): Abpfiff. Zentrale Ergebnisse und zusammenfassende Diskussion. In: Dies. (Hrsg.): »Block X« – Unter Ultras. Ergebnisse einer Studie über die Lebenswelt Ultra in Westdeutschland. Weinheim, Beltz, S. 268-273

Sollten Sie mehrere Autorinnen bzw. Autoren mit gleichem Namen zitieren, verwenden Sie bitte den abgekürzten Vornamen als zusätzlichen Hinweis auf die Autor/innenschaft.

Stilistische Besonderheiten

Der Sinn des Kurzbeleges ist es, das Zitat eindeutig nachzuweisen. Wenn es die Satzkonstruktion hergibt, ist es durchaus möglich, in Einzelfällen den entsprechenden Nachweis an anderer, immer noch in direktem Bezug zum Zitat stehender Stelle zu platzieren. Häufig wird der Verweis auf die Autorinnen oder die Autoren in den Fließtext eingearbeitet und das Erscheinungsjahr ›regulär‹ in Klammern an das Ende des Satzes gestellt. Ein solches Vorgehen ist sinnvoll, wenn auf einen besonders engen Bezug zwischen dem dargestellten Gedanken und der Quelle hingewiesen werden soll (indirekte Zitate) oder das (direkte) Zitat mit eigenem Text verbunden wird. Im Falle indirekter Zitate kann ggf. auch das »vgl.« entfallen, wenn der Name der Autorinnen bzw. Autoren bereits in der Paraphrase, d.h. im Fließtext genannt wird. Ein Kurzbeleg könnte beispielhaft wie folgt aufgelöst werden.

Auch Honig weist darauf hin, dass Kindheit, und damit auch die Beziehung der Eltern zu ihren Nachkommen, kulturspezifisch geprägt ist (1999, S. 161-188).

Verbindung von Zitat mit eigenem Text

Auch im Falle direkter Zitate kann mit dem Kurzbeleg etwas kreativer umgegangen werden. Die Verbindung von eigenem Text mit einem wörtlichen Zitat ist häufig sehr elegant.

Kornmeier bemerkt m.E. vollkommen richtig, dass Fachzeitschriften von Studierenden trotz ihrer Vorteile in Bezug auf Aktualität nicht häufig genug herangezogen werden: »Auch mit Blick auf die geringe ›Halbwertzeit des Wissens‹ genügt es nicht, nur die Quellenverzeichnisse themenrelevanter Monographien (z.B. Lehrbücher) als Fundstelle zu nutzen; denn das aktuell verfügbare Wissen ist v.a. in den führenden Fachzeitschriften dokumentiert« (2007, S. 114).

Die unkomplizierteste Version eines direkten Zitates ist die Übernahme vollständiger, in sich geschlossener Sätze. Die Beispiele zu Beginn dieses Kapitels waren der Einfachheit halber dieser Art. Die wörtlichen Übernahmen können aber mit eigenen Satzteilen verbunden werden und müssen nicht notwendigerweise allein stehen. Ein Beispiel für die Verbindung eines Zitates mit eigenem Text kann wie folgt aussehen:

> Honig vertritt die Meinung, dass sich das von ihm als Domestizierungsparadox bezeichnete Phänomen auf die »Verknüpfung von Macht, Rationalität und Leiblichkeit in einem kulturellen Typus von ›Erwachsenheit‹ beziehen« (1999, S. 118) lässt.

Das Beispiel macht zudem deutlich, dass der eigenformulierte Satzteil sich stark auf Honig bezieht und eigentlich ein weiteres, indirektes Zitat darstellt. Da die Urheberschaft jedoch durch die Voranstellung des Autors klar gekennzeichnet ist, muss diese nicht extra nachgewiesen werden. Nicht selten besteht eine zusätzliche Aufgabe in der grammatikalischen Anpassungsleistungen zwischen eigenen und fremden Satzteilen.

Schon wieder ein Zitat aus der gleichen Quelle

In manchen Publikationen wird eine sich direkt wiederholende Nennung einer Autorin bzw. eines Autoren mittels der Abkürzung »ebd.« (für »ebenda« – wie immer ohne Guillemets), »a.a.O.« (für »am angegebenen Ort«) oder »ibid.« (für »ibidem«) ersetzt. Ich empfehle, hierauf zu verzichten. Die größte Schwäche dieses Verfahrens besteht darin, dass die Referenzquelle (d.h. die erste Nennung des Autors oder der Autorin) bei der späteren Bearbeitung des Textes gelöscht oder an eine andere Stelle verschoben werden kann. Dadurch bezieht sich das »ebd.« auf ein anderes Werk. Dieses Vorgehen trägt häufig zur Verwirrung bei – oft auch zur eigenen (siehe hierzu auch Kiel 2001, S. 218). Sollten Sie meinen, unbedingt so vorgehen zu müssen, dann empfehle ich, die üblichen Nachweise zu verwenden, und diese in einem allerletzten Arbeitsschritt zu ersetzen.

Wie wird aus der Quelle ein Kurzbeleg?

Kurzbelege bestehen – bei direkten wie bei indirekten Zitaten – zwingend aus Nachname der Autorinnen bzw. Autoren, Erscheinungsdatum des Werkes sowie ggf. durch Komma getrennt der Seitenangabe. Es spielt dabei keine Rolle, ob es sich dabei um Monographien, Beiträge aus Sammelwerken oder Fachzeitschriften, Open-Access-Publikationen, E-Books oder Internetquellen handelt.

Wie immer im Wissenschaftsbetrieb gibt es auch bei der Erstellung des Kurzbeleges zahlreiche, über die gerade dargestellten Regeln hinausgehende Sonderfälle. Diese können grob in die Bereiche »Autor/innenschaft« und »Erscheinungsdatum« kategorisiert werden. Während zuvor die Grundregeln und -verfahrensweisen dargestellt wurden, geht es nun um die Besonderheiten. Wenn in diesem Kapitel indirekte Zitate benutzt werden, dann gelten die Beispiele trotzdem in gleichem Maße für wörtliche Zitate. Für Erläuterungen der Entsprechungen des Kurzbelegs, dem Eintrag in das Literaturverzeichnis, schauen Sie in das Kapitel *Welche Besonderheiten sind im Literaturverzeichnis zu beachten?* Alle Beispiele dieses Kapitels finden Sie auch im Literaturverzeichnis des Buches aufgeführt.

Sonderfall Autor/innenschaft

Manchen Monographien sind zunächst Vorworte anderer Autorinnen bzw. Autoren vorangestellt – weisen Sie auch dies konkret nach und ordnen Sie diese Autor/innenschaft nicht stillschweigend der Monographie unter. Das Vorwort Ulrich Kutscheras aus meiner Monographie *Propheten des Aberglaubens* würde als Kurzbeleg wie folgt nachgewiesen werden:

(vgl. Kutschera 2003, S. 7-11)

In einigen Fällen ist die Autor/innenschaft nicht einer natürlichen Person, sondern Arbeitsgruppen oder Körperschaften zugeordnet. Lässt sich die Autor/innenschaft aus dem Werk selbst heraus erkennen (oft werden die eigentlichen Autorinnen bzw. Autoren im Innenteil oder auf der letzten Umschlagseite vermerkt), so sollten diese auch genannt werden (und denken Sie bitte daran, im Literaturverzeichnis entsprechend zu verfahren).

(vgl. Blossfeld et al. 2009)

Lässt sich die Autor/innenschaft nicht auflösen, dann muss der Name der Arbeitsgruppe oder der Körperschaft genannt werden.

(vgl. Bildungskommission NRW 1995)

Sind keine Verfasser/innen zu ermitteln und ist keine Arbeitsgruppe genannt, dann wird in der Regel der Name der Herausgeber/innen angeführt. Es wird im Kurzbeleg – anders als im Literaturverzeichnis – jedoch nicht darauf eingegangen, dass es sich nicht um die eigentlichen Autorinnen bzw. Autoren handelt.

(vgl. Montag Stiftung Jugend und Gesellschaft 2011)

In manchen Zeitschriftenartikeln werden die Verfasser/innen ebenfalls nicht genannt. Weisen Sie hier im Kurzbeleg den kursiv gesetzten Titel der Zeitschrift nach. Das ist nicht schön, aber gefälliger und eindeutiger als der Nachweis über die Termini »Anonymus« oder »N.N.«.

(vgl. *Zeitschrift für Pädagogik* 2009)

Grundsätzlich werden Gesetzestexte in der Sozialen Arbeit nicht nachgewiesen, und zwar weder im Kurzbeleg noch im Literaturverzeichnis. Anders verhält es sich mit Rechtskommentaren. Hier erfolgt der bekannte Kurzbeleg.

(vgl. Struck 2006, S. 328)

Die Autor/innenschaft von Rechtskommentaren steht oft nicht direkt über den einzelnen Paragraphen oder Kapiteln, sondern muss im Werk selbst recherchiert werden. In allen mir vorliegenden, für die Soziale Arbeit relevanten Rechtskommentaren ist das mit ein wenig Mühe durchweg möglich gewesen. Hier – wie überall – achten Sie bitte darauf, dass sich Kurzbeleg und Nachweis im Literaturverzeichnis entsprechen.

Sonderfall Erscheinungsdatum

Werke ohne oder ohne ersichtliches Erscheinungsdatum werden mit »o.J.« (»ohne Jahr« – bitte ohne Guillemets) gekennzeichnet. Dies gilt auch für Internetquellen, bei denen sich das Erscheinungsjahr nicht ermitteln lässt.

(vgl. Institut für soziale Arbeit o.J., S. 35)

Sollten Sie das Erscheinungsjahr recherchieren können, verwenden Sie dieses obwohl vielleicht Unsicherheiten bestehen, da es im Werk selbst nicht aufgeführt wurde, auch im Kurzbeleg,

---

(vgl. Lyotard 1985)

Bei den Klassikern (Marx, Freud, Kant, Rousseau etc.) werden Sie wahrscheinlich nicht aus dem Original (d.h. dem Erstdruck) zitieren, sondern aus einer Edition, einem Nachdruck oder einer Gesamtausgabe. Weisen Sie das neue Erscheinungsjahr nach, im folgenden Beispiel ist das Original 1762 erschienen, zitiert wird jedoch aus einer Auflage von 1998.

(vgl. Rousseau 1998)

Sonderfall Paginierung

Sehr selten wird eine Veröffentlichung nicht numerisch paginiert, sondern bspw. in jedem Kapitel neu beginnend. Übernehmen Sie hier die im Werk vorgegebene Seitenzählung und zählen Sie die Seiten in eigenem Ermessen nicht selbst durch.

(vgl. Kotthaus 2010, S. KA 220)

In einigen Fachzeitschriften werden die Seiten pro Jahrgang durchgezählt. Das bedeutet: Die erste Textseite nach dem vorderen Umschlag und dem Inhaltsverzeichnis des sechsten Heftes des 55. Jahrgangs der *Zeitschrift für Pädagogik* ist Seite 833. Auch wenn dies für Erstsemester ungewohnt ausschaut, müssen Sie die in der Publikation verwendete Paginierung beibehalten. Ein Beitrag aus dieser Ausgabe würde wie folgt nachgewiesen:

(vgl. Olk/Speck 2009, S. 914-917)

Lässt sich keine Seitenangabe finden (so in einigen Broschüren oder bei HTML-Dokumenten aus dem Internet), wird dies im Fall wörtlicher Zitate mit »o.S.« (»ohne Seite« – ohne Guillemets) vermerkt. Dieser Fall ist nur bei wörtlichen Zitaten wirklich relevant und liegt häufig in Kombination mit dem Fehlen eines Erscheinungsjahrs vor. An solcher Stelle müssen Sie sich fragen, welchen Wert diese Quellen für ein wissenschaftliches Studium überhaupt noch besitzen. Ich würde solche Zitate nach Möglichkeit vermeiden.

»Unter kognitiver Entwicklung versteht man die Entwicklung all jener Funktionen, die dem Erkennen und Erfassen der Gegenstände und Personen der Umgebung und der eigenen Person gelten« (Stangl o.J., o.S.)

Sonderfall Internet

Internetquellen werden nach Möglichkeit im Kurzbeleg analog zu Monographien oder Sammelwerken nachgewiesen. Niemals geben Sie eine Internetadresse im Kurzbeleg an, nachzuweisen ist immer die entsprechende Autorin bzw. der Autor. Relativ häufig wird es so sein, dass Sie das Erscheinungsjahr des Textes nicht nachweisen und eine exakte Seitenzahl nicht angeben können. Für wörtliche Zitate eignen sich HTML-Seiten (wie auch oben beschrieben) nur sehr bedingt.

(vgl. Stangl o.J.)

Bei HTML-Dokumenten oder PDF-Dateien, die selbst generiert worden sind (so bspw. bei Artikeln von *zeit.de*), ist es nicht möglich, Seitenzahlen anzugeben, da die Ansicht und damit der Seitenumbruch von den Einstellungen Ihres Browsers abhängig ist. Ihr PDF-Dokument besitzt zwar damit Seitenzahlen, diese können Sie jedoch nicht verwenden. Sie müssen dies mit dem Hinweis »o.S.« (»ohne Seite« – ohne Guillemets) im Falle direkter Zitate kenntlich machen. Auf indirekte Zitate hat dieser Umstand, wenn keine Seitenzahl angegeben werden soll, wenig Auswirkungen.

Im Falle von digital veröffentlichten Dissertationen und Habilitationen ist der Quellennachweis im Kurzbeleg problemfrei möglich. Diese werden wie gedruckte Quellen im Text nachgewiesen, die »Natur« der Quelle ergibt sich erst mit dem Blick in das Literaturverzeichnis.

(vgl. Heigl 2011, S. 102 f.)

Pressemitteilungen aus dem Netz werden gewöhnlich über die herausgebende Institution nachgewiesen. Seitenangaben sind hier im Normalfall nicht möglich.

(vgl. Destatis 2013)

Aus keinem Kurzbeleg wird ersichtlich, um welchen Typ Quelle oder Literatur es sich handelt. Hierzu ist ein Abgleich mit dem Literaturverzeichnis notwendig. Die Autor/innennennung im Literaturverzeichnis und im jeweiligen Kurzbeleg muss vollständig übereinstimmen, um einen Nachweis sicher zuordnen zu können. Schauen Sie bitte von hier aus in das Kapitel *Welche Besonderheiten sind im Literaturverzeichnis zu beachten?* Hier werden viele Sonderfälle mit weiteren Beispielen erläutert.

Wie werden Tabellen und Abbildungen nachgewiesen?

Sie können in Ihrer Arbeit Abbildungen oder Tabellen verwenden. Dies bietet sich manchmal an, wenn Daten oder Inhalte nur umständlich oder unübersichtlich im Fließtext dargestellt werden könnten. Beide Formen der Visualisierung von Informationen werden getrennt voneinander nummeriert und sinnvoll benannt. Dies geschieht unterhalb der jeweiligen Darstellung. Ich rege an, folgende Systematik in der Benennung und Kennzeichnung von Tabellen und Abbildungen zu verwenden:

Eigene, neue Tabellen oder Abbildungen (z.B. die Präsentation eigener Daten oder Forschungsergebnisse) werden ohne Nachweis eines Bezuges (den es ja nicht gibt) benannt. Die Abbildung auf Seite 38 stellt die Systematisierung eines fiktiven Studienmodells dar und orientiert sich an keiner mir bekannten Darstellung. Von daher erfolgt kein Hinweis auf ein anderes Werk.

Abb. 2: Aufbau eines fiktiven Studienmoduls

Wenn Sie sich auf ein anderes Werk lose beziehen, müssen Sie dies kennzeichnen. Die Abbildung bzw. die Tabelle entspricht am ehesten einem indirekten Zitat. Dass die Umarbeitungen und Zusammenfassungen in eine eigene Form Ihre eigene Leistung darstellen, wird mit dem Hinweis »eigene Darstellungen« deutlich gemacht. Die erste Tabelle dieses Buchs auf Seite 20 orientiert sich an den Ausführungen Disterers (2005), ist aber graphisch und inhaltlich im Wesentlichen eine Eigenleistung.

Tab. 1: Entsprechung studentischer und wissenschaftlicher Produkte, eigene Darstellung (vgl. Disterer 2005, S. 47-56)

Ist der Bezug enger, d.h. handelt es sich zwar nicht um eine direkte Übernahme, aber können Sie guten Gewissens auch nicht wirklich behaupten, dass die Darstellungsform originär oder originell Ihre eigene wäre, empfehle ich, den Hinweis »eigene Darstellung« nicht zu verwenden. Die auf Seite 66 abgebildete Tabelle der Bearbeitungszeiträume für Studienarbeiten ist hierfür ein gutes Beispiel: Im Original werden Sie auch eine Tabelle finden, die dortige Idee der Visualisierung von Zeiträumen in Kalenderwochen ist übernommen, ebenso der Aufbau der Darstellung. Meine Eigenleistung besteht in einer Modifikation der Arbeitsschritte und der Anpassung an meinen eigenen Text. Das ist damit zu viel Eigenleistung, um von einem direkten Zitat zu sprechen, aber zu wenig, um es ernsthaft als eigene Darstellung zu deklarieren. Im Vergleich hierzu entfernt sich die Tab. 5 auf Seite 70 soweit von Ebster/Stalzer (2003), dass wiederum von einer eigenen Darstellung gesprochen werden kann.

Tab. 4: Bearbeitungszeiträume (KW für das Jahr 2014) in enger Anlehnung an Ebster/Stalzer (2003, S. 23)

Es ist sehr ungewöhnlich, Abbildungen oder Tabellen zu scannen und dann in den eigenen Text einzufügen. Wenn Sie meinen, unbedingt so vorgehen zu müssen (was ich wie gesagt nicht empfehlen kann), dann müssen Sie diese Übernahme wie ein wörtliches Zitat behandeln. Das gleiche gilt auch, wenn Sie eine Darstellung in wesentlichen Teilen in Ihrer Textverarbeitung nachbauen und somit kopieren. Ich verwende in diesem Buch keinen solchen Nachweis, das folgende Beispiel ist deshalb rein fiktiv.

Abb. 436: Anforderungen an Studienarbeiten (Disterer 2005, S. 40)

Alle von Ihnen benutzten Quellen müssen selbstverständlich im Literaturverzeichnis angegeben werden. Zudem werden Tabellen und Abbildungen getrennt voneinander in einem sogenannten »Tabellenverzeichnis« bzw. »Abbildungsverzeichnis« aufgelistet – auch, wenn dieses nur eine Position umfasst. Diese Aufstellung findet sich in der Regel im direkten Anschluss an das Inhaltsverzeichnis. Wenn Sie die Bezeichnung und Nummerierung der Abbildungen und Tabellen nicht händisch, sondern automatisch erstellt haben, dann können Sie sich auch die zeitraubende Arbeit der Auflistung sparen. Automatische Verzeichnisse können Sie mit LibreOffice und Word inkl. korrekter Seitenzahlen erstellen.

Was ist ein Plagiat?

In diesem Kapitel soll geklärt werden, was in einer Hausarbeit sowie im wissenschaftlichen Arbeiten keinerlei Platz hat: das Plagiat. Erstsemester sind sich über die Tragweite von Plagiaten oft nicht im Klaren. Ein Plagiat (über frz. aus lat. plagium, »Menschenraub«) ist das Aneignen fremden geistigen Eigentums. Dies kann sich auf die Übernahme fremder Texte oder anderer Darstellungen (z.B. Zeitungs-, oder Journalartikel, Fotos, Filme, Tonaufnahmen), fremder Ideen (z.B. Erfindungen, Designs, wissenschaftliche Erkenntnisse, Melodien) oder beides gleichzeitig (z.B. wissenschaftliche Veröffentlichungen, Kunstwerke, Romane) beziehen. Plagiate können, müssen aber nicht, gegen das Gesetz verstoßen: Die nicht als Zitat gekennzeichnete Übernahme fremder Texte ist in der Regel eine Urheberrechtsverletzung. Die Übernahme fremder Ideen kann eine Patentrechts- oder Geschmacksmusterverletzung sein. In der Wissenschaft verstößt ein Plagiat gegen Prüfungsordnungen, Arbeitsverträge oder Universitätsrecht. Die Auswirkungen für Studierende können gravierend sein.

Plagiate sind im akademischen Kontext mehr als unwillkommen. Der Umgang mit Plagiaten ist jedoch nicht so eindeutig, wie man denken könnte. Es ist deshalb notwendig, die einzelnen Tatbestände ein wenig genauer zu betrachten. Ich will in diesem Kapitel einige wichtige Plagiatsformen und -techniken vorstellen, hier jedoch nicht stehen bleiben und wiederholt Möglichkeiten darlegen, diese zu vermeiden. Sollte es notwendig sein, dies zu erwähnen: Es geht in diesem Kapitel nicht darum, Sie zu besseren Fälscherinnen und Fälschern zu machen, sondern Sie als Studienanfänger/in in die Lage zu versetzen, nicht aus Unwissenheit einen Fehler zu begehen, der Ihnen nachher mehr als peinlich ist.

Textplagiate

Die vorliegenden Ausführungen beziehen sich stark auf Textstellen. Es ist ebenso problemlos denkbar, Abbildungen, Tabellen oder auch Daten(sätze) in den eigenen Text ohne entsprechenden Nachweis einzubauen und damit zu plagiieren. Neue technische Mittel vereinfachen die Möglichkeiten der Übernahme fremden geistigen Eigentums, mithin können auch Liedfragmente einfach dort kopiert werden, wo zuvor zumindest noch die Fähigkeit bestehen musste, Melodie und Harmonie heraushören zu können (vgl. Preißner 2012, S. 93). Weber-Wulff/Wohnsdorf (2006, S. 92) schildern zudem Szenarien des Ideendiebstahls im Rahmen von Forschungsanträgen sowie den Raub von Abschlussarbeiten durch die Prüfer/innen. Plagiate finden sich also nicht nur in den Arbeiten von Studierenden, sondern äußerst vereinzelt auch in den Schriften professioneller Wissenschaftlerinnen und Wissenschaftler. Der Diebstahl von Text geschieht in einem Klima von (Post)Modernität, welches auf der einen Seite von einfacher, technischer Machbarkeit geprägt ist. Auf der anderen Seite begünstigen neue Studiensituationen die Bereitschaft, Plagiate anzufertigen. Hier kann bspw. Entlastung in Überlastungssituationen und die Abminderung von Erfolgs-, Wettbewerbs- oder Leistungsdruck genannt werden (vgl. Braun/Grottke 2012), die zunehmend aus immer dichter strukturierten und schnell zu absolvierenden Studiengängen entstehen. Dies rechtfertigt nichts, aber es macht die gefühlte Flut von Plagiaten im universitären Betrieb erklärbarer.

Vollplagiate

Vollplagiate sind die komplette Übernahme fremder Hausarbeiten – gerne von einer der Webseiten, welche Seminararbeiten zum Kauf anbieten. Vollplagiate sind ein Fall von besonders schwerer Täuschung. Wenn Sie eine Seminararbeit der Universität Wien mit einem neuen Deckblatt ausgestattet und das Ganze unter eigenen Namen abgegeben haben – so wurde es von mir erlebt –, dann müssen Sie mit den Konsequenzen – Reputationsverlust, Wiederholung der Prüfung oder ggf. auch Ausschluss von dieser, Einbestellung durch den Prüfungsausschuss etc. – entsprechend rechnen.

Shake-and-Paste-Plagiate

Das Vollplagiat stellt m.E. eher die Ausnahme dar. Wenn Studierende plagiieren, dann eher durch die Übernahme einzelner, kleinerer Textstellen. Die Anzahl der plagiierten Stellen kann von einem einmaligen Vergehen über gelegentlich eingefügte Satzteile oder Sätze bis hin zu Arbeiten reichen, die zu einem Großteil aus verschiedenen Texten ungekennzeichnet zusammengesetzt worden sind. Im letzten Fall besteht der Text im Prinzip aus zufällig zusammengesetzten Passagen, häufig mit minimalem inneren Zusammenhang. Weber-Wulff/Wohndorf (2006, S. 91) haben diese Form der unbelegten Textübernahme in Analogie zur Zubereitung eines Backhähnchens auf Grundlage einer – in Deutschland eher unbekannten – Gewürzmischung »Shake-and-Paste-Plagiate« genannt. Derartige »Arbeiten wirken oft wie ein bunter Flickenteppich, es gibt einen Fetzen hier und einen Fetzen dort, mit groben Stichen zusammengehalten« (Weber-Wulff/Wohndorf 2006, S. 91). Die einzelnen Abschnitte werden teils unverändert, teils mehr oder minder geschickt stilistisch aneinander angepasst. Solche Texte sind in aller Regel grauenerregend zu lesen, nicht unbedingt, weil die Qualität der Originale so schlecht ist, sondern weil es an inhaltlichem Zusammenhang fehlt

Strukturplagiate

Ein Strukturplagiat ist ein »Text, der zwar selbstständig formuliert wurde, aber in seiner Struktur und Argumentationslinie von einem anderen Werk übernommen wurde« (Messing 2012, S. 236). Nach Weber-Wulff/Wohndorf handelt es sich um »eine der umstrittensten Formen des Plagiats« (2006, S. 91), da es fraglich ist, ob die Reihenfolge von Argumenten eine schützenswerte und schützbare Leistung darstellt. Um von einem Strukturplagiat zu sprechen, braucht es zweifelsohne eine sehr genaue Kopie der Gliederung einer fremden Arbeit. Es reicht auf der einen Seite nicht aus, eine bloße Ähnlichkeit zwischen zwei Werken feststellen zu können – diese ist nämlich nicht nur bei einer Vielzahl von Lehrwerken zu einem bestimmten Fachgebiet zu finden, auch dieses Buch ist bspw. in einer Art und Weise aufgebaut, die zumindest teilweise anderen Einführungen in das wissenschaftliche Arbeiten ähnlich ist. Wie sollte es auch anders sein? Die Themen und die Varianz ihrer Abfolge sind so begrenzt, dass es schwer fällt, bestimmte Reihenfolgen *nicht* einzuhalten. Wenn jedoch Arbeiten vorgelegt werden, deren Struktur, Kapitelüberschriften, Argumentationslinien und vielleicht noch Literaturverzeichnisse mit einem Lehrbuch oder einem anderen Werk völlig identisch sind, dann handelt es sich um eine Nacherzählung, ein Remake oder ein Stuktur- bzw. Ideenplagiat.

Plagiieren durch Copy-and-Paste

Copy-and-Paste ist eine Methode des Plagiierens unter besonderer Zuhilfenahme technischer Mittel. Während das Plagiat das Abschreiben des fremden Textes ohne Kennzeichnung als Wesensmerkmal beinhaltet, entfällt der Arbeitsschritt des manuellen Abtippens bei Copy-and-Paste-Plagiaten. Hier werden digital vorliegende Textstellen aus E-Books, Open-Access-Publikationen, anderen Seminararbeiten, Wikipedia-Artikeln, Blogs oder irgendwelchen anderen Seiten aus dem Netz markiert, kopiert und in die eigene Arbeit eingefügt. Copy-and-Paste kann vollständig geschehen – d.h. ohne die geringste Veränderung des Originals inkl. der dortigen Literaturhinweise. Die kopierten Textstellen jedoch können auch stilistisch und/oder inhaltlich angepasst werden. Je weiter die Qualität der Quelle von der Norm einer studentischen Hausarbeit abweicht, desto leichter ist in aller Regel für erfahrene Leser/innen das Plagiat aufzudecken. Copy-and-Paste-Plagiate können, da man es im Internet mitunter mit Quellenangaben nicht immer ganz genau nimmt, gelegentlich selbst Copy-and-Paste-Plagiate enthalten. Kopiert wird bisweilen auch aus hochwertigeren Artikeln, Buchbeiträgen oder grauer Literatur, wenn diese im (kopierbaren) PDF-Format vorliegen.

Wie leicht Copy-and-Paste-Plagiate funktionieren, können Sie nachvollziehen, indem Sie sich fragen, ob Ihnen beim Lesen dieses Kapitels irgendetwas Besonderes aufgefallen ist. Kam Ihnen der erste Abschnitt vielleicht irgendwie bekannt vor? Hatten Sie da nicht etwas Ähnliches gelesen, als Sie sich nach der Einschreibung über Plagiate im Netz informiert hatten? Die Aufmerksamen unter Ihnen werden vielleicht gemerkt haben, dass große Teile zwischen »Erstsemester sind...« und »...Universitätsrecht« auf Seite 167 ein Plagiat darstellen. Es handelt sich um eine nur geringfügig veränderte Kopie des entsprechenden Wikipedia-Artikels – ein Beispiel für ein Copy-and-Paste-Plagiat bei dessen Verschleierung ich mir nicht sehr viel Mühe gegeben habe. Trotz der offensichtlichen stilistischen Unterschiede bin ich relativ überzeugt, dass nicht viele Leser/innen auf das Plagiat aufmerksam geworden wären, hätte ich es nicht offenbart.

Wichtig ist: Es ist nicht der Vorgang des digitalen Kopierens, welcher das Problem bei Copy-and-Paste-Plagiaten ausmacht. Die technischen Möglichkeiten von Schreibprogrammen und Literaturrecherchen einschließlich digitaler Kopierfunktionen sind an sich wenig problematisch und großartige Hilfsmittel (vgl. Töpfer 2009, S. 332). Mehrere wörtliche Zitate in diesem Buch wurden, wenn die Quelle in digitaler Form vorlag, von mir in dieser Art und Weise übernommen. Das digitale Kopieren stellt mir eine willkommene Erleichterung dar und reduziert die Wahrscheinlichkeit des Auftretens von Zitationsfehlern. Ich kenne keine Kolleginnen und Kollegen, die diese Möglichkeit nicht nutzen, sich stattdessen ein im PDF-Format vorliegendes E-Book ausdrucken und in Handarbeit abschreiben würde. Eine absurde Vorstellung. Aber: Es liegen deshalb nur keine Plagiate vor, weil ich die entsprechenden Stellen eindeutig als Zitat gekennzeichnet habe. Weiterhin ist die Übernahme weder qualitativ noch quantitativ ein Problem, weil wörtliche Zitate auf ein Minimum reduziert und mit Bedacht ausgewählt wurden. Gehen Sie so vor und achten Sie auf den entsprechenden Nachweis, spricht nichts gegen die digitale Übernahme wörtlicher Zitate. Diese Methode darf jedoch auf keinen Fall überhandnehmen. Direkte Zitate stellen in wissenschaftlichen Texten die Ausnahme dar – gerade weil es sich bei legalem Copy-and-Paste um eine manchmal willkommene Arbeitserleichterung handelt, liegt darin eine gewisse Verführung begründet, schnell noch die eigene Arbeit durch einige gut geschriebene, aber nicht nachgewiesene und damit gestohlene Textstellen »aufzuhübschen«. Dies kann aus Nachlässigkeit (vgl. Töpfer 2009, S. 332) ebenso geschehen wie in der Absicht, bewusst zu täuschen (vgl. Wagner 2012, S. 459-462).

Plagiieren durch Verschleierungen und Bauernopfer

Bauernopfer nennt man die Verkürzung des Umfangs eines indirekten Zitats. Eine längere Textstelle wird so nachgewiesen, dass die Eigenleistung größer wirkt, als sie tatsächlich ist (vgl. Preißner 2012, S. 122). *Verschleierungen* sind die Versuche, die Herkunft eines indirekten Zitats durch leichte Abwandlungen im Satzbau, im Stil, mit einem Austausch von Verben oder der Zuhilfenahme des Thesaurus unkenntlich zu machen (vgl. Messing 2012, S.

235). Verschleierungen sind leicht mit Copy-and-Paste kombinierbar. Sie sind Täuschungen, wenn sie mit Absicht erfolgen. Wann eine Umformulierung eine Verschleierung darstellt oder der eigene Text sich weit genug vom Original entfernt hat, um als indirektes Zitat zu gelten, ist schwierig regelhaft festzulegen, weil genau diese Regeln nicht existieren (vgl. Weber-Wulff/Wohnsdorf 2006, S. 90). Verschleierungen können durchaus ungeschickte, missglückte und schlicht schlechte Paraphrasen sein – es waren, so könnte man lakonisch sagen, nicht genug »eigene Worte«, mit denen der Gedanke formuliert wurde. Gerade für Erstsemester ist diese Grenze schwierig zu ziehen. Klar sagen lässt sich jedoch, dass die Umstellung zweier Satzteile und das Einfügen einiger Füllwörter keine akzeptable Paraphrase darstellt.

Plagiieren durch Trittbrettfahren I: Zitationsplagiat

Trittbrettfahren (vgl. Preißner 2012, S. 121 f.) unterscheidet sich von dem Diebstahl ganzer Textstellen, mit oder ohne Verschleierung, ein wenig und funktioniert im Wesentlichen folgendermaßen: Es wird vorgegeben, ein Zitat oder eine Quelle einschließlich ihrer jeweiligen Bedeutung selbst entdeckt zu haben. *Zitationsplagiat* – ein Ausdruck, den ich auf ein Interview mit Ingo Mörth in der Tageszeitung »Kurier« im Frühjahr 2011 zurückführe – nenne ich das Kopieren von direkten Zitaten aus fremden Texten. Ein Plagiat stellt dieses Vorgehen dennoch dar, da die geraubte Stelle weder selbst entdeckt noch gelesen noch in ihrer Bedeutung erkannt wurde. All diese Leistungen gehen auf die Autorin oder den Autor zurück, aus dessen Text das Zitat geraubt wurde. In den Rechtswissenschaften nennt man diese Form des Plagiates »Blindzitat« (Rehbinder/Rehfeldt 1988, S. 243). Dieser Begriff trifft den Sachverhalt ganz hervorragend: Die Übernahme der Textstelle erfolgt sozusagen blind ohne jede Kenntnis der Umstände und der Kontextualisierung im originalen Werk. Im Ergebnis sind der Gehalt der zitierten Stelle weder inhaltlich noch formal geprüft – im wissenschaftlichen Kontext eine Sünde, die jede Art von Erkenntnis auf die Ebene von Hörensagen reduziert.

Es ist sehr leicht, Zitationsplagiate zu vermeiden. Die erste und eleganteste Möglichkeit lautet: Sie überprüfen das Zitat in dem Text, aus dem es stammt, und machen es damit zu Ihrem eigenen. Es ist also völlig legitim, direkte Zitate in fremden Texten als Hinweis auf eine besonders wichtige Stelle zu deuten und diese ggf. ebenso in der eigenen Arbeit zu verwenden. Haben Sie das entsprechende Buch in den Händen gehalten und gelesen, den Kontext und die Bedeutungsinterpretation verifiziert, liegen keine Gründe dafür vor, das Zitat nicht zu verwenden. Ich mache es nicht anders: Das Weinrich-Zitat aus dem Kapitel *Was ist mit »Wissenschaft« gemeint?* kannte ich bspw. im Vorfeld nicht und fand es bei der Recherche zu einem anderen Thema in einem Aufsatz Ines Polands (2010. S. 155) über den Einsatz digitaler Medien in der Förderung von Sprachkompetenzen im akademischen Kontext. Dieses Zitat wurde jedoch nicht einfach blind übernommen, sondern in der ursprünglichen, primären Veröffentlichung inhaltlich und formal kontrolliert – wodurch im Hinblick auf das Erscheinungsdatum ein Fehler entdeckt und korrigiert werden konnte. Zwischen dem Finden des Zitates und der Übernahme muss also unbedingt die Überprüfung in Bezug auf inhaltliche und formale Richtigkeit liegen. Solches kann nur in der originären Veröffentlichung geschehen. Ist das geschehen, soll/muss kein

Hinweis auf das Werk erfolgen, in dem Sie das Zitat zum ersten Mal gelesen haben – aber auch nur dann.

Die zweite Möglichkeit, kein Zitationsplagiat zu begehen, liegt in dem Setzen eines Kurzbelegs (siehe hier das Kapitel *Was ist der Kurzbeleg?*), der auf die ungeprüfte, sekundäre Übernahme hinweist. In dem folgenden Beispiel wird auf eine sehr bekannte Definition der »Massenkommunikation« von Gerhard Maletzke Bezug genommen. Zitiert wird jedoch nicht aus dem Werk Maletzkes (1963, S. 28), sondern aus einem Lehrbuch Heinz Pürers (2003):

Unter Massenkommunikation versteht man alle »jene Form der Kommunikation, bei der Aussagen öffentlich, durch technische Verbreitungsmittel indirekt und einseitig an ein disperses Publikum vermittelt werden« (Maletzke 1963, S. 28 in: Pürer 2003, S. 80).

Ein solches Vorgehen sollte nach Kräften vermieden werden. Wünschenswert ist Sekundärzitation nicht. Einigermaßen tolerabel sind Sekundärzitationen sicherlich dann, wenn sie Stellen umfasst, die nur mit einem nicht zumutbaren Aufwand einzusehen wären. Jenseits von in der Regel älteren und nicht mehr erhältlichen Veröffentlichungen kann ich mir keinen Grund vorstellen, der ein Sekundärzitat rechtfertigen würde. Gehen Sie also nur im Notfall so vor.

Plagiieren durch Trittbrettfahren II: Quellenplagiate

Quellenplagiate – eine Bezeichnung, die ich auf einen *vroniplag*-User namens Hotznplotz (*Vroniplag* 2011) zurückführe – sind die Übernahmen der Literaturangaben von Büchern, Artikeln, Texten, Forschungsergebnissen etc. aus anderen Werken in die eigene Arbeit, ohne dass eine weitere Recherche erfolgt. Gestohlen wird also der Nachweis der Quelle. Das Plagiat erfolgt in längeren Kurzbelegen oft als eine Form des Namedroppings: Es wird vorgegeben, eine bestimmte Quelle recherchiert zu haben, diese Arbeit wurde jedoch von anderen Autorinnen und Autoren geleistet. Quellenplagiate benötigen demnach kein direktes Zitat als Begleitung, sie sind sozusagen das Plagiat eines (fiktiven) Belegs einer

Paraphrase. In Verbindung hiermit werden auch bibliographische Daten entwendet, d.h. der Nachweis der Quelle im Literaturverzeichnis.

Quellenplagiate lassen sich ebenso wie Zitationsplagiate relativ leicht vermeiden, aus dem Trittbrettfahren wird damit – um im Bild zu bleiben – ein echtes Lenken des akademischen Busses: Gehen Sie den Quellen auf den Grund. Es ist kein Problem, ein wichtiges Werk in einem anderen Buch zu entdecken, dessen Gehalt zu prüfen und ggf. zu übernehmen Genau dies verlangt man von Ihnen, der Begriff hierzu heißt »Literaturrecherche«. Entscheidend ist jedoch die Überprüfung und eigene Einordnung der Quelle.

Zum Abschluss

Es ist keine Frage, dass es sich bei Plagiaten um einen ernsthaften und in seiner Bedeutung nicht zu unterschätzenden Verstoß sowohl gegen wissenschaftliche Standards als auch akademische Redlichkeit und Ethik handelt. Die Begeisterung über ein solches Verhalten, sei es aus Unkenntnis oder unter Vorsatz ausgeführt, dürfte sich weithin in Grenzen halten. Im Rahmen Ihres Studiums droht Ihnen bei Entdeckung zumindest ein kaum zu vergessener Gesichtsverlust, im schlechtesten, d.h. im Wiederholungsfalle die Exmatrikulation. Die Botschaft ist eindeutig: Kopieren Sie nicht! Unterlassen Sie alle Plagiatsversuche!

In der derzeitigen Diskussion über Plagiate erscheint mir eine andere Seite wichtig: Auch wenn einige Studierende kopieren, so mag ich doch unseren wissenschaftlichen Nachwuchs nicht – unerlaubt, wie ich meine – unter einen Generalverdacht stellen. Es kann nicht sein, dass sich Studierende bis zum Erreichen eines akademischen Grades ohne das geringste Verschulden in einer Bewährungszeit befinden sollen. Deshalb halte ich weder etwas von der Einführung von Plagiatserkennungssoftware mit der flächendeckend jede Studien- und/oder Abschlussarbeit überprüft werden soll noch kann ich nachvollziehen, warum der Aufwand, ein Plagiat entdecken zu wollen, höher liegen sollte als die Betreuung der Seminararbeit. Aber verlieren Sie das Wesen des akademischen Denkens nicht aus den Augen: Wissenschaft ist die Suche nach Wissen und Erkenntnis, nicht die Vermeidung von

Plagiaten. Theisen (2011, S. 240 f.) vergleicht – in Anlehnung an Klaus Ernst – den Raub wissenschaftlicher Inhalte mit Ladendiebstahl. Genau dieses Bild trifft den Sachverhalt auch auf anderer Ebene exzellent: Gehen Sie einkaufen, dann bezahlen Sie, weil es das richtige Verhalten ist – nicht, um den Diebstahl zu vermeiden. Genau deshalb wird ein korrekter Nachweis getätigt: weil dies den akademischen Standard darstellt und es ebenso moralisch wie rechtlich richtig ist. Er wird jedoch *nicht* primär zitiert, um ein Plagiat zu vermeiden. Und wenn Sie bezahlen, dann tun Sie dies mit einem Male, legen alle Waren auf das Band und rechnen ab. Sie laufen jedoch ebenso wenig mit jedem Artikel einzeln zur Kasse wie Sie Halbsatz auf Halbsatz und Begriff nach Begriff nachweisen, wenn dies einen auf eine Autorin bzw. einen Autor bezogenen Sinnzusammenhang (oder einen zusammenhängenden Einkauf) darstellt. Das andere Extrem, nämlich die Belegmanie (vgl. Kiel 2001, S. 218) der aufrechten Studierenden aus Angst vor einem nicht gewollten Plagiat, kann ebenso wenig im Sinne der Ausbildung des wissenschaftlichen Nachwuchses sein wie eine auf dem Plagiatsauge blinde Wissenschaft.

Verzeichnisse

Das abschließende Kapitel dieses FAQ stellt auch den letzten Arbeitsschritt der Verschriftlichung vor der Korrektur dar: die Fertigstellung der verschiedenen Verzeichnisse. Zwar werden Sie hoffentlich Einträge in das Literaturverzeichnis schon während des Schreibens vorgenommen haben, die abschließende Bearbeitung geschieht jedoch am Ende des Arbeitsprozesses, wenn Sie wissen, welche Literatur tatsächlich verwendet wurde – denn nur diese gehört verzeichnet.

Was gehört in das Literaturverzeichnis und wie wird es angeordnet?

Gelesen heißt nicht gelistet

Die wichtigste Regel für das Literaturverzeichnis lautet: Es werden nur Quellen aufgeführt, die nachweisbar verarbeitet worden sind. Auch wenn das für Erstsemester etwas verwirrend ist: Allgemeine Einführungen, Lehrbücher oder Internetrecherche, die zu einer Orientierung dienten und praktisch das Basiswissen darstellen, auf dem die ernsthaften Quellen eingeordnet und eingeschätzt werden können, sind nicht aufzuführen, wenn sie in Ihrem Text keine sichtbare Verwendung gefunden haben. Vielleicht sind Sie über ein bestimmtes Buch zum ersten Mal mit einem Konzept, einer Theorie und bestimmten Wissenschaftlerinnen bzw. Wissenschaftlern in Kontakt gekommen. Oder ein Handbuch hat Ihnen geholfen, die Fragestellung zu erarbeiten, in der Verschriftlichung der Ergebnisse wurde es jedoch nicht mehr benutzt. All diese Beispiele werden ebenso wenig im Literaturverzeichnis aufgeführt wie Schul-, Vor- oder Ausbildungswissen. Auch alle Lehrmaterialien wie Skripte, PowerPoint- bzw. Prezi-PDFs oder eigene Texte, die in Veranstaltungen zur Verfügung gestellt wurden, gehören nicht in das Literaturverzeichnis – ganz abgesehen davon, dass dieses Material nicht zitierwürdig ist (schauen Sie hierzu in das Kapitel *Wofür brauche ich Quellen und welche darf ich verwenden?*).

Die Sache ist noch ein wenig komplizierter: Nehmen wir an, Sie schreiben eine Arbeit über Carl Rogers und haben alles von ihm beginnend mit *Lernen in Freiheit* (1991) und endend mit *Der neue Mensch* (2012) gelesen. In Ihrer Hausarbeit verwenden Sie jedoch nur *Die nicht-direktive Beratung* (2010). Demnach ist ausschließlich dieses Buch im Literaturverzeichnis anzugeben. Nehmen wir weiter an, dass Sie neben der erwähnten Originalliteratur noch zahlreiche Berichte über und Interviews mit Rogers aus dem Internet gelesen haben und die klientenzentrierte Gesprächstherapie in Ihrem sozialwissenschaftlichen Leistungskurs in der Oberstufe behandelt wurde. Ihr Wissen und damit auch das Verständnis von Rogers ist deutlich größer als die Summe der angeführten

Quellen. Ich gehe noch einen kleinen Schritt weiter: Sie könnten ohne das Vorwissen und die ausführliche Literaturrecherche keine so kenntnisreiche Einschätzung und Interpretation von *Die nicht-direktive Beratung* vornehmen – Rogers Werk würde sich, aus sich selbst heraus verstanden, in einem anderen Licht darstellen. Trotzdem bleibt es dabei, dass Sie nur das Werk im Literaturverzeichnis anführen, welches Sie sichtbar im Text verarbeitet haben.

Wissenschaftler/innen müssten nach einigen Jahren sonst für den kleinsten Artikel hunderte oder tausende von Quellen angeben, da jeder Text im individuellen Verständnis Spuren hinterlässt, mit anderen in Bezug steht und Interpretationen verändert. Gehen Sie also anders vor, offenbaren Sie sich schlichtweg als wissenschaftliche Novizin bzw. wissenschaftlicher Novize. Ganz sicher können Sie davon ausgehen, dass Arbeiten durch ein falsch gestaltetes Literaturverzeichnis nicht besser bewertet werden.

Ausnahmen

Das Leben wäre so einfach, wenn es keine Ausnahmen von Regeln gäbe, aber natürlich existiert auch hier eine Anzahl. Der in der Sozialen Arbeit häufig anzutreffende Spezialfall bezieht sich auf Gesetzestexte. Ein Glück für Sie – weil es etwas weniger Arbeit bedeutet: Gesetze werden im Literaturverzeichnis nicht nachgewiesen (vgl. bspw. Schimmel et al. 2011, S. 251 f.) – Gesetze stellen keine Literatur im eigentlichen Sinne dar. Auch die in Studienarbeiten gern zu findende Zusammenstellung Ulrich Stascheits *Gesetze für Sozialberufe* gehört nicht in das Literaturverzeichnis (und auch nicht in den Kurzbeleg – hier ist einzig das Gesetz selbst und der entsprechende Paragraph, niemals jedoch die entsprechende Sammlung zu nennen).

Gleiches gilt im Übrigen für Gerichtsurteile (vgl. Klaner 2003, S. 47). Auch diese müssen nicht gesondert im Literaturverzeichnis ausgeführt werden. Aber bitte beachten Sie: Etwas vollkommen anderes ist der Nachweis von Gesetzeskommentaren. Zitieren Sie hier nicht den Gesetzestext, sondern die Kommentierung, so ist das Werk wie jede andere Quelle auch in Form einer Monographie oder eines Sammelwerks nachzuweisen.

Wie wird das Literaturverzeichnis sortiert?

Bis auf ein paar kleinere Besonderheiten ist diese Frage sehr leicht zu beantworten: Wie gerade diskutiert werden alle nachweislich in der Verschriftlichung verwendeten Quellen alphanumerisch geordnet. Alphabetisch bedeutet, dass die Autorinnen bzw. Autoren von »A« bis »Z« geordnet werden, numerisch, dass bei mehreren Werken eines Autors oder einer Autorin diese in chronologisch aufsteigender Reihenfolge der Veröffentlichungen (ältestes Werk zuerst, neuestes zuletzt) zu listen sind. Die Autorinnen bzw. Autoren werden in einem zusammenhängenden Literaturverzeichnis gelistet, es gibt kein separates Verzeichnis für Internet- oder andere Quellen (aber eine Aufstellung für Abbildungen und Tabellen im direkten Anschluss an das Inhaltsverzeichnis).

Verwenden Sie mehrere Werke eines Autors oder einer Autorin aus einem Jahr, so ist statt des reinen Erscheinungsdatums (2013), ein differenzierender Buchstabe in Kleinschrift ohne Zwischenraum hinzuzufügen. Aus (2013) wird damit (2013a) und (2013b).

Kathöfer, S./Kotthaus, J. (2013a): Anstoß. Ultras im eigenen Erleben. Über die Entstehung dieser Studie. In: Dies. (Hrsg.): »Block X« – Unter Ultras. Ergebnisse einer Studie über die Lebenswelt Ultra in Westdeutschland. Weinheim, Beltz, S. 54-85
Kathöfer, S./Kotthaus, J. (2013b): Abpfiff. Zentrale Ergebnisse und zusammenfassende Diskussion. In: Dies. (Hrsg.): »Block X« – Unter Ultras. Ergebnisse einer Studie über die Lebenswelt Ultra in Westdeutschland. Weinheim, Beltz, S. 268-273

Diese Hinzufügung muss dem Kurzbeleg vollkommen entsprechen. Es empfiehlt sich also, eine entsprechende Liste zu erstellen und diese während der Arbeit an Ihrem Text einsehbar zu halten. Mein Hinweis: Schreiben Sie solche Informationen auf das Stylesheet (Siehe Kapitel *Was ist ein Stylesheet – und wozu benötige ich es?*) oder kleben Sie sie zumindest daneben. Sonst gerät sehr schnell durcheinander, um welchen Text es sich bei (Kathöfer/Kotthaus 2013a) und um welchen bei (Kathöfer/Kotthaus 2013b) handelte. Ein komplettes Literaturverzeichnis, welches alle hier aufgeführten Bedingungen, Vorgaben und Regeln erfüllt, findet sich in diesem Buch am Ende – wohin auch das Verzeichnis Ihrer Hausarbeit gehört.

Wie wird das Literaturverzeichnis gestaltet?

Im Folgenden werden die drei üblichen gedruckten Literaturarten (Monographien, Artikel in Sammelwerken und Fachzeitschriften) – also der Standard im studentischen Arbeiten – sowie die Regeln für Internetveröffentlichungen und einige der wichtigsten Sonderfälle erklärt. Diese sind im Wesentlichen die Frage des Nachweises von Gesetzestexten und von grauer Literatur (Forschungsberichte, Expertisen und Publikationen aus Ministerien etc.). Im Kurzbeleg (siehe hierzu *Wie wird aus der Quelle ein Kurzbeleg?*) spielt es keine Rolle, ob Sie aus einem Artikel, einer Monographie oder irgendeiner anderen Quelle zitiert haben. Es lässt sich aus dem Kurzbeleg überhaupt nicht feststellen, um welche Literatursorte es sich handelt. Für die Wissenschaft, die auf Nachvollziehbarkeit höchsten Wert legt, ist das nicht akzeptabel. Kurzbelege werden deshalb im Literaturverzeichnis aufgelöst, d.h. ein Kurzbeleg im Text entspricht offensichtlich und eindeutig einem Eintrag im Literaturverzeichnis und ist damit klar zuzuordnen.

   Im Rahmen einer Hausarbeit oder auch einer BA-Thesis ist die Trennung bspw. von gedruckten und digitalen Quellen nur auf ausdrückliche Anweisung der Lehrenden sinnvoll. Die nachstehende Unterscheidung erfolgt nur aus didaktischen Überlegungen, da die einzelnen Typen während der tatsächlichen Bearbeitung leichter von Ihnen gefunden werden können. Die von mir dargestellte Systematik ist mir die liebste: Sie ist kurz, eindeutig, sehr leicht zu handhaben (kein aufwändiges Kursivsetzen etc.) und gut verständlich. Die gebotene Kürze ist auch der Grund, weshalb ich empfehle, endlose Verlagsortaufzählungen entschlossen zu kürzen. So gibt bspw. der Lit-Verlag als Verlagsorte Münster, Berlin, Hamburg und London an – eine Aufzählung, die für ein Literaturverzeichnis keinerlei Wert besitzt. Sinn und Zweck des Literaturverzeichnisses ist es ausschließlich, einen Kurzbeleg vollständig zuordnen zu können. Ein Verlagsort reicht hierzu sicherlich auch.

Die dargestellte Systematik ist also ein Beispiel und nur eine von praktisch unendlich vielen, möglichen Variationen. Erkundigen Sie sich bei Ihren Lehrenden, ob diese eine bestimmte Systematik derart bevorzugen, dass sie diese zum nicht zu hinterfragenden Standard erklärt haben. Vielleicht existiert an Ihrem Fachbereich auch eine übergreifend gültige und von Ihnen zu beachtende Zitierrichtlinie (vgl. Disterer 2005, S. 174). Passen Sie sich diesen Vorgaben an und verstehen Sie meine Version als ein Beispiel dazu, wie eine Systematik aufgebaut werden kann. Also: Kopieren ist absolut erlaubt, im Zweifelsfall müssen Sie die Struktur aber entsprechend verändern. Bitte beachten Sie zudem, dass die Interpunktion stringent und ohne irgendwelche Abweichungen durchgeführt werden muss. Sie wissen, dass in der Wissenschaft der Ort jedes Punktes von enormer Bedeutung sein und das zufällige Verschieben eines Kommas die Begründung dafür darstellen kann, Generationen von Schulkindern zum Verspeisen von Spinat zu drängen – in der irrigen Annahme, dass dieser durch seinen magisch hohen Eisengehalt besonders gesund sei (vgl. Leitzmann 2010, S. 144).

Monographie (eine Autorin bzw. ein Autor)

Nachname der Autorin bzw. des Autors, Initialie(n) des Vornamens (Erscheinungsjahr in Klammern): Titel. ggf. Nebentitel. Verlagsort, Verlag (ggf. Anmerkungen in Klammern)

Honig, M.-S. (1999): Entwurf einer Theorie der Kindheit. Frankfurt/M., Suhrkamp

---

Monographie (zwei Autorinnen bzw. Autoren)

Nachname der ersten Autorin bzw. des Autors, Initialie(n) des Vornamens/Nachname der zweiten Autorin bzw. des Autors, Initialie(n) des Vornamens (Erscheinungsjahr in Klammern): Titel. ggf. Nebentitel. Verlagsort, Verlag (ggf. Anmerkungen in Klammern)

Hering, S./Münchmeier, R. (2007): Geschichte der Sozialen Arbeit. Eine Einführung. Weinheim, Juventa (4. Auflage)

Monographie (drei und mehr Autorinnen bzw. Autoren)

Nachname der ersten Autorin bzw. des Autors, Initialie(n) des Vornamens »et al.« [ohne Guillemets verwenden] (Erscheinungsjahr in Klammern): Titel. ggf. Nebentitel. Verlagsort, Verlag (ggf. Anmerkungen in Klammern)

Blossfeld, H.-P. et al. (2009): Geschlechterdifferenzen im Bildungssystem. Jahresgutachten 2009. Wiesbaden, VS (herausgegeben durch die Vereinigung der Bayerischen Wirtschaft e.V.)

Es ist richtig: Alle anderen Autorinnen bzw. Autoren werden unterschiedslos nicht genannt und durch »et al.« ersetzt. Niemand findet das ungerechter als ich, da ich offensichtlich nur mit Kolleginnen und Kollegen zusammenarbeite, deren Anfangsbuchstabe des Nachnamens im Alphabet vor dem meinem liegt.

Artikel aus einem Sammelwerk (eine Autorin bzw. ein Autor und eine Herausgeberin bzw. ein Herausgeber)

Nachname der Autorin bzw. des Autors, Initialie(n) des Vornamens (Erscheinungsjahr in Klammern): Titel des Artikels. ggf. Nebentitel. In: Nachname der Herausgeberin bzw. des Herausgebers, Initialie(n) des Vornamens (Hrsg.): Titel des Sammelwerkes. ggf. Nebentitel des Sammelwerkes. Verlagsort, Verlag, S. von-bis [ohne Leerzeichen] (ggf. Anmerkungen in Klammern)

Bathke, S. (2006): Vereinbarungen als Basis für Kooperation zwischen öffentlichen und freien Trägern der Kinder- und Jugendhilfe. In: Jordan, E. (Hrsg.): Kindeswohlgefährdung. Rechtliche Neuregelungen und Konsequenzen für den Schutzauftrag der Kinder- und Jugendhilfe. Weinheim, Juventa, S. 39-50

Artikel aus einem Sammelwerk (zwei Autorinnen bzw. Autoren und bis zu zwei Herausgeber/innen)

Nachname der ersten Autorin bzw. des Autors, Initialie(n) des Vornamens/Nachname der zweiten Autorin bzw. des Autors, Initialie(n) des Vornamens (Erscheinungsjahr in Klammern): Titel des Artikels. ggf. Nebentitel des Artikels. In: Nachname der ersten Herausgeberin bzw. des Herausgebers, Initialie(n) des Vornamens/ggf. Nachname der zweiten Herausgeberin bzw. des Herausgebers, Initialie(n) des Vornamens (Hrsg.): Titel des Sammelwerkes. ggf. Nebentitel des Sammelwerkes. Verlagsort, Verlag, S. von-bis [ohne Leerzeichen] (ggf. Anmerkungen in Klammern)

Borde, A./Rose, B. (1993): Außer Rand und Band. Unbändige Kinder und Jugendhilfe. In: Neubauer, G./Sünker, H. (Hrsg.): Kindheitspolitik international. Problemfelder und Strategien. Opladen, Leske + Budrich, S. 134-147

Artikel aus einem Sammelwerk (drei oder mehr Autorinnen bzw. Autoren und drei oder mehr Herausgeber/innen)

Nachname der ersten Autorin bzw. des Autor, Initialie(n) des Vornamens »et al.« [ohne Guillemets verwenden] (Erscheinungsjahr in Klammern): Titel des Artikels. ggf. Nebentitel des Artikels. In: Nachname der ersten Herausgeberin bzw. des Herausgebers, Initialie(n) des Vornamens »et al.« [ohne Guillemets] (Hrsg.): Titel des Sammelwerkes. ggf. Nebentitel des Sammelwerkes. Verlagsort, Verlag, S. von-bis [ohne Leerzeichen] (ggf. Anmerkungen in Klammern)

Krüger, H.-H. et al. (2011): Bildungsungleichheit revisited? Eine Einleitung. In: Krüger, H.-H. et al. (Hrsg.): Bildung und soziale Ungleichheit vom Kindergarten bis zur Hochschule. Wiesbaden, VS, S. 7-21

Wie üblich werden alle anderen Autorinnen bzw. Autoren und Herausgeber/innen unterschiedslos nicht genannt und durch »et al.« ersetzt. Die einzelnen Elemente dieser Systematik lassen sich beliebig miteinander kombinieren. Wenn Sie bspw. den Artikel einer Autorin aus einem Sammelband dreier Herausgeber/innen nachweisen wollen, suchen Sie einfach die entsprechenden Elemente zusammen und verknüpfen sie.

Sammelwerk selbst

Wenn Sie ein Sammelwerk angeben wollen, dann entfällt die Nennung eines einzelnen Beitrages und das Erscheinungsdatum rückt hinter die letztgenannte Herausgeberin bzw. den Herausgeber. Bei zwei oder mehr Herausgeberinnen bzw. Herausgebern ist die Systematik entsprechend anzupassen.

Jordan, E. (Hrsg.) (2006): Kindeswohlgefährdung. Rechtliche Neuregelungen und Konsequenzen für den Schutzauftrag der Kinder- und Jugendhilfe. Weinheim, Juventa

---

Beitrag aus einer Fachzeitschrift (eine Autorin bzw. ein Autor)

Nachname der Autorin bzw. des Autors, Initialie(n) des Vornamens (Erscheinungsjahr in Klammern): Titel des Artikels. ggf. Nebentitel des Artikels. In: Titel der Fachzeitschrift, Jahrgang, Heft/Ausgabe, S. von-bis [ohne Leerzeichen] (ggf. Anmerkungen in Klammern)

Schnath, M. (2005): Migration und Recht. Nationalstaatliche Schranken sozialer Inklusion. In: Sozialmagazin, 30. Jg., H. 9, S. 12-21

Der Punkt »Heft/Ausgabe« kann bei fortlaufender Paginierung (d.h. alle Ausgaben eines Jahrgangs werden in Bezug auf die Seiten durchgezählt, das zweite Heft beginnt also bspw mit der Seite 97) entfallen.

Müller, C. W. (2006): Zwischenruf: Case Management – oder die Wiederentdeckung von Bewährtem. In: unsere jugend, 58. Jg., S. 371-372

Verlagsorte oder Verlage werden bei Fachzeitschriften grundsätzlich nicht nachgewiesen. Auch eine Herausgeber/innenschaft oder Redaktion bleibt unerwähnt. Dies erscheint zunächst paradox, hat sich aber so eingebürgert. Diese Regel gilt für die folgenden Beispiele analog.

Beitrag aus einer Fachzeitschrift (zwei Autorinnen bzw. Autoren)

Nachname der ersten Autorin bzw. des Autors, Initialie(n) des Vornamens/Nachname der zweiten Autorin bzw. des Autors, Initialie(n) des Vornamens (Erscheinungsjahr in Klammern): Titel des Artikels. ggf. Nebentitel des Artikels. In: Titel der Fachzeitschrift, Jahrgang, Heft/Ausgabe, S. von-bis [ohne Leerzeichen] (ggf. Anmerkungen in Klammern)

Czock, H./Radtke, F. (1984): Der heimliche Lehrplan der Diskriminierung. In: päd. extra, 12. Jg., H. 10, S. 34-39

Beiträge aus einer Fachzeitschrift (drei oder mehr Autorinnen bzw. Autoren)

Nachname der ersten Autorin bzw. des Autors, Initialie(n) des Vornamens »et al.« [ohne Guillemets verwenden] (Erscheinungsjahr in Klammern): Titel des Artikels. ggf. Nebentitel des Artikels. In: Titel der Fachzeitschrift, Jahrgang, Heft/Ausgabe, S. von-bis [ohne Leerzeichen] (ggf. Anmerkungen in Klammern)

Habermann, M. et al. (2013): Integration, Prävention und Partizipation. Niedrigschwellige Angebotsentwicklung für Migrant/innen im Stadtteil. In: Sozialmagazin, 38. Jg., H. 5-6, S. 38-47

Fachzeitschriften können im Text selbst mit Titel benannt werden. Es erfolgt keine Nennung im Literaturverzeichnis, wenn die Zeitschrift selbst und nicht eine einzelne Ausgabe gemeint ist. Diese Regelung kann bei anderen Lehrenden kontrovers eingeschätzt werden, möglicherweise soll hier die Zeitschrift im Literaturverzeichnis genannt werden (also bitte absprechen). Das Format einer einzelnen Ausgabe lautet: Name der Fachzeitschrift kursiv gesetzt, wenn vorhanden und erklärend das Thema der Ausgabe, Jahrgang, Heft/Ausgabe, in Einzelfällen auch »Folge«.

Sozialmagazin, Zukunft der Sozialen Arbeit. 38. Jg., H. 1-2

Genauso legitim ist jedoch auch der Verzicht auf das erklärende Thema:

Sozialmagazin, 38. Jg., H. 1-2

Welche Besonderheiten sind im Literaturverzeichnis zu beachten?

Mit den vorherigen Hinweisen können Sie – regelmäßig, systematisch und sorgfältig bearbeitet – den Großteil Ihrer verwendeten Literatur in der Sozialen Arbeit korrekt darstellen. Das wäre ein großer Fortschritt im Vergleich zu manchen Hausarbeiten, die Kolleginnen und Kollegen im Moment erhalten. Trotzdem gibt es einige Zweifels-, Grenz- und Spezialfälle, die die dargestellte Systematik in keinem Fall brechen, sondern um einige Regeln erweitern. Die folgenden Besonderheiten gehen ausschließlich auf Sonderfälle gedruckter Literatur der gerade dargestellten drei Formate ein. Einige dieser Ausnahmen sind – und dies ist wichtig für Sie zu beachten – relevant für die Systematik im Kurzbeleg. Ich werde diesen Punkt jeweils explizit anführen und auch auf die jeweiligen Konsequenzen hinweisen. Internetquellen und graue Literatur werden in den nächsten Kapiteln besprochen.

Zusätzliche Informationen und Anmerkungen

Wenn Sie aufmerksam gelesen haben, ist Ihnen bereits aufgefallen, dass hinter manchen Literaturangaben in einer (runden Klammer) die jeweilige Auflage vermerkt ist. Dies ist üblich, wenn es sich bei der vor Ihnen benutzten Quelle nicht um die

Erst-, sondern eine weitere Auflage handelt. Ich verzichte durchweg auf die Übernahme der in den jeweiligen Werken angegebenen Erklärungen wie »aktualisierte«, »überarbeitete« oder »durchgesehene Auflage«.

Hering, S./Münchmeier, R. (2007): Geschichte der Sozialen Arbeit. Eine Einführung. Weinheim, Juventa (4. Auflage)

Ebenso können erklärende Zusätze, mit Bedacht gewählt, in einer (runden Klammer) dem Literaturhinweis nachgestellt werden. Allerdings haben ISBN-Angaben oder sonstige Zusätze (bspw. der Preis) hier keinen Platz und deuten eher auf ein Copy-and-Paste-Literaturverzeichnis hin.

Blossfeld, H.-P. et al. (2009): Geschlechterdifferenzen im Bildungssystem. Jahresgutachten 2009. Wiesbaden, VS (herausgegeben durch die Vereinigung der Bayerischen Wirtschaft e.V.)

Zusätzliche Informationen haben keine Auswirkungen auf den Kurzbeleg im Fließtext.

Ohne Ort und ohne Jahr

Insbesondere bei älteren Werken sind manchmal der Verlag und damit Verlagsort nicht vermerkt. Wenn er nicht zu recherchieren ist, werden die Werke ohne Verlag, Verlagsort oder solche, bei denen der Verlagsort nicht ersichtlich ist, im Literaturverzeichnis mit »o.O.« (ohne Ort) gekennzeichnet.

Lüthi, E. (1893): Die schweizerische Rekrutenprüfung. o.O.

Der vorherige Literaturhinweis stammt aus Kellerhals (2010, S. 262) – das Alter des Beispiels gibt Ihnen schon einen Hinweis darauf, dass es gar nicht mehr so einfach ist, im modernen, stark systematisierten Verlagswesen noch ein Buch »ohne Ort« zu finden. Ein nicht festzustellender Verlagsort hat keine Auswirkungen auf den Kurzbeleg im Fließtext.

Werke ohne oder ohne ersichtliches Erscheinungsdatum werden mit »o.J.« (ohne Jahr) gekennzeichnet. Das trifft nur für sehr wenige Bücher zu – ich habe einige Zeit recherchieren müssen, um überhaupt eine gedruckte Quelle ohne Erscheinungsdatum zu finden. Sie können also davon ausgehen, dass in aller Regel Hinweise wie »o.J.« nicht notwendig sein werden.

Institut für soziale Arbeit (Hrsg.) (o.J.): Soziale Frühwarnsysteme in Nordrhein-Westfalen. Frühwarnsysteme für die Zielgruppe der 0-3-Jährigen. Münster, ISA

Ein nicht genanntes oder nicht zu ermittelndes Erscheinungsjahr hat deutliche Auswirkungen auf den Kurzbeleg im Fließtext, für direkte ebenso wie für indirekte Zitate. Das »o.J.« muss übernommen werden. Der Kurzbeleg wird dann wie folgt geführt:

(vgl. Institut für soziale Arbeit o.J., S. 35)

Auch hier gilt für Sie die Pflicht, eine Recherche zu betreiben. Mit ein wenig Aufwand ist es meistens möglich, einen Erscheinungsort und ein Publikationsjahr zu recherchieren, auch wenn diese Angaben nicht direkt im Buch selbst vermerkt sind (was bei neuerer Literatur wirklich sehr ungewöhnlich ist). Wenn Sie sich trotz der Recherche unsicher sind, wird das Erscheinungsjahr in [eckige] Klammern gesetzt.

Lyotard, J.-F. [1985]: Streitgespräche, oder: Sprechen »nach Auschwitz«. Bremen, Impuls

---

Die »Unsicherheit« des Erscheinungsjahrs wird im dazugehörigen Kurzbeleg nicht aufgegriffen. Der Kurzbeleg übernimmt also einfach die Jahresangabe.

(vgl. Lyotard 1985, S. 29)

Klassiker/innen

Bei klassischen Büchern (Marx, Freud, Kant etc.) werden Sie wahrscheinlich nicht aus dem Original (d.h. dem Erstdruck) zitieren, sondern aus einer Edition, einem Nachdruck oder einer Gesamtausgabe. Weisen Sie wie im letzten Kapitel angegeben das ›neue‹ Erscheinungsjahr nach, vermerken Sie aber das Jahr des Originaldrucks in [eckigen Klammern] direkt dahinter.

Rousseau, J.-J. (1998) [1762]: Emile oder Über die Erziehung. Stuttgart, Reclam (13. Auflage)

Den entsprechenden Hinweis setzt man auch, wenn sich das Datum der deutschen Übersetzung und ersten Publikation von dem Erscheinungsdatum bspw. des englischen oder französischen Originals wesentlich unterscheiden.

Ariès, P. (1998) [1960]: Geschichte der Kindheit. München, dtv (5. Auflage)

Beide Hinweise (erste deutsche Veröffentlichung und originale Erstveröffentlichung) können auch – durch einen /Schrägstrich getrennt und somit kombiniert werden.

Whyte, F. (1996) [1981/43]: Die Street Corner Society. Die Sozialstruktur eines Italienerviertels. Berlin, de Gruyter

---

Die Angabe der ursprünglichen Erscheinungsjahre stellt in gewissem Umfang eine Konvention dar und belegt sowohl ein sorgfältiges Arbeiten als auch ein Verständnis für die Herkunft der Quelle. Da es sich nicht um eine Verpflichtung handelt, ergeben sich auch keine Auswirkungen auf den Kurzbeleg im Text, es wird hier das »neue« Erscheinungsjahr angegeben.

Eine Person in doppelter Funktion

Ein »optischer« Spezialfall bezieht sich ausschließich auf Artikel
aus Sammelwerken. Hier werden Artikel, insbesondere Einleitungen, häufig durch die Herausgeber/innen verfasst. Dies führt zu
einer etwas unschönen Dopplung des Namens der Autorinnen und
Autoren sowie der Herausgeber/innen. Sie können diese Dopplung aufheben, indem Sie die zweite Nennung, d.h. die der Her-
ausgeber/innen, für »Dies.« (d.h. dieselbe[n]) oder »Ders.« (d.h.
derselbe) ersetzen, aber Sie müssen es nicht.

Hormel, U./Scherr, A. (2010): Einleitung. Diskriminierung als gesellschaftliches Phänomen. In: Hormel, U./Scherr, A. (Hrsg.): Diskriminierung. Grundlagen und Forschungsergebnisse. Wiesbaden, VS, S. 7-20	Hormel, U./Scherr, A. (2010): Einleitung. Diskriminierung als gesellschaftliches Phänomen. In: Dies. (Hrsg.): Diskriminierung. Grundlagen und Forschungser-gebnisse. Wiesbaden, VS, S. 7-20

Tab. 9: Mögliche Verkürzung des Eintrags in das Literaturverzeichnis bei
Dopplung der Autorinnen bzw. Autoren und Herausgeber/innen

Durch die Abkürzung mit »Dies.« oder »Ders.« ergeben sich keine Auswirkungen auf den Kurzbeleg im Text.

Vor- und Nachworte in Monographien

In Sammelwerken sind Vorworte und Einleitungen selbstverständlich, in Monographien durch andere Autorinnen bzw. Autoren nicht die Regel, aber durchaus möglich. Ulrich Kutschera hat
bspw. in meinem *Buch Propheten des Aberglaubens* (2003) das
Vorwort verfasst – manchmal hat man das Gefühl, er wird damit
häufiger zitiert als ich mit dem Rest des Werkes. Bei Ariès *Geschichte der Kindheit* und Hartmut von Hentigs Vorwort verhält
es sich wahrscheinlich ähnlich (vgl. Oswald 2006, S. 18 f.). Der
Nachweis eines solchen Vorwortes – genauso verhält es sich auch
mit einem Nachwort – gestaltet sich folgendermaßen:

von Hentig, H. (1998): Vorwort. In: Ariès, P.: Geschichte der Kindheit. München, dtv, S. 7-44 (5. Auflage)

Grenzfälle zwischen Zeitschrift und Sammelband

Es gibt einige Grenzfälle, die Sie letztendlich individuell mit den jeweiligen Lehrenden und Prüfenden klären müssen. So gibt bspw. die *Zeitschrift für Erziehungswissenschaft* jährlich thematisch wechselnde Sonderhefte/Jahrbücher heraus, so 2009 mit dem Thema *Bildungsentscheidungen*. Obwohl es sich um das Sonderheft einer Zeitschrift handelt, spricht einiges dagegen, es auch als solches zu bibliographieren: Der Band besitzt keinerlei Format einer Zeitschrift (was man noch verschmerzen könnte), wurde von Herausgebern bearbeitet (Zeitschriften werden von Redakteurinnen bzw. Redakteuren betreut) und verfügt über eine ISBN (Zeitschriften eine ISSN). Ich schlage in solchen Fällen vor, das Werk als regulären Sammelband darzustellen. Der Hinweis, dass es sich um ein Sonderheft der *Zeitschrift für Erziehungswissenschaft* handelt, sollte dann in Klammern hinzugefügt werden.

Baumert, J. et al. (Hrsg.): Bildungsentscheidungen. Wiesbaden, VS (Zeitschrift für Erziehungswissenschaft, Sonderheft 12/2009)

Ein solches Vorgehen hat Auswirkungen auf den Kurzbeleg und die Darstellung im Text, welche vergleichend dargestellt werden:

Die ganze Breite von Bildungsentscheidungen wird in Baumert et al. (2009) diskutiert.	Die ganze Breite von Bildungsentscheidungen wird im Sonderheft 12/2009 der *Zeitschrift für Erziehungswissenschaft* dargestellt.

Tab. 10: Unterschiedliche Darstellungsformen bei Grenzfällen zwischen Sammelwerk und Fachzeitschrift/Jahrbuch

Ungewöhnliche Paginierung

Sehr selten werden insbesondere im Bereich der grauen Literatur die Seiten nicht fortlaufend gezählt, sondern in jedem Kapitel neu beginnend.

Kotthaus, J. (2010): Einbeziehung des Kindes und der Eltern in der Risikoabschätzung. In: DKSB-Landesverband NRW (Hrsg.): Eine Arbeitshilfe zum Kinderschutz in Kindertageseinrichtungen. Wuppertal, Eigenverlag, S. KA 208-KA 217

In dem Beispiel handelt es sich also um einen Teil des Kapitels KA, und zwar die Seiten 208 bis 217. Das alles scheint eher ungewöhnlich – lassen Sie sich aber nicht aus der Ruhe bringen und übernehmen Sie einfach die in der Quelle genannten Seitenzahlen. Zählen Sie nicht den ganzen Text selbst durch!

Wie verfahre ich, wenn die Verfasser/innen unbekannt sind?

Manche Bücher werden nicht von natürlichen Personen veröffentlicht, sondern unter dem Namen von Arbeitsgruppen, Ministerien oder Körperschaften (obwohl sie selbstverständlich von natürlichen Personen verfasst werden) Gleiches gilt für die Herausgeber/innenschaft. Dies ist erst einmal festzuhalten, ebenso wie der Hinweis, dass dies für Erstsemester zunächst etwas fremd wirken mag. Übernehmen Sie jedoch einfach diese manchmal etwas sperrigen Gruppen- und Körperschaftsnamen, wenn sich im Werk selbst keine weiteren Hinweise auf die tatsächliche Identität der Autorinnen bzw. Autoren findet. So ist es zwar relativ einfach zu recherchieren, wer die Mitglieder der *Bildungskommission NRW* waren, jedoch wird aus dem Werk selbst nicht deutlich, wer dieses tatsächlich geschrieben hat und wer nicht. Der korrekte Literaturhinweis lautet also:

Bildungskommission NRW (1995): Zukunft der Bildung – Schule der Zukunft. Denkschrift der Kommission beim Ministerpräsidenten des Landes Nordrhein-Westfalen. Neuwied, Luchterhand

Beachten Sie, dass die Bildungskommission explizit als Autorin und nicht als Herausgeberin auftritt (so ist es in dem Werk vermerkt). Im Fall einer Herausgeber/innenschaft durch eine Körperschaft ist jedoch entsprechend zu verfahren:

Sozialpädagogisches Institut im SOS-Kinderdorf (Hrsg.) (2007): Wohin steuert die stationäre Erziehungshilfe? München, SPI

Etwas anders verhält es sich, wenn sich mit geringem Aufwand die tatsächlichen Menschen hinter dem Gruppennamen ermitteln lassen – deren Name steht nämlich in dem Werk selbst in der Titelei. Hier haben Sie m.E. eine Entscheidung zu treffen: Wählen Sie zwischen der Bibliographie unter dem Namen der Körperschaft oder der natürlichen Personen. Die »Gutachten« des *Aktionsrat Bildung* können dann – m.E. nicht besonders attraktiv – wie folgt dargestellt werden:

Aktionsrat Bildung (2009): Geschlechterdifferenzen im Bildungssystem. Jahresgutachten 2009. Wiesbaden, VS (herausgegeben durch Vereinigung der Bayerischen Wirtschaft e.V.)

...was im Übrigen wohl eher der Intention des Verlages und der Strategie der Gruppe entspricht. Oder Sie listen unter den im Buch selbst genannten eigentlichen Autorinnen bzw. Autoren, m.E. die deutlich elegantere Möglichkeit des Nachweises einer Autor/innengruppe:

Blossfeld, H.-P. et al. (2009): Geschlechterdifferenzen im Bildungssystem. Jahresgutachten 2009. Wiesbaden (herausgegeben durch Vereinigung der Bayerischen Wirtschaft e.V.)

Vom Prinzip her bleibt es m.E. gleich, welche Variante Sie wählen. Auf der sicheren Seite sind Sie mit der ersten Version, es kann jedoch sinnvoll sein, nachweisen zu können, welche Person an welchem Werk maßgeblich mitgeschrieben hat, d.h. wer eine inhaltliche Verantwortung getragen hat. Wenn Sie sich jedoch für eine Variante des Nachweises entschieden haben, dann führen Sie diese bitte durchgängig und in ganzer Länge Ihrer Arbeit durch.

Dieses Werk ist zudem ein gutes Beispiel für verwirrende Autor/innenangaben. Während auf der Titelseite der *Aktionsrat Bildung* sowie Blossfeld und andere als Autorinnen bzw. Autoren benannt sind, spricht die Titelei von einer Herausgeber/innenschaft durch die Vereinigung der Bayerischen Wirtschaft e. V. – ein gutes Beispiel für die Sinnhaftigkeit ergänzender Hinweise nach den eigentlichen bibliographischen Angaben. Merken Sie sich daher: Nicht alle Literatur und Quellen werden systematisch betitelt – es ist Ihre Aufgabe, die dortigen Angaben in eine vollständig systematische und stringente Ordnung zu bringen.

Autor/in wirklich unbekannt?

In manchen Fällen lässt sich auch für gedruckte Publikationen beim besten Willen nicht recherchieren, wer Autor/in eines Beitrages oder eines ganzen Buches ist. Ab und zu wird hier vorgeschlagen »o.A.« (ohne Autor/in), »N.N.« (non nominatur) oder »Anonymus« zugunsten des Namens zu gebrauchen. Es gibt zwei Möglichkeiten, diesen sehr uneleganten Weg zu umgehen. Sehen Sie die nachfolgend dargestellten Möglichkeiten in ihrer Reihenfolge als abfallend in Bezug auf ihre Wünschenswertheit.

Prüfen Sie zunächst, ob bspw. eine Körperschaft, ein Ministerium oder eine Institution als Autor/in herausgefunden werden kann. Das ist nicht schön, aber der Sinn eines Zitationssystems ist es, Werke eindeutig zuordnen zu können. Es ist in Ausnahmefällen deshalb nicht notwendig, eine konkrete Person oder eine Personengruppe zu benennen. Eine personenbezogene Autor/innenschaft ist der einer Körperschaft oder einer Institution immer vorzuziehen. Jedoch ist diese in jedem Fall gegenüber der fehlenden Möglichkeit, überhaupt jemanden als Verfasser/in angeben zu können, zu favorisieren. Die Benennung einer Körperschaft oder eines Ministeriums findet sich sehr häufig im Bereich der grauen Literatur, jedoch auch in gedruckten Werken klassischer Verlage:

Montag Stiftung Jugend und Gesellschaft (Hrsg.) (2011): Inklusion vor Ort. Der kommunale Index für Inklusion – ein Praxishandbuch. Freiburg, Lambertus

Eine eigentliche Autor/innenschaft – so wie zuvor in dem Beispiel der Bildungskommission NRW – ist also nicht gegeben, nachgewiesen ist die Montag Stiftung als Herausgeberin (manchmal muss man innerhalb des Werkes etwas nach einer entsprechenden Angabe suchen). Etwas verwirrend ist, dass sich in dem Buch – wenn Sie es tatsächlich in der Hand halten –, keine einzelnen Autorinnen bzw. Autoren finden lassen. Die einzelnen Autorinnen bzw. Autoren bleiben damit streng genommen anonym, der Verweis auf die Stiftung als Herausgeberin ermöglicht es jedoch, eine Textstelle und einen fremden Gedanken klar zuzuordnen und ist damit ausreichend.

Insbesondere in Zeitschriften und Lexikaeinträgen haben Sie diese Möglichkeit gelegentlich nicht mehr. Sind hier keine Autorinnen bzw. Autoren den einzelnen Artikeln zuzuordnen, so soll trotzdem die Redaktion grundsätzlich nicht aufgeführt werden. Es besteht aber die Möglichkeit, den Beitrag im Literaturverzeichnis unter dem Namen der Zeitschrift zu sortieren, in der er erschienen ist.

Zeitschrift für Pädagogik (2009): Hinweise zur äußeren Form einzureichender Manuskripte. In: Zeitschrift für Pädagogik, 55. Jg., H. 1, S. VI-VIII

Derart vorgehen dürfen Sie nur, wenn eine tatsächliche Anonymität der Autor/innenschaft gegeben ist. Versierte Leser/innen verstehen, dass Sie nicht in der Lage waren, eine Verfasserin oder einen Verfasser zu nennen und es sich – salopp gesprochen – um eine Hilfskonstruktion handelt.

Wie werden Rechtskommentare nachgewiesen?

Grundsätzlich gilt, dass reine Gesetzestexte nicht im Literaturverzeichnis angegeben werden. Anders verhält es sich mit Kommentaren, die selbstverständlich nachzuweisen sind.

Kommentar als Monographie

Nachname der Autorin bzw. des Autors, Initialie(n) des Vornamens (Erscheinungsjahr in Klammern): Titel. ggf. Nebentitel. Verlagsort, Verlag (ggf. Anmerkungen in Klammern)

Mrozynski, P. (2009): SGB VIII. Kinder- und Jugendhilfe. München, Beck (5. Auflage)

Entsprechend ist zu verfahren, wenn zwei oder mehr Autorinnen bzw. Autoren erkennbar alle Teile der Kommentierung gemeinsam verfasst haben. Schauen Sie dafür bitte in das entsprechende Kapitel *Wie wird das Literaturverzeichnis gestaltet?*

Kommentar als Sammelwerk

Handelt es sich um einen Gesetzeskommentar, der von mehreren Autorinnen bzw. Autoren erstellt wurde, so sind diese entsprechend zu nennen. Anders als reguläre Sammelbände gibt es oft keine Kapitelüberschriften oder besondere Titel. Verwenden Sie als Titel dann den besprochenen Paragraphen.

Struck, J. (2006): § 22 Grundsätze der Förderung. In: Wiesner, R. (Hrsg.): SGB VIII- Kinder- und Jugendhilfe. München, Beck, S. 323-330 (3. Auflage)

Besonderheiten

Etwas komplizierter wird es, da Rechtskommentare mitunter einzelnen Paragraphen oder Abschnitten »Vorbemerkungen«, d.h. für das Verstehen grundsätzliche Erörterungen vorausschicken. Sie behandeln diese Einträge genau wie andere Beiträge in Sammelwerken, nennen exakt den ausgewiesenen Namen der Autorinnen bzw. Autoren und weisen diesen entsprechend nach.

Schindler, G. (2009): Vorbemerkung zu §§ 86-88. In: Münder, J. et al. (Hrsg.): Frankfurter Kommentar zum SGB VIII: Kinder- und Jugendhilfe. Baden-Baden, Nomos, S. 707 (6. Auflage)

Benutzen Sie ausschließlich die aktuelle Fassung des zitierten Gesetzes und aktuelle Kommentare. Gesetzestexte ändern sich ständig. Achten Sie darauf, dass es sich bei den benutzten Kommentaren gleichfalls um die jeweils aktuellste Ausgabe handelt (Münder et al. 1993 hat nur noch historischen Wert).

Wie wird graue Literatur nachgewiesen?

Bei grauer Literatur (schauen Sie gerne in das Kapitel *Was ist graue Literatur?*) handelt es sich um Tagungsbände, Material aus Ministerien oder Forschungseinrichtungen im Eigenverlag sowie Dissertationen und Habilitationen, welche nicht über einen Verlag, sondern über die Universität (respektive deren Bibliothek), Ministerien, sozialpädagogische Institute, Verbände etc. veröffentlicht wurden. Die Schrift verfügt damit über keine ISBN. Da es keinen klassischen Verlag im eigentlichen Sinne gibt, existiert nur ein Veröffentlichungsort (häufig in einer Kontaktadresse ›verschlüsselt‹), benutzen Sie hier die Bezeichnung »Eigenverlag« statt des Verlagsnamens. Die Grenze zwischen digitaler und gedruckter Veröffentlichung verschwimmt immer mehr: Ich rege deshalb an, einen Internetlink dem Eintrag im Literaturverzeichnis in Klammern hinzuzufügen, wenn Sie die Quelle in digitaler Form eingesehen haben.

Die genaue Autor/innenschaft ist für Ungeübte mitunter in diesem Bereich schwer zu erkennen. Während Dissertationen und Habilitationen eindeutig einer bestimmten Person zuzuordnen sind, ist es insbesondere bei Schriften aus Ministerien nicht immer möglich, Autorinnen bzw. Autoren zu benennen. Für die korrekte

Aufnahme in das Literaturverzeichnis sind also mehrere Fälle denkbar, und Sie müssen sehr genau prüfen, um welchen es sich bei der Ihnen vorliegenden Quelle handelt. Diese werden im Literaturverzeichnis unterschiedlich nachgewiesen.

Die Autorinnen bzw. Autoren sind identifizierbar

In manchen Einführungen in das wissenschaftliche Arbeiten wird empfohlen, graue Literatur insgesamt und ohne Unterschied ausschließlich über die Herausgeber/innen nachzuweisen. Dieses Vorgehen findet sich teilweise auch in der wissenschaftlichen Praxis, ist jedoch m.E. ungünstig. Es muss immer die Aufgabe sein, Nachweise so genau und Autor/innen-bezogen wie möglich zu führen. Das Beispiel für den unkorrekten und korrekten Nachweis von grauer Literatur bei bekannter Autor/innenschaft kann so aussehen:

So auf keinen Fall!	So soll nachgewiesen werden!
Ministerium für Generationen, Familie, Frauen und Integration des Landes Nordrhein-Westfalen (Hrsg.) (2009): Risikomanagement bei Kindeswohlgefährdung. Kompetentes Handeln sichern. Düsseldorf, Eigenverlag	Kriener, M./Nörtershäuser, K. (2009): Risikomanagement bei Kindeswohlgefährdung. Kompetentes Handeln sichern. Düsseldorf, Eigenverlag (herausgegeben durch das Ministerium für Generationen, Familie, Frauen und Integration des Landes Nordrhein-Westfalen)

Tab. 11: Beispiel für den unkorrekten und korrekten Nachweis von grauer Literatur

Graue Literatur, die mit akzeptablem Aufwand eine Klärung der Autor/innenschaft zulässt, wird deshalb dementsprechend nachgewiesen – nämlich wie eine Monographie oder ein Sammelwerk mittels der Nennung der Verfasser/innen. In diesem Fall werden die Autorinnen bzw. Autoren im Werk selbst genannt (manchmal etwas versteckt auf der letzten Einbandseite). Wenn es sich um die Monographie einer oder mehrerer Autorinnen bzw. Autoren handelt, weisen Sie die im Literaturverzeichnis entsprechend der im Kapitel *Wie wird das Literaturverzeichnis gestaltet?* vorgestellten Systematik nach.

Brunner C. et al. (2001): Partizipation – ein Kinderspiel? Beteiligungsmodelle in Kindergärten, Schulen, Kommunen und Verbänden. München, Eigenverlag (herausgegeben durch das Bundesministerium für Familie, Senioren, Frauen und Jugend)

Ein Hinweis auf das herausgebende Ministerium kann der eigentlichen bibliographischen Angabe (in Klammern) nachgestellt werden. Ich würde dies empfehlen, da es das Auffinden des Werkes erleichtert. Der Verlag wurde durch die Bezeichnung »Eigenverlag« ersetzt – damit wird deutlich, dass es sich um graue Literatur handelt. So es um ein Sammelwerk geht, gelten uneingeschränkt die genannten Regeln des Nachweises. Bitte beachten Sie: Die Herausgeberin bzw. der Herausgeber ist in aller Regel die verlegende Institution. Ersetzen Sie ebenfalls den Verlag durch die Bezeichnung »Eigenverlag«. Hier das Beispiel eines Beitrages aus einem Sammelband:

Haupt, S. (2013): Schulsozialarbeit – zusammenfassender Überblick über das Handlungsfeld. In: Deutsches Rotes Kreuz (Hrsg.): Reader Schulsozialarbeit – Band 1. Aktuelle Beiträge und Reflexionen eines vielschichtigen Theorie- und Praxisfeldes. Berlin, Eigenverlag, S. 20-26

Die Autorinnen bzw. Autoren sind nicht identifizierbar

Insbesondere im Bereich der grauen Literatur ist die Herausgeber/innenschaft durch die veröffentlichenden Ministerien manchmal so gewichtig, dass die Autor/innenschaft zurückgedrängt wird und nicht mehr zu erkennen ist. Im Ergebnis werden die Autorinnen bzw. Autoren dann nicht mehr genannt. Es ist nicht klar, wer den Text eigentlich geschrieben hat und ob es sich um eine Monographie oder ein Sammelwerk handelt. In solchen Fällen wird graue Literatur über die Herausgeber/innenschaft nachgewiesen (das gilt im Übrigen auch für den Kurzbeleg im Text). Es ist zwar eigentlich Unsinn, da das Ministerium im folgenden Beispiel den Text nicht verfasst hat, aber die Nennung der Herausgeber/innen hat sich bei unklarer Autor/innenschaf: eingebürgert. Der korrekte Eintrag sieht dann so aus:

Bezeichnung der herausgebenden Institution (Hrsg.) (Erscheinungsjahr in Klammern): Titel. ggf. Nebentitel. Verlagsort, Eigenverlag

---

Bundesministerium für Familie, Senioren, Frauen und Jugend (Hrsg.) (2001): Bericht der Bundesrepublik Deutschland an die Vereinten Nationen gemäß Artikel 44 Abs. 1 Buchstabe b des Übereinkommens über die Rechte des Kindes. Berlin, Eigenverlag

---

Verschiedene Auflagen sind in diesem Fall eher ungewöhnlich, sollten Sie doch eine finden, dann weisen Sie diese wie üblich in Klammern am Schluss des Eintrages nach. Auch den Verlagsort muss man manchmal etwas suchen und/oder recherchieren. Im Allgemeinen steht er oft auf der letzten Einbandseite und entspricht dem Sitz der herausgebenden Institution.

Zur Angabe einer Internetadresse

Graue Literatur kann, muss jedoch nicht gedruckt vorliegen. Lag Ihnen die gedruckte Ausgabe vor, könnten Sie im eigenen Ermessen auf einen Internetlink verzichten, selbst wenn eine identische digitale Version existiert. Ist Ihnen unklar, ob überhaupt eine Printversion vorhanden ist oder liegt die Publikation nur digital vor, dann sollten Sie eine HTTP-Adresse in der Anmerkungen-Klammer hinzufügen. Da es sich bei der Aufgabe des korrekten Nachweises im Literaturverzeichnis nicht um eine Frage der inhaltlichen Qualität der Werke handelt, schlage ich vor, im Zweifelsfall die erklärende Internetadresse anzugeben. Wie immer weisen Sie das Datum des Zugriffs auf die Seite ebenfalls in der Klammer kurz nach.

Kriener, M./Nörtershäuser, K. (2009): Risikomanagement bei Kindeswohlgefährdung. Kompetentes Handeln sichern. Düsseldorf, Eigenverlag (broschueren.nordrheinwestfalendirekt.de/herunterladen/der/datei/risiko management-pdf-1/von/risikomanagement-bei-kindeswohlgefaehrdung/ vom/mfkjks/459 – 15.8.2012)

Mehr Hinweise zum Nachweis von Material aus dem Netz finden Sie im nächsten Kapitel.

Wie werden Internetquellen im Literaturverzeichnis nachgewiesen?

Internetquellen werden nach Möglichkeit wie alle anderen Quellen nachgewiesen. Hierbei gibt es jedoch einige Besonderheiten, die vor allem damit zu tun haben, dass dort sehr unterschiedliche Texttypen veröffentlicht werden: Einfache Texte von Webseiten oder Blogs sind etwas anderes als die Online-Inhalte von Zeitungen/Zeitschriften, Open-Access-Publikationen oder E-Books. Das Internet ist in die Domäne klassischer Publikationsformen wie der gedruckten Monographie oder der Fachzeitschrift eingedrungen. Open-Access-Publikationen, E-Books und die als PDF online veröffentlichten Versionen grauer Literatur, welche die Struktur und das Format klassischer Publikationen digital nachbilden und ins Netz übertragen, machen eine Trennung und einen korrekten Nachweis nicht einfacher. Das bedeutet, dass einfache Rezepte nicht ausreichen, um Quellen aus dem Netz nachzuweisen – Sie müssen recht genau überlegen, welche Textart Sie vor sich haben.

Seien Sie gewahr, dass Texte im Internet von Menschen geschrieben werden (obwohl mich manchmal ein gegenteiliges Gefühl beschleicht). Erforschen Sie deshalb, wer die Autorinnen bzw. Autoren der von Ihnen verwendeten Texte sind. Auch Gruppen, Organisationen, Ministerien oder Vereine können Autorinnen bzw. Autoren sein, eine Internetseite kann sich jedoch nicht selbst erzeugen. Der Nachweis darf deshalb dem Kurzbeleg entsprechend niemals eine HTTP-Adresse sein. Die Autor/innenschaft von Texten im Internet ist zum Teil unklar und wird nicht ausgewiesen. Dies muss im Fall einer Verwendung und der Einarbeitung in das Literaturverzeichnis beachtet werden. Eine qualitative Unterscheidung in gute und schlechte Internetquellen ist für den Nachweis im Literaturverzeichnis nicht notwendig. Wenn Sie die Internetseite bzw. das Dokument in Ihrem Text heranziehen, implizieren Sie damit automatisch, dass es sich Ihrer Einschätzung nach um eine belastbare, zitierwürdige Quelle handelt. Dementsprechend geht es in den nachfolgenden

Hinweisen nicht um die Frage von Qualität, sondern alleine um die Erstellung des Nachweis im Literaturverzeichnis.

Autor/in ist identifizierbar

Sind Autorinnen bzw. Autoren bekannt und handelt es sich um eine HTTP-Quelle (keine E-Books oder sonstige, weiter unten aufgeführte Fälle), dann verfahren Sie wie folgt:

Nachname der Autorin bzw. des Autors, Initiale(n) des Vornamens (Erscheinungsdatum in Klammern): Titel. ggf. Nebentitel. (Adresse ohne ›http‹ in Klammern – Datum des Aufrufs der Seite)

Celik, A. (2012): Fonds Soziokultur vergibt Fördermittel im Bereich Inklusion. (www.jugendring.de/?p=344 – 15.8.2012)

Ein Verlagsort kann hier nicht angegeben werden, ebenso entfällt der Hinweis auf den »Eigenverlag«. Es ist offensichtlich, dass es sich hier um eine Quelle handelt, die Ihnen ausschließlich in digitaler Form vorgelegen hat und die auch nur derart existiert. Insofern kann auch keine »Eigenverlegung« durchgeführt werden. Es ist m.E. nicht notwendig, »Datum des Aufrufs« oder »Letzter Zugriff am« dem anzugebenden Datum voran zu stellen, da sich die Nennung des Zugriffszeitpunktes quasi als Standard durchgesetzt hat und Leser/innen wissen, was der Hinweis zu bedeuten hat.

Sie finden eine große Menge von Texten, welche von Hochschullehrenden geschrieben und bspw. auf deren Webseiten veröffentlicht wurden. Diese Dokumente werden ebenso im Literaturverzeichnis nachgewiesen.

Boeree, G. (2006): Geschichte der Psychologie. Teil 1. Die Antike. (www.social-psychology.de/cc/click.php?id=68 – 24.9.2009)

Etwas verwirrend ist mitunter der Nachweis von Material aus dem Online-Angebot einer Organisation wie einer Zeitungen handelt. Auch in diesem Fall verfolgen Sie das oben angegebene Schema. Das Beispiel für den unkorrekten und korrekten Nachweis eines Online-Artikels kann wie nachstehend aussehen:

So auf keinen Fall!	So soll es nachgewiesen werden!
Koch, E. (2012): Beim Titelhändler. In: zeit.de (www.zeit.de/2012/ 20/B-Titelkauf/komplettansicht – 15.8.2012)	Koch, E. (2012): Beim Titelhändler. (www.zeit.de/2012/20/B-Titelkauf/ komplettansicht – 15.8.2012)

Tab. 12: Beispiel für den unkorrekten und korrekten Nachweis eines Online-Artikels

Alles unterhalb dieser Ebene hat in wissenschaftlichen Hausarbeiten m.E. nichts mehr zu suchen und wird deshalb von mir auch nicht systematisiert.

Pressemitteilungen

Pressemitteilungen können der herausgebenden Organisation zugeordnet werden.

Destatis (2013): 41,5 Millionen Erwerbstätige im März 2013. (www. destatis. de/DE/PresseService/Presse/Pressemitteilungen/2013/04/PD13_ 151_132.html – 30.4.2013)

Wenn Pressemitteilungen direkt von Agenturen herausgegeben werden, sind diese zu benennen:

Reuters (2013) Deutsche Bank hakt Krise ab - ›Fuß wieder auf dem Gas‹. (de.reuters.com/article/topNews/idDEBEE93T02E20130430 – 30.4.2013)

Graue Literatur

Wenn Sie dieses Buch chronologisch lesen, werden Sie jetzt wahrscheinlich zurück blättern und sich fragen, ob das nicht gerade schon behandelt wurde. Seitenschinderei! Zur Erinnerung: Unter grauer Literatur sind unter anderem Forschungsberichte entsprechender Institute sowie Material aus Ministerien, Dissertationen, Konferenzbände oder Tagungsdokumentationen zu verstehen, d.h. Texte, welche in gedruckter Form vorliegen und vertrieben werden, jedoch nicht über einen Verlag und den Buchhandel, sondern im Eigenverlag (der Vertrieb erfolgt dann meist per Post).

Wenn Ihnen die graue Literatur ausschließlich in gedruckter Form vorgelegen hat, brauchen Sie an dieser Stelle nicht weiterlesen. Im Zeitalter des Internets erfolgt neben der gedruckten Publikation zudem und manchmal ausschließlich eine Veröffentlichung auf digitalem Wege. Das macht den Nachweis von grauer Literatur etwas komplexer.

Mit aller Wahrscheinlichkeit sind die gedruckte und die online verfügbare Ausgabe der Broschüre identisch. Man könnte also denken, dass Sie sich die Nennung der Internetquelle sparen können – bspw. bei Scans von Originalarbeiten, die Ihnen im Internet zur Verfügung gestellt werden oder E-Books im PDF-Format empfehle ich genau dies. Trotzdem gilt: Inhalte im Netz können sehr schnell, ohne dementsprechenden Hinweis verändert und anstelle des Originals hochgeladen werden. Vielleicht wurden Fehler korrigiert, Adressen aktualisiert oder andere Kleinigkeiten geändert, vielleicht ganze Kapitel überarbeitet. Im Ergebnis stimmen die gedruckte und die digitale Version nicht überein. Ich empfehle Ihnen deshalb, nicht auf den Hinweis zu verzichten, dass Sie auf die digitale Version Bezug genommen haben und dies mit der Angabe der Internetadresse durchzuführen.

Kriener, M./Nörtershäuser, K. (2009): Risikomanagement bei Kindeswohlgefährdung. Kompetentes Handeln sichern. Düsseldorf, Eigenverlag. (broschueren.nordrheinwestfalendirekt.de/herunterladen/der/datei/risikomanagement-pdf-1/von/risikomanagement-bei-Kindeswohlgefaehrdung/vom/mfkjks/459 – 15.8.2012)

Dissertationen und Habilitationen

Etwas anders verhält es sich mit Dissertationen und Habilitationen, welche häufiger online publiziert werden. Im Gegensatz zu Broschüren und Forschungsberichten sind gedruckte Ausgaben (die sich auf eine Handvoll Belegexemplare in der Bibliothek der Hochschule beschränken, an denen die Autorin oder der Autor promovierte) zum einen deutlich schwerer zu erhalten. Zum anderen werden einmal auf den Servern der Hochschulbibliotheken gespeicherte Dissertationen und Habilitationen nicht verändert. Es gibt keine Verbesserung und demnach keine Version, die nicht mit dem Original übereinstimmt. Sie können bei den im Internet zugänglichen Qualifikationsarbeiten davon ausgehen, dass Onlineversion und Belegexemplar dauerhaft übereinstimmen. In der Literatur wird der Nachweis unterschiedlich gehandhabt, sowohl mit wie auch ohne HTTP-Adresse. Da es sich aber nicht um eine Frage der geringeren Qualität der Quelle handelt, können Sie die digitale Natur durch Angabe der Internetadresse in eigenem Ermessen nachweisen.

Naber, K. (2007): Schulsozialarbeit in der Hauptschule im Kontext einer veränderten Schulwelt. Eine theoretisch-empirische Bestimmung der Schulsozialarbeit. Weingarten, Eigenverlag (opus.bsz-bw.de/hsbwgt/volltexte/2008/39/pdf/Dissertation_Schulsozialarbeit.pdf – 5.1.2014)

Als Verlagsort ist bei Qualifikationsarbeiten der Sitz der betreuenden Hochschule zu nennen. Es ist nicht notwendig, einen Hinweis darauf zu geben, dass es sich bei dem Werk um eine online veröffentliche Dissertation handelt. Kornmeier (2007, S. 132) sieht dies zwar explizit vor (bspw.: »Diss., Technische Universität Dresden«), ich halte das jedoch für unnötig. Forschungsberichte, Literaturarbeiten, Zeitungsberichte oder Pressemitteilungen werden auch nicht mit entsprechenden Zusätzen beglückt.

E-Books und Open-Access

E-Books und Open-Access stellen eine relativ neue und sich weiter verbreitende Entwicklung in der Publikation wissenschaftlicher Texte dar. Beide Begriffe sind nicht immer scharf und eindeutig voneinander getrennt. Open-Access-Veröffentlichungen sind zitierfähige, häufig im Peer-Review-Verfahren betreute Publikationen, die – das ist ihr Kennzeichen – frei verfügbar sind. »Frei verfügbar« bedeutet in diesem Fall, dass sie entgeltlos nutzbar sind, jedoch nicht frei, also ohne Hinweis auf die Urheber/innenschaft in die eigene Arbeit eingefügt werden dürfen. Open-Access-Publikation verfügen über einen Verlag, einen Verlagsort sowie eine ISBN oder ISSN. Sie können relativ sicher davon ausgehen, dass einmal publizierte Open-Access-Veröffentlichungen nicht korrigiert werden und eine endgültige Version darstellen. Sehr häufig wird neben der Online-Version eine gedruckte Ausgabe in sehr kleiner Auflage veröffentlicht. Auch bei Open-Access-Publikationen ist die Verfahrensweise des Nachweises in der Literatur unterschiedlich. Es besteht m.E. eigentlich keine Notwendigkeit, eine URL anzugeben. Sie sollten diesen Hinweis im Zweifelsfall mit Ihren Lehrenden abstimmen – es mag möglich sein, dass diese nicht auf eine Internet-Adresse verzichten mögen.

Open-Access-Veröffentlichungen können als Monographien, Sammelwerke und Fachzeitschriften erscheinen. Im Folgenden werden alle drei Publikationen exemplarisch mit einem Autor bzw. einer Autorin vorgestellt. Im Falle mehrerer Autorinnen bzw. Autoren schauen Sie bitte in das Kapitel *Wie wird das Literaturverzeichnis gestaltet?* – die Art des Nachweises entspricht sich vollständig.

Open-Access publizierte Monographien weisen Sie bitte wie folgt nach: Nachname der Autorin bzw. des Autors, Initialie(n) des Vornamens (Erscheinungsjahr in Klammern): Titel. ggf. Nebentitel des Artikels. Verlagsort, Verlag (ggf. Anmerkungen in Klammern)

Koob, D. (2007): Sozialkapital zur Sprache gebracht. Eine bedeutungstheoretische Perspektive auf ein sozialwissenschaftliches Begriffs- und Theorieproblem. Göttingen, Göttinger Universitätsverlag

---

Open-Access publizierte Beiträge aus Sammelwerken weisen Sie bitte wie folgt nach (wobei die Anzahl der Autorinnen bzw. Autoren und Herausgeber/innen in diesem Beispiel willkürlich gewählt ist):

Nachname der ersten Autorin bzw. des Autors, Initialie(n) des Vornamens/Nachname der zweiten Autorin bzw. des Autors, Initialie(n) des Vornamens (Erscheinungsjahr in Klammern): Titel des Artikels. ggf. Nebentitel des Artikels. In: Nachname der Herausgeberin bzw. des Herausgebers, Initialie(n) des Vornamens (Hrsg.): Titel des Sammelwerkes. ggf. Nebentitel des Sammelwerkes. Verlagsort, Verlag, S. von-bis [ohne Leerzeichen] (ggf. Anmerkungen in Klammern)

Mönch, M./Nödler, J. (2006): Hochschulen und Urheberrecht. Schutz wissenschaftlicher Werke. In: Spindler, G. (Hrsg.): Rechtliche Rahmenbedingungen von Open Access-Publikationen. Göttingen, Göttinger Universitätsverlag, S. 21-54

Open-Access publizierte Artikel aus Fachzeitschriften weisen Sie bitte wie folgt nach: Nachname der Autorin bzw. des Autors, Initialie(n) des Vornamens (Erscheinungsjahr in Klammern): Titel des Artikels. ggf. Nebentitel des Artikels. In: Titel der Fachzeitschrift, i.d.R. Jahrgang, Heft/Ausgabe, S. von-bis [ohne Leerzeichen] (ggf. Anmerkungen in Klammern)

Lange, C. (2013): Impressumspflichten in sozialen Netzwerken. In: Zeitschrift für das Juristische Studium, 6. Jg., H. 2, S. 141-147

Die aufmerksamen Leser/innen unter Ihnen werden festgestellt haben, dass sich die Nachweise von Printprodukten und Open-Access-Veröffentlichungen nicht voneinander unterscheiden und es gar unmöglich ist, anhand dieser die »Quelle Internet« zu erkennen. Das ist tatsächlich so und hat eben seinen Grund darin, dass Open-Access-Publikationen über alle Merkmale gedruckter Veröffentlichungen verfügen. Ein qualitativer Grund, die digitale Herkunft zu vermerken, besteht ebenfalls nicht – Open-Access ist nicht besser oder schlechter als klassische, gedruckte Veröffentlichungen.

E-Books stellen – mit aller Vorsicht formuliert – im Prinzip die kostenpflichtige Version von Open-Access-Veröffentlichungen dar. Verlage leben auch davon, einzelne Bücher oder Nutzungslizenzen für bestimmte Buchreihen, an Einzelpersonen oder Institutionen (Bibliotheken) zu verkaufen. Es besteht in der Regel kein Unterschied zwischen der Print- und der digitalen PDF-Ausgabe. Auch hier ist die Quelle genauso wie eine gedruckte Publikation zu behandeln, es ist nicht notwendig zu vermerken, dass Sie die digitale Version des Werkes eingesehen haben. Sie können im Falle von im PDF-Format erschienenen E-Books deshalb auf die Nennung einer HTTP-Adresse verzichten. Der Nachweis entspricht dann vollständig dem regulärer Printausgaben, wie Monographien, Sammelwerke und Fachzeitschriften.

Ich weise darauf hin, dass dies mein Vorgehen darstellt, welches ich bei meinen Studierenden uneingeschränkt akzeptieren würde. Zweifelsohne erwarten einige Hochschullehrende in Bezug auf digitale Quellen ein anderes Vorgehen. Im Zweifelsfall sprechen Sie dieses Thema bitte an oder lesen im Vorfeld die vielleicht an Ihrem Fachbereich vorhandenen Zitationsrichtlinien.

Google-Books, Scans und andere Ablichtungen

Google-Books digitalisiert Originalliteratur (als Autor freut mich das nur bedingt). Die digitalisierten Buchteile umfassen so gut wie nie den gesamten Umfang eines Werkes (zumindest nicht bei Büchern, die klassisch über Verlage publiziert werden), sondern nur eine kurze, einige Seiten umfassende Auswahl. Es ist gewollt, dass Sie das entsprechende Buch kaufen (sollte diese Stelle also bei Google-Books zu lesen sein: Kaufen Sie mein Buch!). Gesetzt den Fall, es reichen Ihnen die wenigen Seiten auf Google-Books und Sie verweigern den Autorinnen bzw. Autoren deren mageren Lohn, indem Sie das entsprechende Buch nicht erwerben, dann gilt: Als Nachweis dient niemals die Google-URL. Wenn Sie Quellen von Google-Books verwenden, dann ist dies, als hätte Ihnen die Monographie oder der Sammelband persönlich vorgelegen. Es ist nicht notwendig, irgendeinen Hinweis darauf zu geben, dass Sie die Quelle über Google-Books eingesehen haben. Sie würden ja auch nicht gesondert erwähnen, dass Ihnen Fotokopien eines Präsenzbandes Ihrer Hochschulbibliothek zur Verfügung standen. Vollkommen gleich verhält es sich auch mit im Internet vorzufindenden Ablichtungen von Artikeln und Beiträgen, seltener ganzen Monographien sowie den Scans älterer Fachliteratur, welche nicht mehr dem Copyright unterliegen. Diese weisen Sie bitte so nach, als hätte Ihnen das Werk tatsächlich vorgelegen, die vollständige Übereinstimmung ist bei Ablichtungen sichergestellt.

Transkribierte Texte

Ein klein wenig kniffliger verhält es sich mit transkribierten, also vom analogen Papier in das digitale Format übertragenen Texten. Hierbei handelt es sich nicht um eine Ablichtung – die ja mit dem Original vollkommen übereinstimmen muss –, sondern um eine

Abschrift, die Fehler enthalten kann. Sie müssen also die digitale Quelle benennen und können nicht das Original angeben. Da der Nachweis im Literaturverzeichnis keine Qualitätsfragen beinhaltet, stellt dies auch keinen Mangel dar. Verlagsort und Verlag entfallen, möglich ist ein Hinweis auf die ursprüngliche Veröffentlichung.

Giesecke, H. (1996): Wozu ist die Schule da? Die neue Rolle von Eltern und Lehrern. (www.hermann-giesecke.stonemark.de/schulebu.pdf – 12.8. 2010, ursprünglich Stuttgart, Klett)

Wie gehe ich mit meiner Note um?

Die Arbeit ist abgegeben, Sie haben die Note nach einer Wartezeit von etwa sechs Wochen wahrscheinlich in digitaler Form erhalten und sind damit mehr oder minder zufrieden. Ob Ihre Erwartungen erfüllt worden sind oder nicht: Sie sollten sehr schnell einen produktiven Umgang mit Ihrer Bewertung entwickeln. Dies heißt im Wesentlichen: Holen Sie sich ein kritisches Feedback zu den Stärken und Schwächen Ihrer Arbeit.

Bewertungskriterien

Lehrende sind in der Notenfindung der von ihnen bewerteten Hausarbeiten frei. Der Prozess der Notenfindung ist für viele Studierende ein Rätsel und recht undurchschaubar: Es wird nicht deutlich, wie die Benotung Ihrer Arbeit zustande kommt. Kowol (o.J., S. 15) verdeutlicht die Kriterien, nach denen viele Lehrende die Bewertung einer Hausarbeit ausrichten:

- »Im Studium erworbene Fachkenntnisse können nachgewiesen werden.
- Ihre Fähigkeit zum systematischen und methodisch korrekten Bearbeiten eines begrenzten Themas kann präsentiert werden.
- Ihre Selbständigkeit bei der Lösung einer vorgegebenen Aufgabe kann verdeutlicht werden.

- Ihre Fähigkeit zur Problematisierung und (Selbst-)Kritik wird sichtbar.
- Ergebnisqualität, Güte und Zuverlässigkeit können aufgezeigt werden.
- Ihre Fähigkeit zur logischen und prägnanten Argumentation wird erkennbar.
- Die formal korrekte Präsentation der Ergebnisse wird demonstriert.
- Die Arbeitsergebnisse können reflektiert werden.«

Das alles ist richtig und kann wahrscheinlich von vielen Kolleginnen und Kollegen so unterschrieben werden. Bis zu einem gewissen Grad bleibt die Bewertung einer Hausarbeit – wie die Einschätzung jeder Prüfungsleistung – subjektiv und von den einzelnen Lehrenden abhängig. Dies beginnt schon mit der Konkretisierung der aufgeführten Kriterien: Wie werden diese operationalisiert, welche Gewichtung kommt welchem Item zu, wie wird gemessen und erfasst? Darüber hinaus richtet sich die Einschätzung des Leistungsniveaus natürlich auch nach den Ansprüchen der Lehrenden. Solche mit hohen Erwartungen werden wahrscheinlich nicht leichtfertig sehr gute Beurteilungen vergeben, hier werden Sie dementsprechend mehr Leistung für dieselbe Note erbringen müssen, die Sie mit weniger Aufwand bei Lehrenden mit weniger Anspruch bekommen hätten. Das mögen Sie natürlich als ungerecht empfinden, oder Sie können in der Gewissheit weiterarbeiten, dass es in einem Studium primär um Bildungsaspekte geht und die Auseinandersetzung mit mehr Anforderung Sie in jedem Fall weiterbringt.

Umgang mit der Note und Feedback

Gern können Sie sich ein paar Minuten über eine gute Leistung freuen und ebenso lang über eine schlechtere Note ärgern. Seien Sie aber mit beiden nicht zufrieden. Eine generelle Tendenz und Bewertung Ihrer Leistung zeichnet sich mit der Note ab, aber die genauen Stärken und Schwächen der Arbeit lassen sich damit nicht feststellen. Es ist völlig gleichgültig, wie das Produkt bewertet worden ist, lassen Sie sich die Einschätzung Ihrer Prüfer/innen unbedingt erklären. Eine solche Rückmeldung ist essentiell für Ihre weitere Entwicklung als Wissenschaftler/innen. Keine Arbeit, auch solche, die mit »sehr gut« gewürdigt wurde, ist fehlerfrei. Zudem werden Schwächen in den Arbeiten von Erst- und Zweitsemestern von manchen Lehrenden nicht in dem Umfang in der Notenfindung berücksichtigt, wie dies bei Studierenden kurz vor dem Abschluss ihres Studiums der Fall wäre. Dieses Vorgehen ist vielleicht verständlich, ohne Rückmeldung wiederholen und wiederholen Sie aber die gleichen Fehler und sind verwundert, warum bei subjektiv gleichbleibender Qualität Ihre Arbeiten mit fortlaufender Studiendauer immer schlechter bewertet werden.

Manche Lehrende richten besondere Termine für die Besprechung von Hausarbeiten ein, manche erledigen das in den regulären Sprechstunden, bei manchen müssen Sie gesondert nachfragen. Kommen Sie auf jeden Fall vorbereitet. Es versteht sich von selbst, dass Sie die Arbeit zuvor zumindest kurz erneut gelesen und ggf. eigene Fragestellungen formuliert haben. Grundsätzlich ist eine Hausarbeitenbesprechung keine Verhandlung über die Note. Es geht um eine Rückmeldung. Möglicherweise mag Ihnen diese nicht sonderlich gefallen, weil sie Teile Ihrer Arbeit betrifft, die Sie für besonders wichtig oder qualitativ wertvoll erachtet haben – und nun das Gegenteil hören.

Es nutzt recht wenig, wenn Sie sich nach der Erstellung einer Hausarbeit für derart fachkompetent erachten, dass Sie die Hinweise erfahrener Lehrender einfach ignorieren. Ein verantwortungsvoller Umgang mit einer verantwortungsvollen Rückmeldung stellt den Abschluss eines wissenschaftlichen Arbeitsprozesses dar, auf dem der nächste quasi nahtlos aufbaut. Ohne kritische Rückmeldung ist eine Weiterentwicklung praktisch nicht möglich. Im sozialarbeiterischen Kontext muss diese Rückmeldung zum Standard und zur Sicherung von Qualität gehören, in akademischen Bezügen hat sich eine eigene Review- und Rezensionskultur entwickelt. Sie müssen mit der Kritik an Ihrer Arbeit nicht immer einverstanden sein und diese keinesfalls persönlich oder emotional nehmen, aber Sie sollten sich damit auseinandersetzen.

Sie können nach Abschluss Ihrer ersten Arbeit vielleicht ein wenig besser nachvollziehen, dass es sich bei der Wissenschaft und der Sozialen Arbeit um eine besondere Beschäftigung handelt, die mit Alltagswissen und Alltagstheorien nicht zu vergleichen ist. Insofern ist vielleicht nun auch das Zitat Bluntschlis, welches dieses Buch eingeleitet hat, ein wenig verständlicher: »Indessen ist die Wissenschaft nicht Jedermanns Sache. [...] Um wissenschaftlich arbeiten zu können, bedarf es einer glücklichen Geistesanlage, und in der Regel auch einer guten Schule und einer freien Muße. Daher erheben sich überall, wo die Wissenschaft gedeiht, einzelne wissenschaftliche Männer und wissenschaftlich gebildete Klassen über die große, nicht wissenschaftlich gebildete Volksmenge, in ähnlicher Weise, wie sich auf dem Gebiete des religiösen Gesammtlebens die Priester erheben über die Laienwelt, die Geistlichen über die Weltlichen. Es ist das unleugbar eine Art geistiger Aristokratie innerhalb der civilisirten Nationen« (1870, S. 210). Antiquiert, Frauen benachteiligend und ein wenig arrogant ist dieses Verständnis noch immer, aber im Kern der Sache können Sie nun nachspüren, dass es sich bei »der Wissenschaft« um eine besondere Angelegenheit handelt. Gratulation, Sie sind ein Teil davon.

Literaturverzeichnis

Ariès, P. (1998) [1960]: Geschichte der Kindheit. München, dtv (5. Auflage)

Baade, J. et al. (2005): Wissenschaftliches Arbeiten. Ein Leitfaden für Studierende der Geographie. Bern, Haupt

Balzer, H. et al. (2008): Wissenschaftliches Arbeiten. Wissenschaft, Quellen, Artefakte, Organisation, Präsentation. Herdecke, W31

Bänsch, A. (2008): Wissenschaftlich Arbeiten. München, Oldenbourg (9. Auflage)

Bänsch, A./Alewell, D. (2009): Wissenschaftlich Arbeiten. München, Oldenbourg (10. Auflage)

Bargheer, M. et al. (2006): Open Access und Institutional Repositories. Rechtliche Rahmenbedingungen. In: Spindler, G. (Hrsg.): Rechtliche Rahmenbedingungen von Open Access-Publikationen. Göttingen, Göttinger Universitätsverlag, S. 1-20

Barlösius, E. (2012): Wissenschaft als Feld. In: Maasen, S. et al. (Hrsg.): Handbuch Wissenssoziologie. Wiesbaden, VS, S. 125-135

Bathke, S. (2006): Vereinbarungen als Basis für Kooperation zwischen öffentlichen und freien Trägern der Kinder- und Jugendhilfe. In: Jordan, E. (Hrsg.): Kindeswohlgefährdung. Rechtliche Neuregelungen und Konsequenzen für den Schutzauftrag der Kinder- und Jugendhilfe. Weinheim, Juventa, S. 39-50

Baumert, J. et al. (Hrsg.) (2009): Bildungsentscheidungen. Wiesbaden, VS (Zeitschrift für Erziehungswissenschaft, Sonderheft 12/2009)

Beck, U. (1986): Risikogesellschaft. Auf dem Weg in eine andere Moderne. Frankfurt/M., Suhrkamp

Beck, U. (2007): Weltrisikogesellschaft. Auf der Suche nach der verlorenen Sicherheit. Frankfurt/M., Suhrkamp

Becker-Lenz, R./Müller, S. (2009): Die Notwendigkeit von wissenschaftlichem Wissen und die Bedeutung eines professionellen Habitus für die Berufspraxis der Sozialen Arbeit. In: Becker-Lenz, R. et al. (Hrsg.): Professionalität in der Sozialen Arbeit. Standpunkte, Kontroversen, Perspektiven. Wiesbaden, VS, S. 194-221

Berger, D. (2010): Wissenschaftliches Arbeiten in den Wirtschafts- und Sozialwissenschaften. Wiesbaden, Gabler

Bieker, R. (2011): Soziale Arbeit studieren. Leitfaden für wissenschaftliches Arbeiten und Studienorganisation. Stuttgart, Kohlhammer

Bildungskommission NRW (1995): Zukunft der Bildung – Schule der Zukunft. Denkschrift der Kommission beim Ministerpräsidenten des Landes Nordrhein-Westfalen. Neuwied, Luchterhand

Blandow, J. (2007): Kindeswohl. Sozialwissenschaftliche Aspekte. In: Deutscher Verein für öffentliche und private Fürsorge (Hrsg.): Fachlexikon der Sozialen Arbeit. Baden-Baden, Nomos, S. 559-561

Blatter, J. (2000): Die wirtschaftliche Bedeutung des Fussballs. In: Jaeger, F./ Stier, W. (Hrsg.): Sport und Kommerz. Neuere ökonomische Entwicklungen im Sport, insbesondere im Fussball. Chur/Zürich, VR, S. 103-112

Blossfeld, H.-P. et al. (2009): Geschlechterdifferenzen im Bildungssystem. Jahresgutachten 2009. Wiesbaden, VS (herausgegeben durch die Vereinigung der Bayerischen Wirtschaft e.V.)

Bluntschli, J. C. (1870): Wissenschaft. In: Bluntschli, J. C./Brater, K. (Hrsg.) Deutsches Staats-Wörterbuch. Band 11. Stuttgart, Leipzig, Expedition des Staats-Wörterbuchs, S. 207-211

Boeree, G. (2006): Geschichte der Psychologie. Teil 1. Die Antike. (www.social-psychology.de/cc/click.php?id=68 – 24.9.2009)

Bohl, T. (2008): Wissenschaftliches Arbeiten im Studium der Pädagogik. Weinheim, Beltz

Bohnsack, R. (2010): Rekonstruktive Sozialforschung. Einführung in qualitative Methoden. Opladen, Budrich (8. Auflage)

Borde, A./Rose, B. (1993): Außer Rand und Band. Unbändige Kinder und Jugendhilfe. In: Neubauer, G./Sünker, H. (Hrsg.) Kindheitspolitik international. Problemfelder und Strategien. Opladen, Leske + Budrich, S. 134-147

Bourdieu, P. (1987): Der feine Unterschied. Kritik der gesellschaftlichen Urteilskraft. Frankfurt/M., Suhrkamp

Bourdieu, P. (2005): Die männliche Herrschaft. Frankfurt/M., Suhrkamp

Braches-Chyrek, R. et al. (Hrsg.) (2010): Kindheit in Pflegefamilien. Opladen, Budrich

Braun, E./Grottke, M. (2012): Vom magischen Plagiatsviereck zum Wettbewerb als Entdeckungsverfahren. In: Grottke, M. (Hrsg.): Plagiatserkennung, Plagiatsvermeidung und Plagiatssanktionierung. Lohmar, Eul, S. 13-42

Braun, F. (2009): ›Frauen sind nicht der Rede wert?‹ Sprachliche Gleichstellung in Texten und Veröffentlichungen der Landeshauptstadt Kiel. Kiel, Eigenverlag (herausgegeben durch die Frauenbeauftragte der Landeshauptstadt Kiel, www.kiel.de/rathaus/gleichstellung/veroeffentlichungen/frauen_in_der_sprache/Sprachgutachten_LH_Kiel. pdf – 1.8.2013)

Brunner C. et al. (2001): Partizipation – ein Kinderspiel? Beteiligungsmodelle in Kindergärten, Schulen, Kommunen und Verbänden. München, Eigenverlag (herausgegeben durch das Bundesministerium für Familie, Senioren, Frauen und Jugend)

Bundesministerium für Familie, Senioren, Frauen und Jugend (Hrsg.) (2001): Bericht der Bundesrepublik Deutschland an die Vereinten Nationen gemäß Artikel 44 Abs. 1 Buchstabe b des Übereinkommens über die Rechte des Kindes. Berlin, Eigenverlag

Carstensen, C. H. et al. (2008): Trendanalysen in PISA: Wie haben sich die Kompetenzen in Deutschland zwischen PISA 2000 und PISA 2006 entwickelt? In: Prenzel, M./Baumert, J. (Hrsg.): Vertiefende Analysen zu PISA 2006. Wiesbaden, VS, S. 11-34 (Zeitschrift für Erziehungswissenschaft, Sonderheft 10/2008)

Celik, A. (2012): Fonds Soziokultur vergibt Fördermittel im Bereich Inklusion. (www.jugendring.de/?p=344 – 15.8.2012)

Chassé, K. A./Wensierski, H.-J. von (Hrsg.) (2008): Praxisfelder der Sozialen Arbeit. Eine Einführung. Weinheim, Juventa

Czock, H./Radtke, F. (1984): Der heimliche Lehrplan der Diskriminierung. In: päd. extra, 12. Jg., H. 10, S. 34-39

Dahinden, U. et al. (2006): Wissenschaftliches Arbeiten in der Kommunikationswissenschaft. Bern, Haupt

Deegener, G./Körner, W. (Hrsg.) (2005): Kindesmisshandlung und Vernachlässigung. Ein Handbuch. Göttingen, Hogrefe

Der Spiegel (1977): Fernsehgewalt. Leidtragende sind die Kinder. In: Der Spiegel, H. 51, S. 46-60

Der Volks-Brockhaus (1957): Jugendschutz. In: Der Volks-Brockhaus. Wiesbaden, Brockhaus, S. 383 (12. Auflage)

Destatis (2013): 41,5 Millionen Erwerbstätige im März 2013. (www.destatis.de/DE/PresseService/Presse/Pressemitteilungen/2013/04/PD13_151_132.html – 30.4.2013)

Deutscher Fußball-Bund (o.J.): Fußball-Regeln 2012/2013. Frankfurt/M. (www.dfb.de/fileadmin/user_upload/2013/01/DFB_Umbruch_Fussballregeln_2012_2013_LOW1.pdf – 13.6.2013)

Disterer, G. (2005): Studienarbeiten schreiben. Diplom-, Seminar- und Hausarbeiten in den Wirtschaftswissenschaften. Berlin, Springer (3. Auflage)

Drieschner, E. (2007): Erziehungsziel ›Selbstständigkeit‹. Grundlagen, Theorien und Probleme eines Leitbildes der Pädagogik. Wiesbaden, VS

Ebster, C./Stalzer, L. (2003): Wissenschaftliches Arbeiten für Wirtschafts- und Sozialwissenschaften. Wien, utb (2. Auflage)

Erath, P. (2006): Sozialarbeitswissenschaft. Eine Einführung. Stuttgart, Kohlhammer

Erler, M. (2010): Soziale Arbeit. Ein Lehr- und Arbeitsbuch zu Geschichte, Aufgaben und Theorie. Weinheim, Juventa

Esselborn-Krumbiegel, H. (2008): Von der Idee zum Text. Eine Anleitung zum wissenschaftlichen Schreiben. Paderborn, Schöningh

Fleischer, E. (2001): Subjektbezogene Aspekte des wissenschaftlichen Arbeitens. In: Hug, T. (Hrsg.): Wie kommt Wissenschaft zu Wissen? Band 1. Einführung in das wissenschaftliche Arbeiten. Baltmannsweiler, Schneider, S. 237-252

Flick, U. (2011): Triangulation. Eine Einführung. Wiesbaden, VS. (3. Auflage)

Fuchs-Heinritz, W./König, A. (2005): Pierre Bourdieu. Eine Einführung. Konstanz, UVK

Galuske, M. (2007): Methoden der Sozialen Arbeit. Eine Einführung. Weinheim, Juventa

Gehrmann, G./Müller, K. (2005): Charakteristika einer motivierenden Sozialen Arbeit. In: Dies. (Hrsg.): Aktivierende Soziale Arbeit mit nicht-motivierten Klienten. Regensburg, Walhalla, S. 93-106

Giesecke, H. (1996): Wozu ist die Schule da? Die neue Rolle von Eltern und Lehrern. Stuttgart, Klett (hermann-giesecke.stonemark.de/schulebu.pdf – 12.8.2010)

Grundmann, M. et al. (2010): Bildung als Privileg und Fluch. Zum Zusammenhang zwischen lebensweltlichen und institutionalisierten Bildungsprozessen. In: Becker, R./Lauterbach, W (Hrsg.): Bildung als Privileg. Erklärungen und Befunde zu den Ursachen der Bildungsungleichheit. Wiesbaden, S. 51-78 (4. Auflage)

Habermann, M. et al. (2013): Integration, Prävention und Partizipation. Niedrigschwellige Angebotsentwicklung für Migrant/innen im Stadtteil. In: Sozialmagazin, 38. Jg., H. 5-6, S. 38-47

Hardinghaus, B. (2010): Es kracht, es klatscht. In: Der Spiegel, H. 29, S. 50-54

Haupt, S. (2013): Schulsozialarbeit – zusammenfassender Überblick über das Handlungsfeld. In: Deutsches Rotes Kreuz (Hrsg.): Reader Schulsozialarbeit – Band 1. Aktuelle Beiträge und Reflexionen eines vielschichtigen Theorie- und Praxisfeldes. Berlin, Eigenverlag, S. 20-26

Heigl, C. (2011): Patientenautonomie im Kindes- und Jugendalter. Regensburg (epub.uni-regensburg.de/23323/1/DissertationHeigl_oLL.pdf – 10.1.2014)

Hentig, H. v. (1998): Vorwort. In: Ariès, P.: Geschichte der Kindheit. München, dtv, S. 7-44 (5. Auflage)

Herb, U. (2012): Offenheit und wissenschaftliche Werke. Open Access, Open Review, Open Metrics, Open Science & Open Knowledge. In: Ders. (Hrsg.) Open Initiatives. Offenheit in der digitalen Welt und Wissenschaft. Saarbrücken, Universaar, S. 11-44

Hering, S./Münchmeier, R. (2007): Geschichte der Sozialen Arbeit. Eine Einführung. Weinheim, Juventa (4. Auflage)

Hessel, S. (2011): Empört euch. Berlin, Ullstein

Höblich, D. (2010): Biografie, Schule und Geschlecht. Bildungschancen von Schülerinnen. Wiesbaden, VS

Homfeldt, H./Schulze-Krüdener, J. (Hrsg.) (2003): Handlungsfelder der Sozialen Arbeit. Baltmannsweiler, Schneider

Honig, M.-S. (1999): Entwurf einer Theorie der Kindheit. Frankfurt/M., Suhrkamp

Horkheimer, M./Adorno, T. (1988): Dialektik der Aufklärung. Philosophische Fragmente. Frankfurt/M., Fischer

Hormel, U./Scherr, A. (2010): Einleitung. Diskriminierung als gesellschaftliches Phänomen. In: Dies. (Hrsg.): Diskriminierung. Grundlagen und Forschungsergebnisse. Wiesbaden, VS, S. 7-20

Institut für soziale Arbeit (Hrsg.) (o.J.): Soziale Frühwarnsysteme in Nordrhein-Westfalen. Frühwarnsysteme für die Zielgruppe der 0-3-Jährigen. Münster, ISA

Janich, P. (1997): Kleine Philosophie der Naturwissenschaften. München, Beck

Jele, H. (2006): Wissenschaftliches Arbeiten. Zitieren. München, Oldenbourg (2. Auflage)

Jordan, E. (Hrsg.) (2006): Kindeswohlgefährdung. Rechtliche Neuregelungen und Konsequenzen für den Schutzauftrag der Kinder- und Jugendhilfe. Weinheim, Juventa

Kant, I. (1956) [1781]: Werke in sechs Bänden. Kritik der reinen Vernunft. Wiesbaden, Insel

Karmasin, M./Ribing, R. (2012): Die Gestaltung wissenschaftlicher Arbeiten. Wien, facultas (7. Auflage)

Kathöfer, S./Kotthaus, J. (2013a): Anstoß. Ultras in eigenen Erleben. Über die Entstehung dieser Studie. In: Dies. (Hrsg.):»Block X« – Unter Ultras. Ergebnisse einer Studie über die Lebenswelt Ultra in Westdeutschland. Weinheim, Beltz, S. 54-85.

Kathöfer, S./Kotthaus, J. (2013b): Abpfiff. Zentrale Ergebnisse und zusammenfassende Diskussion. In: Dies. (Hrsg.):»Block X« – Unter Ultras. Ergebnisse einer Studie über die Lebenswelt Ultra in Westdeutschland. Weinheim, Beltz, S. 268-273

Kellerhals, K. (2010): Der gute Schüler war auch früher ein Mädchen. Bern, Haupt

Kiel, E. (2001): Grundzüge wissenschaftlichen Zitierens gedruckter Publikationen. In: Hug, T. (Hrsg.): Wie kommt Wissenschaft zu Wissen. Band 1. Einführung in das wissenschaftliche Arbeiten. Baltmannsweiler, Schneider, S. 214-224

Kindler, H. et al. (Hrsg.) (2006): Handbuch Kindeswohlgefährdung nach § 1666 BGB und Allgemeiner Sozialer Dienst (ASD). München, Eigenverlag

Kirchenamt der EKD (Hrsg.) (2012): Hinschauen – Helfen – Handeln. Hinweise für den Umgang mit Verletzungen der sexuellen Selbstbestimmung durch beruflich und ehrenamtlich Mitarbeitende im kirchlichen Dienst. Hannover, Eigenverlag

Klaner, A. (2003): Wie schreibe ich juristische Hausarbeiten. Berlin, BWV (3. Auflage)

Koch, E. (2012): Beim Titelhändler. (www.zeit.de/2012/20/B-Titelkauf/komplettansicht – 15.8.2012)

Koob, D. (2007): Sozialkapital zur Sprache gebracht. Eine bedeutungstheoretische Perspektive auf ein sozialwissenschaftliches Begriffs- und Theorieproblem. Göttingen, Göttinger Universitätsverlag

Kornmeier, M. (2007): Wissenschaftstheorie und wissenschaftliches Arbeiten. Eine Einführung für Wirtschaftswissenschaftler. Heidelberg, Physica

Kotthaus, J. (2003): Propheten des Aberglaubens. Der deutsche Kreationismus zwischen Aberglaube und Mystizismus. Münster, Lit

Kotthaus, J. (2008): Kindeswohl. Begrifflichkeit und Bedeutung in der Sozialen Arbeit. In: Sünker, H./ Swiderek, T. (Hrsg.): Lebensalter und Soziale Arbeit. Band 2: Kindheit. Baltmannsweiler, Schneider Verlag, S. 59-78

Kotthaus, J. (2010): Einbeziehung des Kindes und der Eltern in der Risikoabschätzung. In: DKSB-Landesverband NRW (Hrsg.): Eine Arbeitshilfe zum Kinderschutz in Kindertageseinrichtungen. Wuppertal, Eigenverlag, S. KA 208-KA 217

Kowol, U. (o.J.): Hinweise für die Anfertigung von schriftlichen akademischen Arbeiten. (www.fh-dortmund.de/de/studi/fb/8/Hinweise_fuer_die_Anferti gung_von_Ba-__MA-_und_Hausarbeiten.pdf – 1.7.2013)

Kreft, D./Mielenz, I. (Hrsg.) (2008): Wörterbuch Soziale Arbeit. Aufgaben, Praxisfelder, Begriffe und Methoden der Sozailarbeit und Sozialpädagogik. Weinheim, Juventa

Kriener, M./Nörtershäuser, K. (2009): Risikomanagement bei Kindeswohlgefährdung. Kompetentes Handeln sichern. Düsseldorf, Eigenverlag (herausgegeben durch das Ministerium für Generationen, Familie, Frauen und Integration des Landes Nordrhein-Westfalen, broschueren. nordrheinwestfalendirekt.de/herunterladen/der/datei/risikomanagement-pdf-1/von/risikomanagement-bei-kindeswohlgefaehrdung/vom/mfkjks/459 – 15.8. 2012)

Kruse, O. (2001): Wissenschaftliches Schreiben im Studium. In: Hug, T. (Hrsg.) Wie kommt Wissenschaft zu Wissen? Band 1. Einführung in das wissenschaftliche Arbeiten. Baltsmannsweiler, Schneider, S. 11-28

Küsters, I. (2009): Narrative Interviews. Grundlagen und Anwendung. Wiesbaden, VS

Kutschera, U. (2003): Vorwort. In: Kotthaus, J.: Propheten des Aberglaubens. Der deutsche Kreationismus zwischen Mystizismus und Pseudowissenschaft. Münster, Lit, S 7-11

Lange, C. (2013): Impressumspflichten in sozialen Netzwerken. In: Zeitschrift für das Juristische Studium, 6. Jg , H. 2, S. 141-147

Lehmann, G. (2008): Wissenschaftliche Arbeiten zielwirksam verfassen und präsentieren. Renningen, expert (2. Auflage)

Leitzmann, C. (2010): Die 101 wichtigsten Fragen. Gesunde Ernährung. München, C. H. Beck

Lenz, A. (2009): Riskante Lebensbedingungen von Kindern psychisch und suchtkranker Eltern. Stärkung ihrer Resilienzressourcen durch Angebote der Jugendhilfe. In: Sachverständigenkommission Dreizehnter Kinder- und Jugendbericht (Hrsg.): Materialien zum Dreizehnten Kinder- und Jugendbericht. Mehr Chancen für gesundes Aufwachsen. München, Eigenverlag, S. 683-752

Liebel, M. (2012): Kindeswohl und Wohlbefinden der Kinder. Zur deutschen Debatte um Kindergerechtigkeit. In: Deutsche Jugend, 60. Jg., H. 6, S. 269-278

Luhmann, N. (2009): Die Realität der Massenmedien. Wiesbaden, VS (4. Auflage)

Lüthi, E. (1893): Die schweizerische Rekrutenprüfung. o.O.

Lyotard, J.-F. [1985]: Streitgespräche, oder: Sprechen »nach Auschwitz«. Bremen, Impuls

Maletzke, G. (1963): Psychologie der Massenkommunikation. Theorie und Systematik. Hamburg, Hans-Bredow-Institut

May, K. [2004]: Unter Geiern. Bamberg (Auflage 2104. Tausend)

Messing, B. (2012): Das Studium. Vom Start zum Ziel. Lei(d)tfaden für Studierende. Berlin, Springer

Messing, B./Huber, K.-P. (2007): Die Doktorarbeit. Vom Start zum Ziel. Lei(d)tfaden für Promotionswillige. Berlin, Springer

Meyer, S. (2012): Kindeswohlgefährdung als Herausforderung für die öffentliche Jugendhilfe. Norderstedt, Grin

Ministerium für Generationen, Familie, Frauen und Integration des Landes Nordrhein-Westfalen (Hrsg.) (2010): Kindeswohlgefährdung. Ursachen, Erscheinungsformen und neue Ansätze der Prävention. Düsseldorf, Eigenverlag

Mönch, M./Nödler, J. (2006): Hochschulen und Urheberrecht. Schutz wissenschaftlicher Werke. In: Spindler, G. (Hrsg.): Rechtliche Rahmenbedingungen von Open Access-Publikationen. Göttingen, Göttinger Universitätsverlag, S. 21-54

Montag Stiftung Jugend und Gesellschaft (Hrsg.) (2011): Inklusion vor Ort. Der kommunale Index für Inklusion – ein Praxishandbuch. Freiburg, Lambertus

Mrozynski, P. (2009): SGB VIII. Kinder- und Jugendhilfe. München, Beck (5. Auflage)

Müller, C.W. (2006): Zwischenruf: Case Management – oder die Wiederentdeckung von Bewährtem. In: unsere jugend, 58. Jg., S. 371-372

Mutke, B./Tammen, B. (Hrsg.) (2006): Soziale Gerechtigkeit – Soziales Recht. Interdisziplinäre Beiträge zu Problemlagen und Veränderungsbedarf. Festkolloquium für Johannes Münder zum 60. Geburtstag. Weinheim, Juventa

Naber, K. (2007): Schulsozialarbeit in der Hauptschule im Kontext einer veränderten Schulwelt. Eine theoretisch-empirische Bestimmung der Schulsozialarbeit. Weingarten, Eigenverlag (opus.bsz-bw.de/hsbwgt/volltexte/2008/39/pdf/Dissertation_Schulsozialarbeit.pdf – 5.1.2014)

Neis, M. (2008): Unsicherheit als Prinzip. Das prekäre Potential atypischer Erwerbsverhältnisse an den Hochschulen und seine Implikationen für die Wissenschaft. In: Herwig, R. et al. (Hrsg.): Wissen als Begleiter!? Münster, Lit, S. 199-218

Neuffer, M. (2013): Case Management – ein Konzept für die Soziale Arbeit?! In: Sozialmagazin, 38. Jg., H. 1-2, S. 6-13

Olk, T./Speck, K. (2009): Was bewirkt Schulsozialarbeit? Theoretische Konzepte und empirische Befunde an der Schnittfläche zwischen formaler und non-formaler Bildung. In: Zeitschrift für Pädagogik, 55. Jg., H. 6, S. 910-927

Orwell, G. (1946): Politic and the English Language. In: Horizon, 13. Jg., H. 76, S. 252-264

Oswald, S. (2006): Veränderte Kindheit in regional vergleichender Perspektive. Bad Heilbrunn, Klinkhardt

Peukert, R. (1991): Familienformen im sozialen Wandel. Opladen, Leske + Budrich

Poland, I. (2010): Unterstützung des akademischen Schreibens in der Fremdsprache Deutsch durch den Einsatz digitaler Medien. In: Brandl, H. et al. (Hrsg.): Ansätze zur Förderung akademischer Schreibkompetenz an der Hochschule. Fachtagung 2.-3. März 2009 an der Universität Bielefeld. Göttingen, Universitätsverlag Göttingen, S. 155-166

Preißner, A. (2012): Wissenschaftliches Arbeiten. Internet nutzen – Text erstellen – Überblick behalten. München, Oldenbourg (3. Auflage)

Pürer, H. (2003): Publizistik- und Kommunikationswissenschaft. Ein Handbuch. Konstanz, UVK

Rehbein, B. (2011): Die Soziologie Pierre Bourdieus. Konstanz, UVK (2. Auflage)

Rehbinder, M./Rehfeldt, B. (1988): Einführung in die Rechtswissenschaft. Grundfragen, Grundlagen und Grundgedanken des Rechts. Berlin, De Gruyter

Reitberger, S. (o.J.): Vernachlässigung und Kindeswohlgefährdung erkennen und richtig handeln. Checkliste und Leitfaden für die Praxis in der Kindertagespflege. (www.kindertagespflege-aktuell.de/themen_beobachtung-dokumentation_gefaehrdung_erkennen.php – 20.12. 2013)

Reuters (2013): Deutsche Bank hakt Krise ab – ›Fuß wieder auf dem Gas‹. (http://de.reuters.com/article/topNews/idDEBEE93T02E20130 430 – 30.4. 2013)

Rogers, C. (1991): Lernen in Freiheit. München, Kösel

Rogers, C. (2010): Die nicht-direktive Beratung. Frankfurt/M., Fischer

Rogers, C. (2012): Der neue Mensch. Stuttgart, Klett-Cotta (9. Auflage)

Rost, F. (2010): Lern- und Arbeitstechniken für das Studium. Wiesbaden, VS

Rousseau, J.-J. (1998) [1762]: Emile oder Über die Erziehung. Stuttgart, Reclam (13. Auflage)

Sachße, C./Tennstedt, F. (2012): Geschichte der Armenfürsorge in Deutschland. Band 4. Fürsorge und Wohlfahrtspflege in der Nachkriegszeit 1945 – 1953. Stuttgart, Kohlhammer

Sandberg, B. (2012): Wissenschaftlich Arbeiten von Abbildung bis Zitat: Lehr- und Übungsbuch für Bachelor, Master und Promotion. München, Oldenbourg

Scheibler, A. (1976): Technik und Methodik des wirtschaftwissenschaftlichen Arbeitens. München, Vahlen

Schimmel, R. et al. (2011): Juristische Themenarbeiten. Heidelberg, Müller (2. Auflage)

Schindler, G. (2009): Vorbemerkung zu §§ 86-88. In: Münder, J. et al. (Hrsg.): Frankfurter Kommentar zum SGB VIII: Kinder- und Jugendhilfe. Baden-Baden, Nomos, S. 707 (6. Auflage)

Schlee, J. (2006): Selbsthilfe durch Kollegiale Beratung und Supervision. In: Schnoor, H. (Hrsg.): Psychosoziale Beratung in der Sozial- und Rehabilitationspädagogik. Stuttgart, Kohlhammer, S. 66-73

Schnath, M. (2005): Migration und Recht. Nationalstaatliche Schranken sozialer Inklusion. In: Sozialmagazin, 30. Jg., H. 9, S. 12-21

Schnur, H. (2010): Schreiben. Eine lebensnahe Anleitung für die Geistes- und Sozialwissenschaften. Wiesbaden, VS

Schründer-Lenzen, A. (2010): Triangulation. Ein Konzept zur Qualitätssicherung von Forschung. In: Friebertshäuser, B. et al. (Hrsg.): Handbuch Qualitative Forschungsmethoden in der Erziehungswissenschaft. Weinheim, Juventa, S. 149-158

Schwanitz, D. (2003): Männer. Eine Spezies wird besichtigt. München, Goldmann (2. Auflage)

Sesink. W. (2010): Einführung in das wissenschaftliche Arbeiten. München, Oldenbourg (8. Auflage)

Sozialpädagogisches Institut im SOS-Kinderdorf (Hrsg.) (2007): Wohin steuert die stationäre Erziehungshilfe? München, SPI

Spies, A./Pötter, N. (2011): Soziale Arbeit an Schulen: Einführung in das Handlungsfeld Schulsozialarbeit. Wiesbaden, VS

Stangl, W. (o.J.): Die kognitive Entwicklung. (http://arbeitsblaetter.stangltaller.at/KOGNITIVEENTWICKLUNG/ – 10.8.2013)

Struck, J. (2006): § 22 Grundsätze der Förderung. In: Wiesner, R. (Hrsg.): SGB VIII- Kinder- und Jugendhilfe. München, Beck, S. 323-330 (3. Auflage)

Sünker, H. (1993): Kinderpolitik und Kinderrechte. Politische Strategien im Kontext der UN-Konvention für die Rechte des Kindes. In: Neubauer, G./Sünker, H. (Hrsg.): Kindheitspolitik international. Problemfelder und Strategien. Opladen, Leske + Budrich, S. 44-58

Theisen, M. R. (2011): Wissenschaftliches Arbeiten. Technik – Methodik – Form. München, Vahlen (15. Auflage)

Thole, W. (Hrsg.) (2010): Grundriss Soziale Arbeit. Ein einführendes Handbuch. Wiesbaden, VS

Tomic, T. (2009): Risikoabschätzung bei Kindeswohlgefährdung anhand des Falls von Kevin K. unter Berücksichtigung von §8a und §42 SGB VIII. Norderstedt, Grin

Töpfer, A. (2009): Erfolgreich Forschen. Ein Leitfaden für Bachelor-, Master-Studierende und Doktoranden. Berlin, Springer

Trimmel, M. (1997): Wissenschaftliches Arbeiten. Ein Leitfaden für Diplomarbeiten und Dissertationen in den Sozial- und Humanwissenschaften mit besonderer Berücksichtigung der Psychologie. Wien, WUV (2. Auflage)

Vroniplag (2011): Übersetzung: Plagiat oder Paraphrase. (de.vroniplag.wikia. com/wiki/Forum:%C3%9Cbersetzung:_Plagiat_oder_Paraphrase%3 F – 15.3.2013)

Wagner, C. (2012): Wissenschaftliches Arbeiten im Studium. Wie schreibe ich eine Hausarbeit? In: Lauth, H.-J./Wagner, C. (Hrsg.): Politikwissenschaft. Eine Einführung Paderborn, Schöningh, S. 424-470 (7. Auflage)

Weber-Wulff, D./ Wohnsdorf, G. (2006): Strategien der Plagiatsbekämpfung. In: Information – Wissenschaft & Praxis. 57. Jg., H. 2, S. 90-98

Weinrich, H. (1994): Sprache und Wissenschaft. In: Kretzenbacher, H./Weinrich, H. (Hrsg.): Linguistik der Wissenschaftssprache. Berlin, De Gruyter, S. 3-14

Weller, A. (2002): Editorial peer review. Its strengths and weaknesses. Medford, Information Today (2nd Printing)

Wendt, W. R. (2008a): Geschichte der Sozialen Arbeit. Band 1. Die Gesellschaft vor der sozialen Frage. Stuttgart, utb (5. Auflage)

Wendt, W. R. (2008b): Geschichte der sozialen Arbeit. Band 2. Die Profession im Wandel ihrer Verhältnisse. Stuttgart, utb (5. Auflage)

Whyte, F. (1996) [1981/43]: Die Street Corner Society. Die Sozialstruktur eines Italienerviertels. Berlin, de Gruyter

Wikipedia (2013): Plagiat. (de.wikipedia.org/wiki/Plagiat – 5.1.2014)

Wolff, R. et al. (2013): Aus Fehlern lernen – Qualitätsmanagement im Kinderschutz. Opladen, Budrich

Wytrzens, H. et al. (2012): Wissenschaftliches Arbeiten. Eine Einführung. Wien, Facultas

Zeitschrift für Pädagogik (2009): Hinweise zur äußeren Form einzureichender Manuskripte. In: Zeitschrift für Pädagogik, 55. Jg., H.1. S. VI-VIII

Zitelmann, M. (2001): Kindeswohl und Kindeswille. Im Spannungsfeld von Pädagogik und Recht. Münster, Votum

Zitelmann, M. (2010): Incbhutnahme und Kindesschutz. Ergebnisse einer bundesweiten Studie. Frankfurt/M., Eigenverlag

Zwerger, C. (2011): Koordinierende Kinderschutzstelle (KoKi) und erfolgreiche Netzwerkarbeit: Entwicklung von Qualitätsstandards. Norderstedt, Grin

.